独居老人スタイル

都築 響一

[日] 都筑响一 著
陈欣 译

新星出版社
NEW STAR PRESS

# 前 言

如今，很多人认为世上最可怜的族群是"独居老人"。他们没有共住的家人，没有伴侣，也没有邻里间的交流。一日三餐都吃便利店的便当，最后独自死去也不为人知，身后留下一屋子垃圾……

可是独居老人果真这么让人怜悯吗？据统计，高龄人士中，自杀率最高的是三代同堂的老人，而自杀率最低的是独自生活的老人。比起独自生活的寂寞和艰辛，家庭关系中人与人之间的摩擦与纠葛，更让人心力交瘁。

时至今日，我遇到过许多独自生活又活力十足的老人。这些世上的"独居老人"，这些老爷爷老奶奶们，虽然过得不怎么富裕，但都在一间小屋，埋首于年轻时就一直热衷的事物（可能是书或唱片，也可能是猫或成人影片）；没有工作的压力，没有人际关系的纷扰，当然也没有对未来的不安——总之看起来每一天都过得相当愉快，他们是一群活力四射的年轻人，唯独年岁稍长而已。

"独居老人"一词不可能准确译成英语。像是直译成single-living elderly people 的话，完全表达不了该词的语感。因为"独居"是让人怜悯的——这一概念本身在欧美国家并不存在。也许人们可以说"亚洲与众不同"，但在很久以前的日本，年老离家、入山隐居乃是理想之举。后来，还出现了"长屋[1]的隐居老人"一说。究竟是从什么时候开始人们断定年老后独自生活＝悲惨的晚年呢？

　　我自己再这么生活下去，过不了多久也会成为独居老人。虽不完全为此，我却想打破世人对独居老人普遍存在的误解与偏见，于是开始了这次的采访。如果你是幸福大家庭的一员——人见人爱的孙辈会围着你喊"爷爷""奶奶"，身边的儿女也都恪守孝道，那么保持那样就好。但是如果你被当成累赘，或是担心自己死后家人会陷入遗产纠纷，为此心不甘、情不愿地和家人住在一栋大房子里，那还不如没有什么钱，也没有什么家人，在喜欢的地方按照喜欢的方式生活，不用顾虑任何人的眼光。

　　敢于做独居老人，敢于不察言观色。也许这就是为了在这个日益衰退、日益老龄化的国家生存下来的极为有效的风格。

---

[1] 长排房屋，联排房屋。一栋房子中几家住户共有墙壁但各有出入口。（译注，下同）

# 目 录

## 秋山祐德太子 艺术家    43
» 收拾是一种消极的行为

## "上吊男"栲象 行为艺术家    61
» 想早点"碰壁"

## 铃木惇子 家庭式酒吧老板娘    75
» 只要有烟店、寿司店和烤肉店，哪里都行！

## 美浓瓢吾 画家    89
» 当画家只要每天在家就好

## 水原和美 进口用品杂货店经营者    111
» 同辈的人都很无趣，所以我一个同辈的朋友也没有

## 田村修司 本宫电影剧场馆长    131
» 帮我的人一个也没有

## 户谷诚 画家    155
» 画是一种病，就像不知不觉喝酒那样不知不觉作画

## 达达贯 艺术家·偶发艺术表演者    171
» 如果可以什么都不做，那也不错

**荻野由纪子** 早稻田松竹电影剧场保洁员　　　　　　　　　**195**
» 不会觉得无聊，因为头脑中没有一刻空闲

**新太郎** 那卡西　　　　　　　　　　　　　　　　　　**209**
» 有别的本事的人都不干这行了，
我没别的本事只能继续干，就这么简单

**矶村逊彦** 洋酒居酒屋"矶村"主人　　　　　　　　　**225**
» 24小时全部只为自己使用

**川崎行雄** 漫画家　　　　　　　　　　　　　　　　**249**
» 电子书就像蔬菜直销一样，虽然讨巧但卖得好

**别卓林** 小丑　　　　　　　　　　　　　　　　　　**281**
» 步行的"步"就是说"止"步的时候很"少"

**坂东三奈鹤** 舞蹈家　　　　　　　　　　　　　　　**305**
» 我有男朋友，喝酒的朋友

**第三代长谷川荣八郎** 津轻三味线演奏者·民谣歌手　　**323**
» 不需要什么剧本，上场直接表演就好

**川上四郎** 业余画家　　　　　　　　　　　　　　　**339**
» 总之就是喜欢……女性

◆ 別卓林 小丑 >>P281

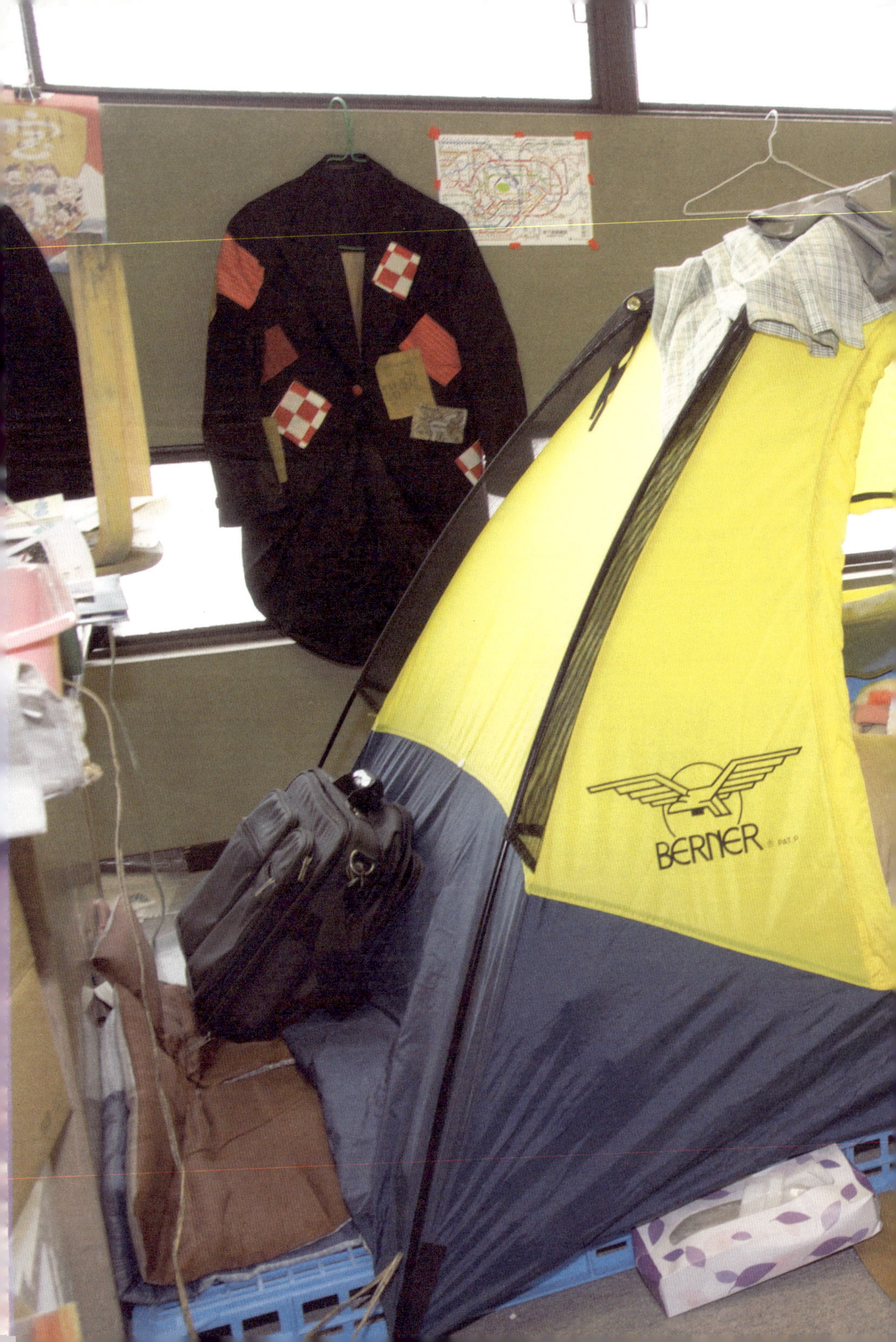
BERNER

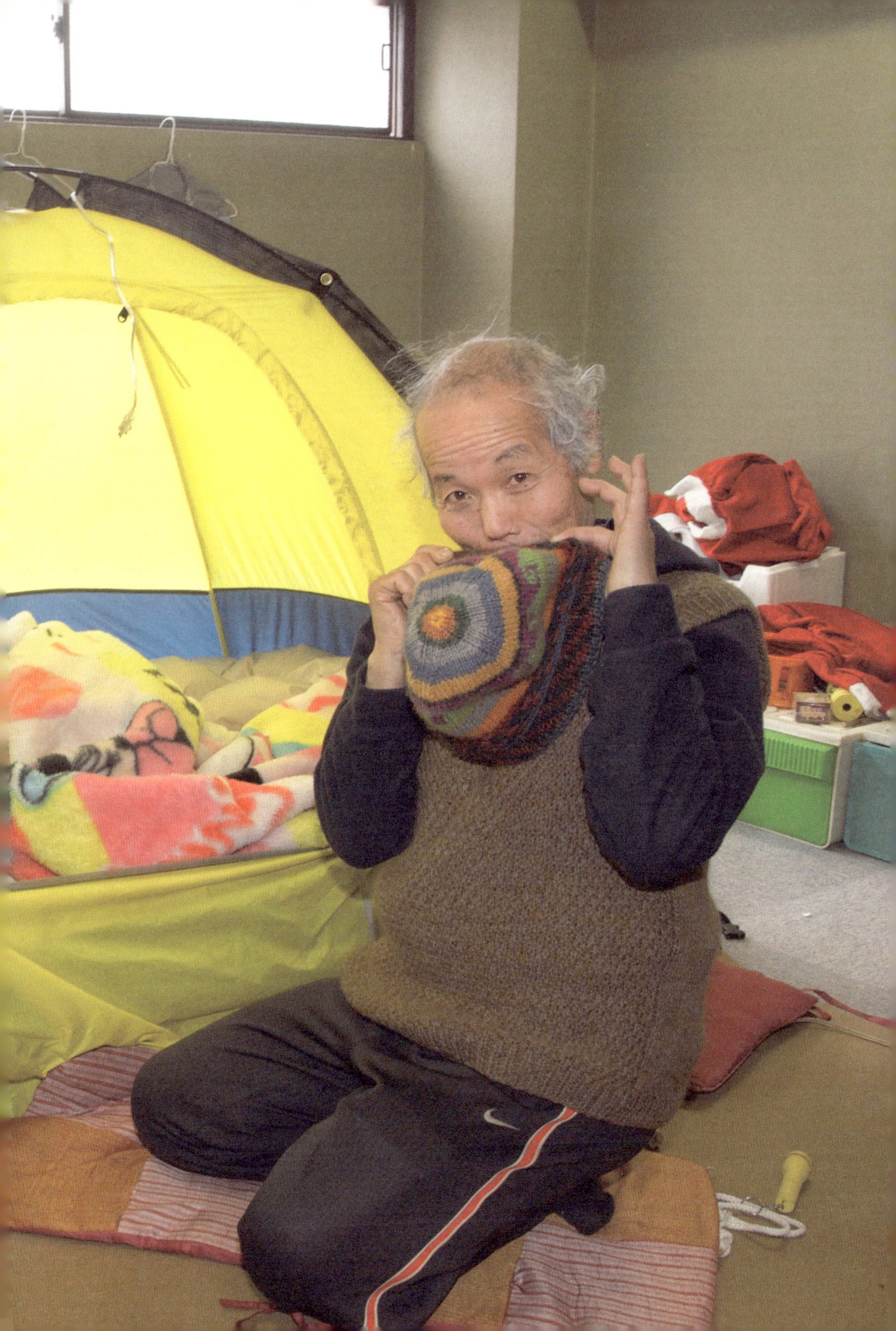

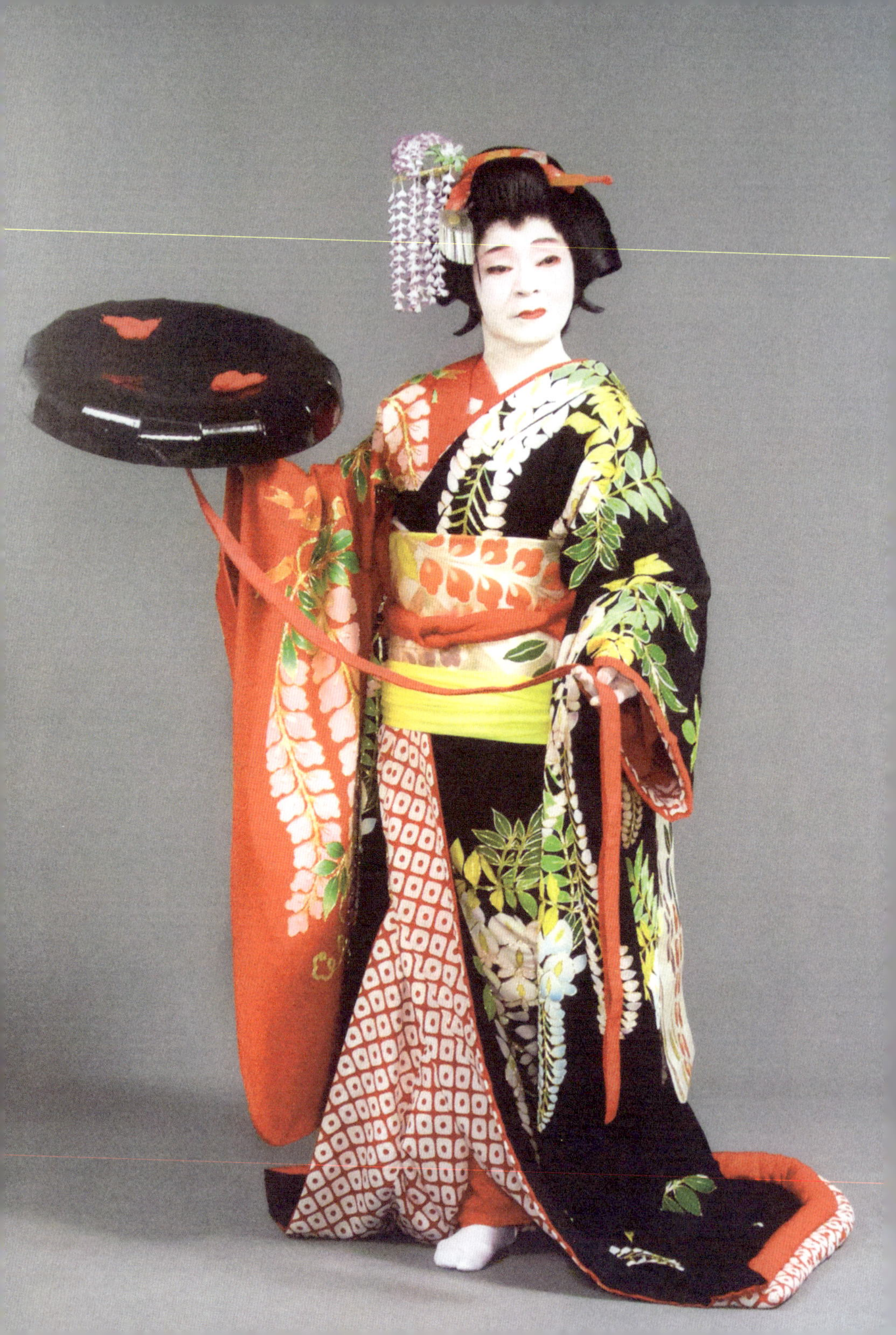

◆ 坂东三奈鹤 舞蹈家
>>P305

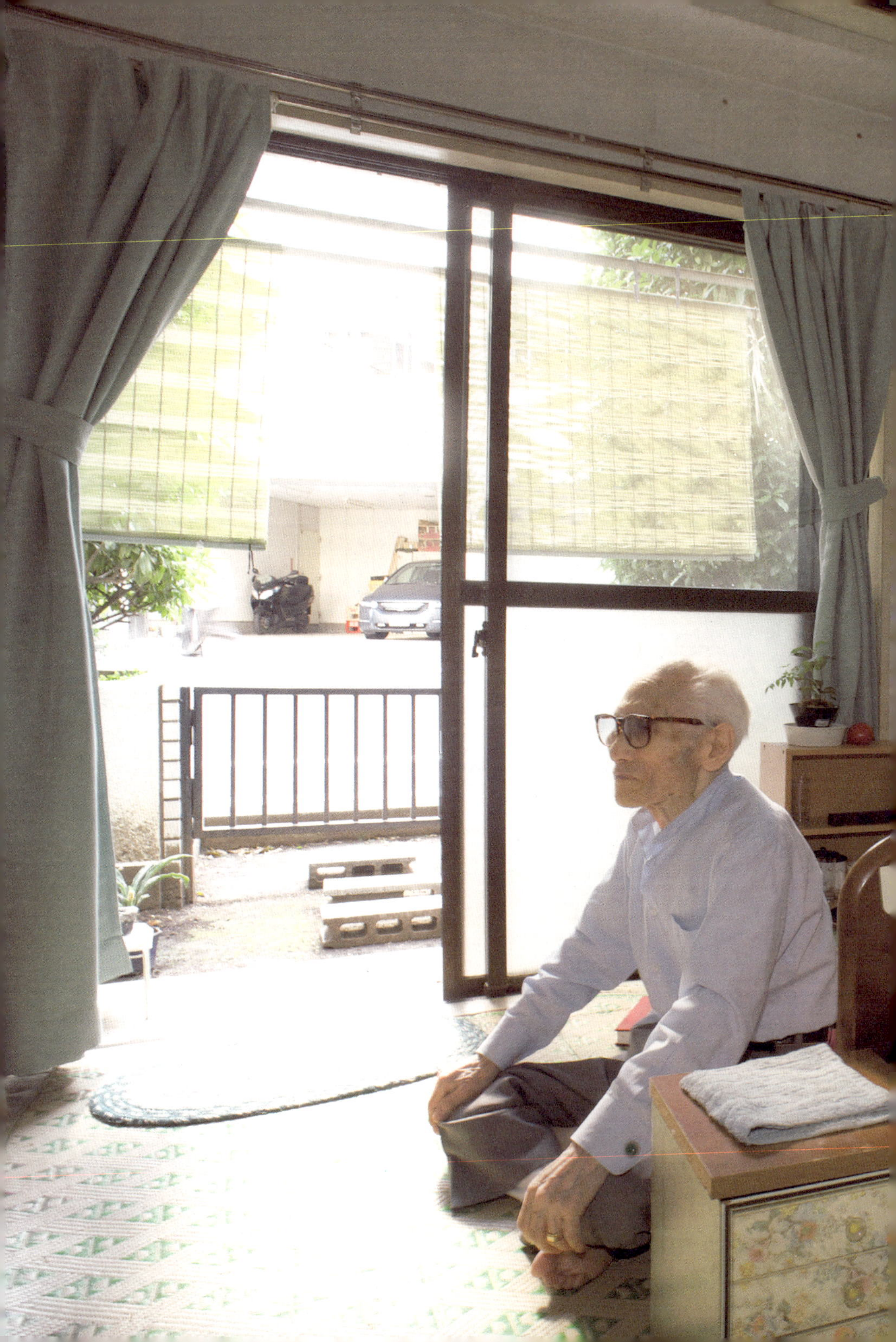

◆ 第三代长谷川荣八郎 津轻三味线演奏者・民谣歌手 >>P323

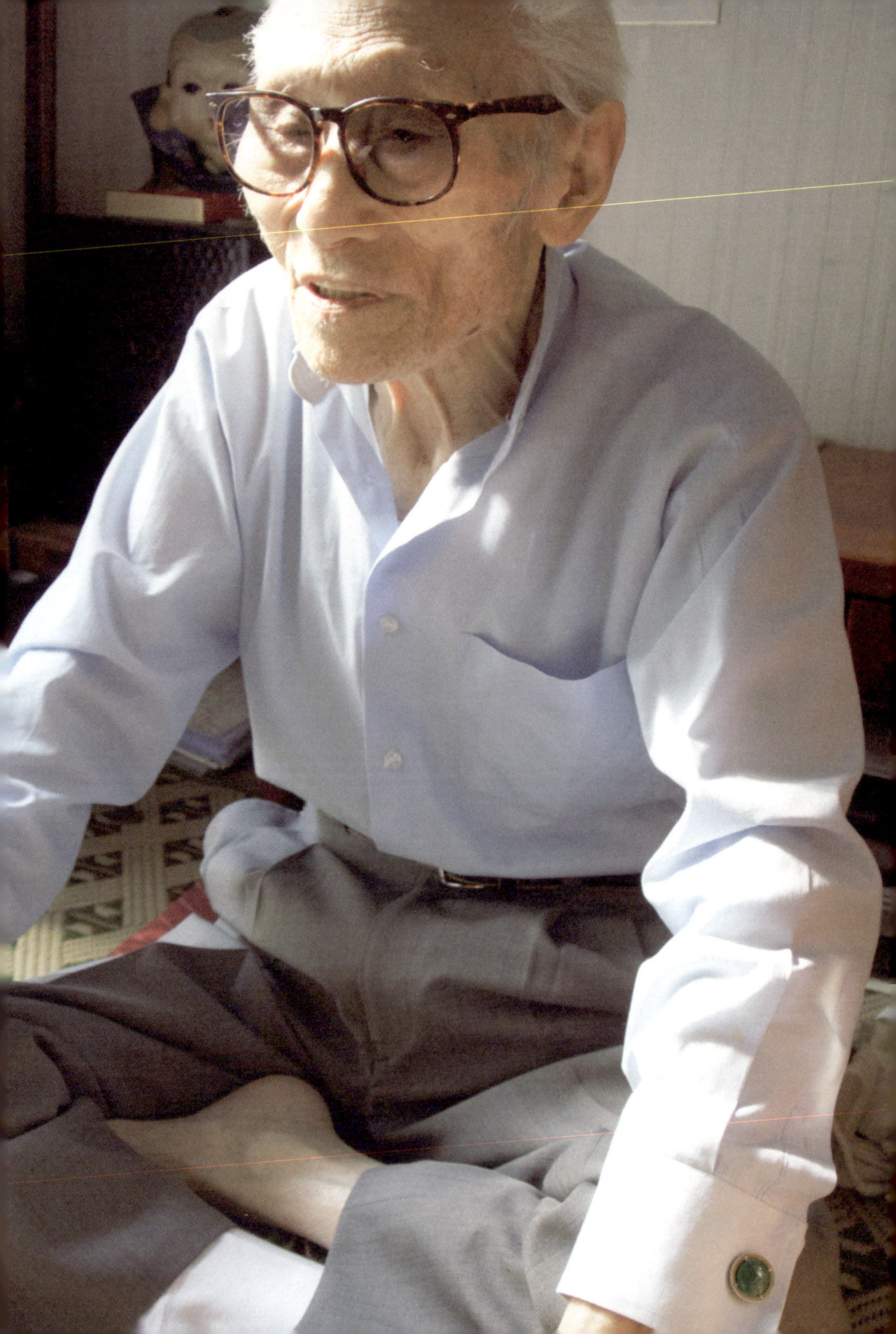

◆ 川崎行雄 漫画家 >>P249

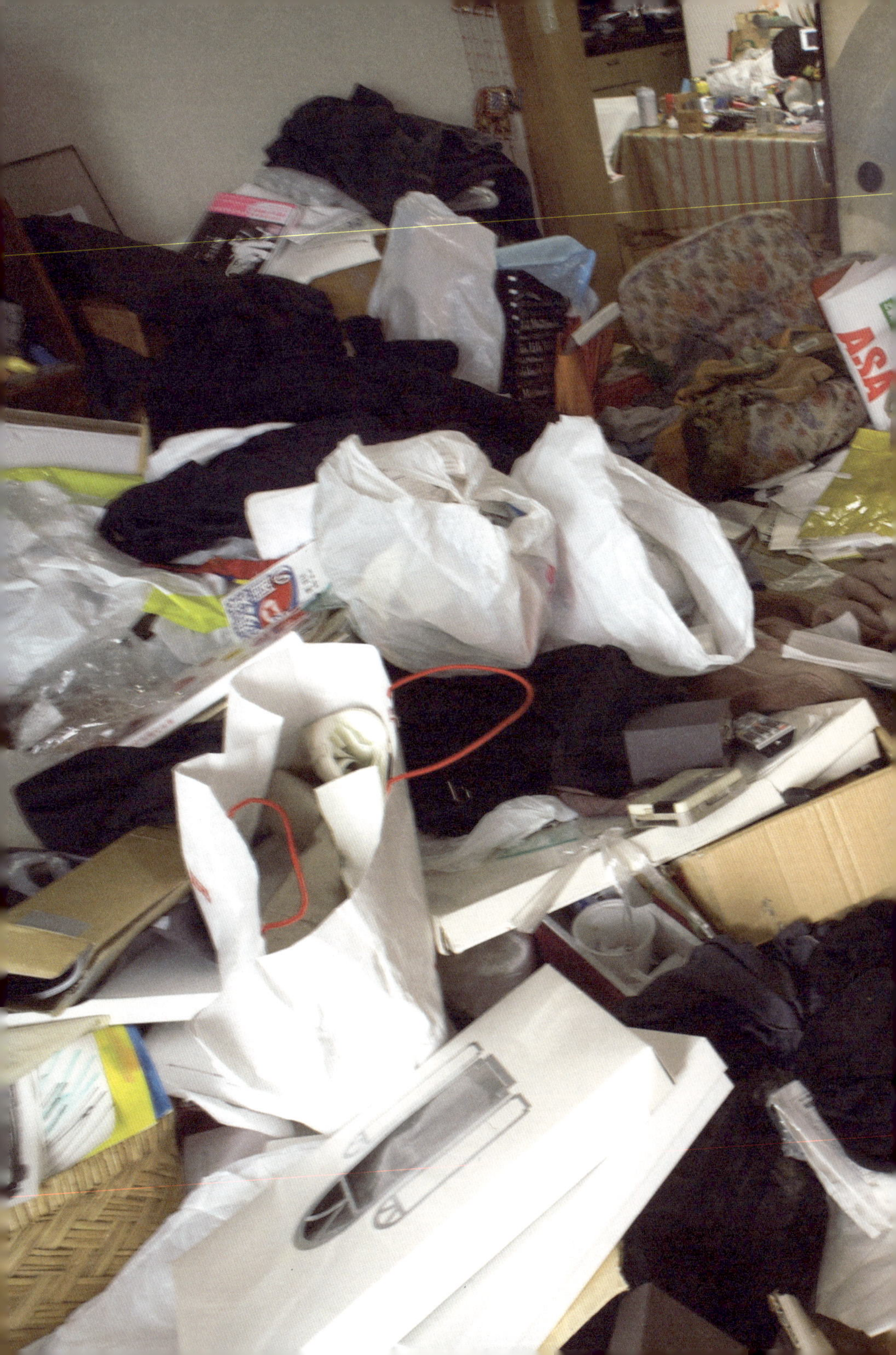

◆ 秋山祐德太子 艺术家 >>P43

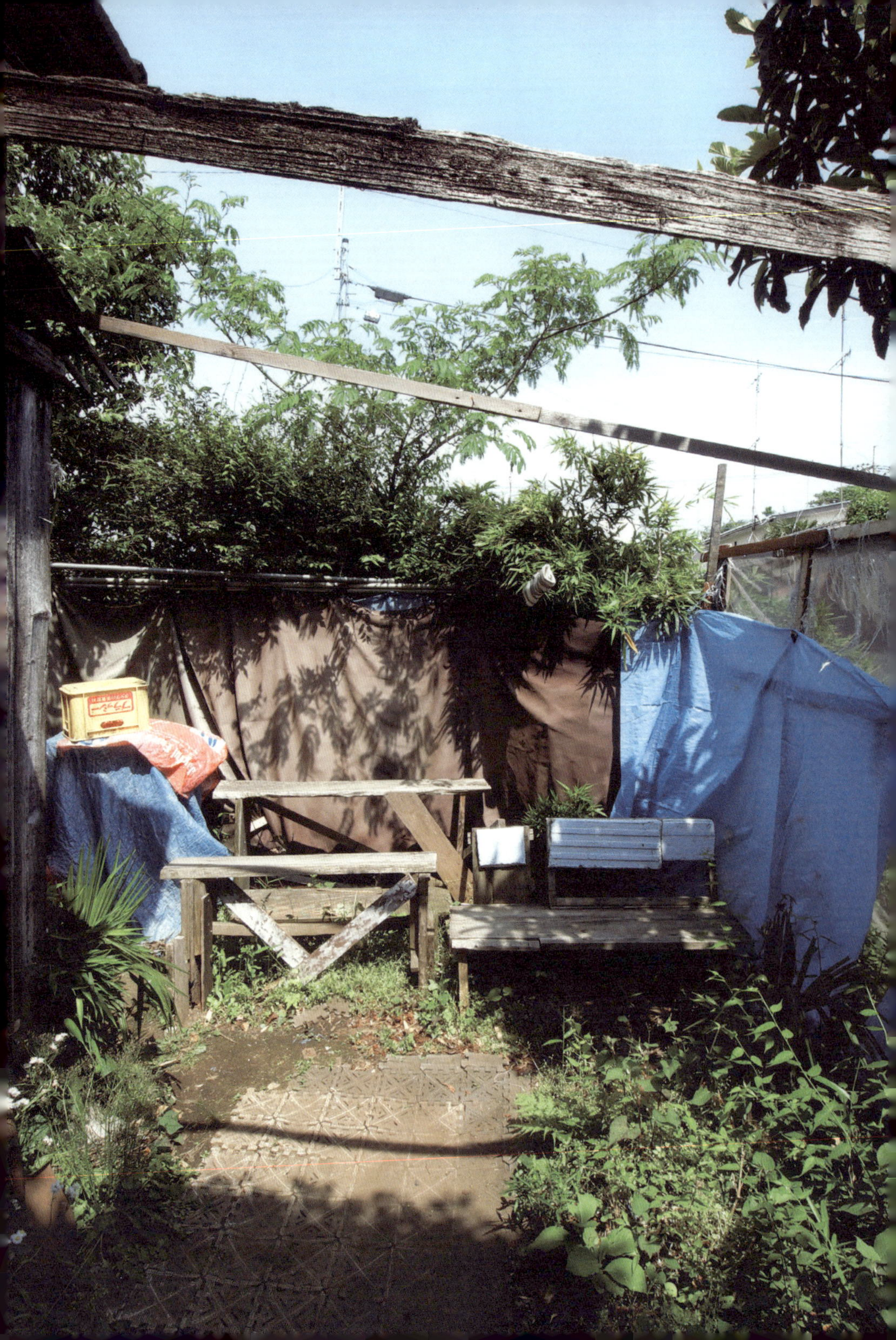

◆ "上吊男"栲象 行为艺术家 >>P61

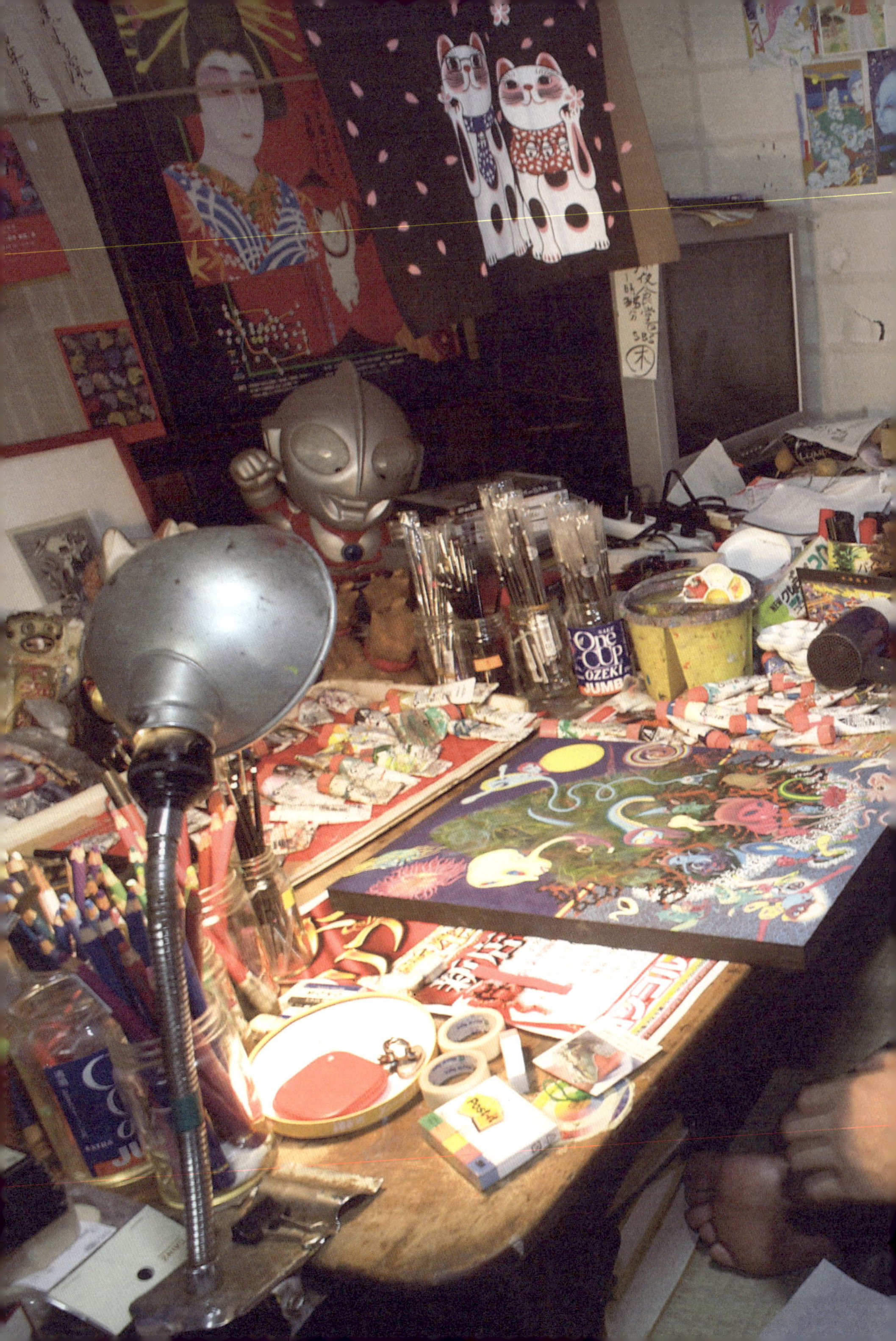
One CUP
OZEKI
JUMBO
Post-it

◆ 美浓瓢吾 画家 >>P89

◆ 户谷诚 画家 >>P155

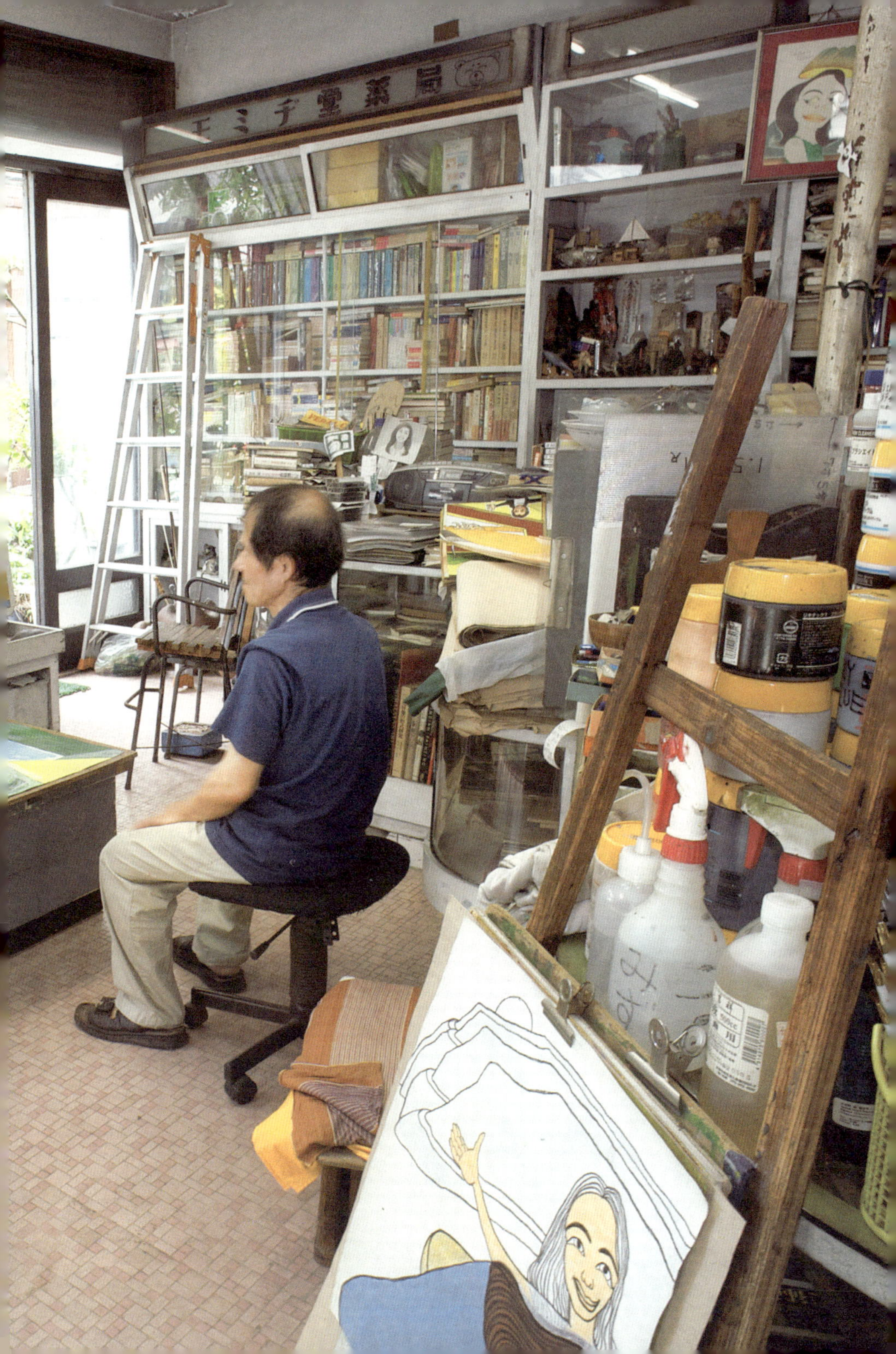
エミチ堂薬局

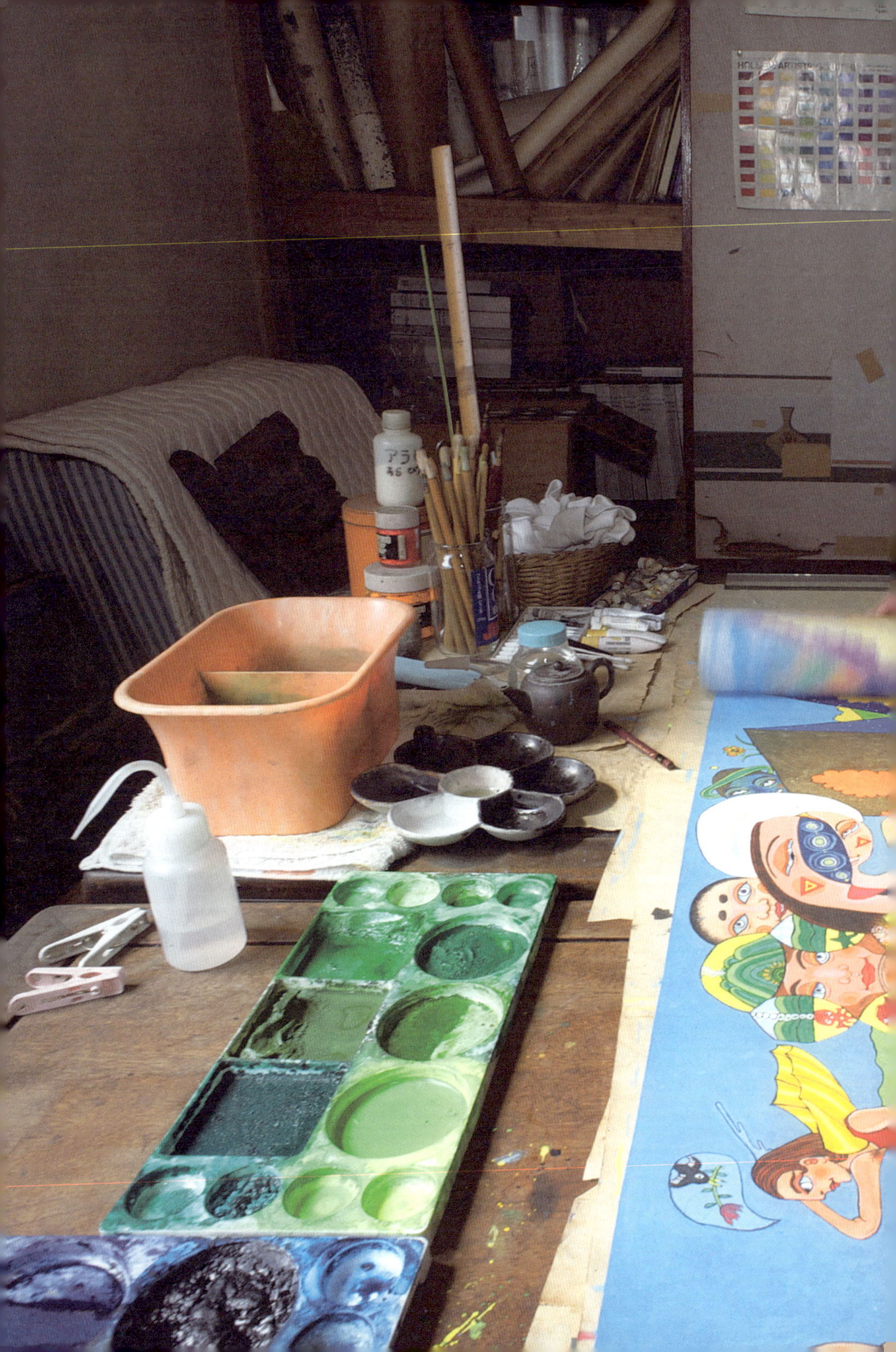

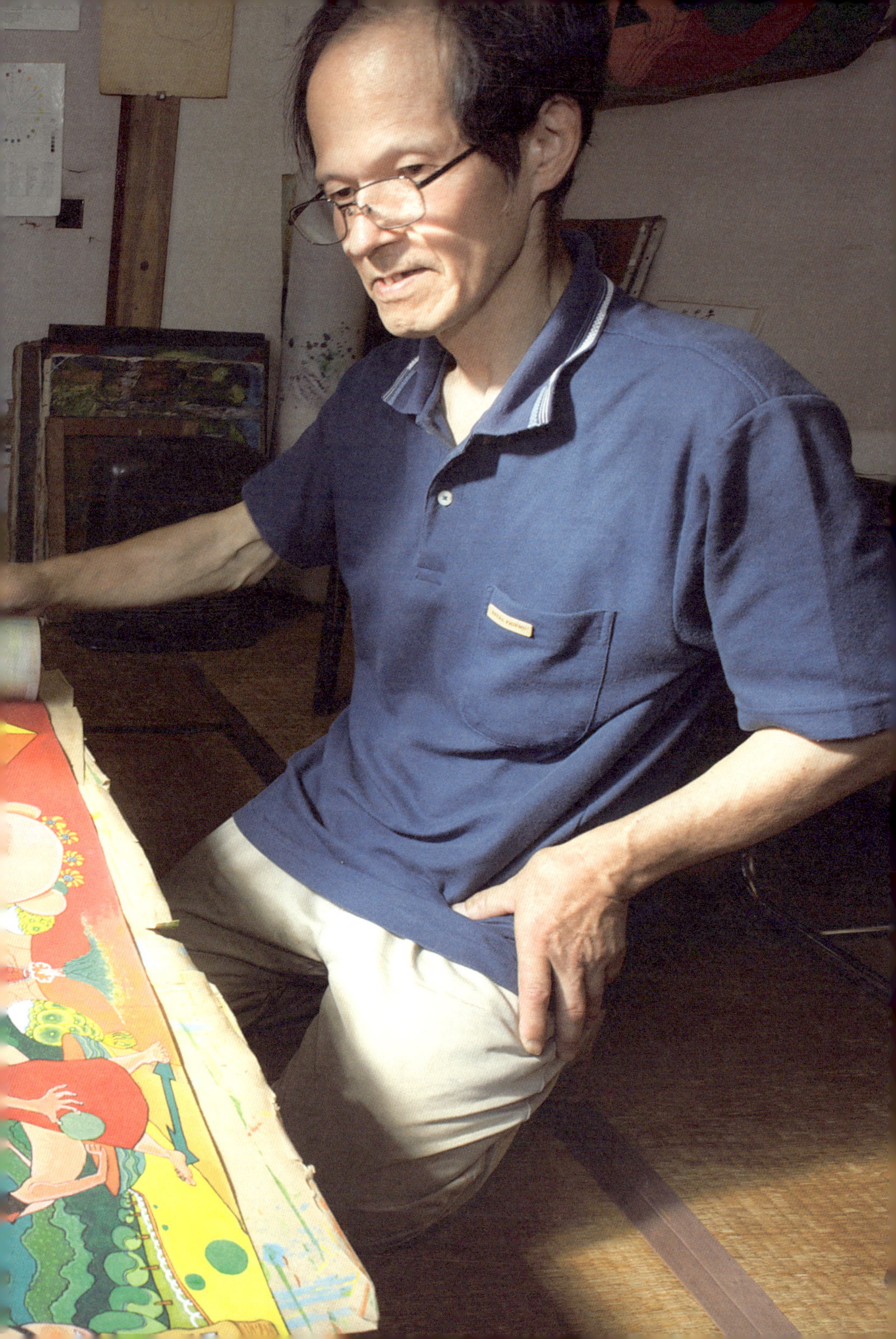

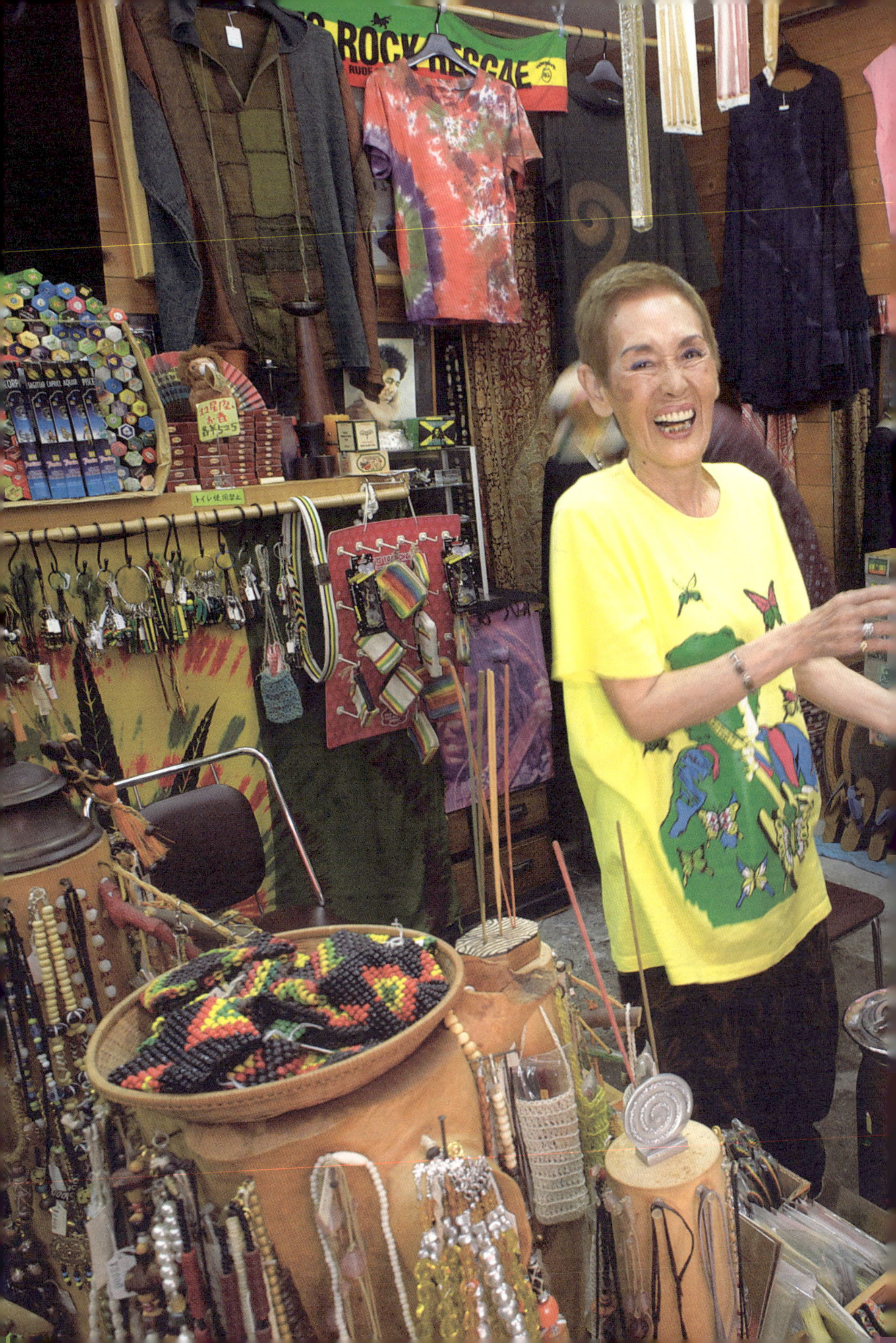
ROCK
トイレ使用禁止

◆ 水原和美 进口用品杂货店经营者 >>P111

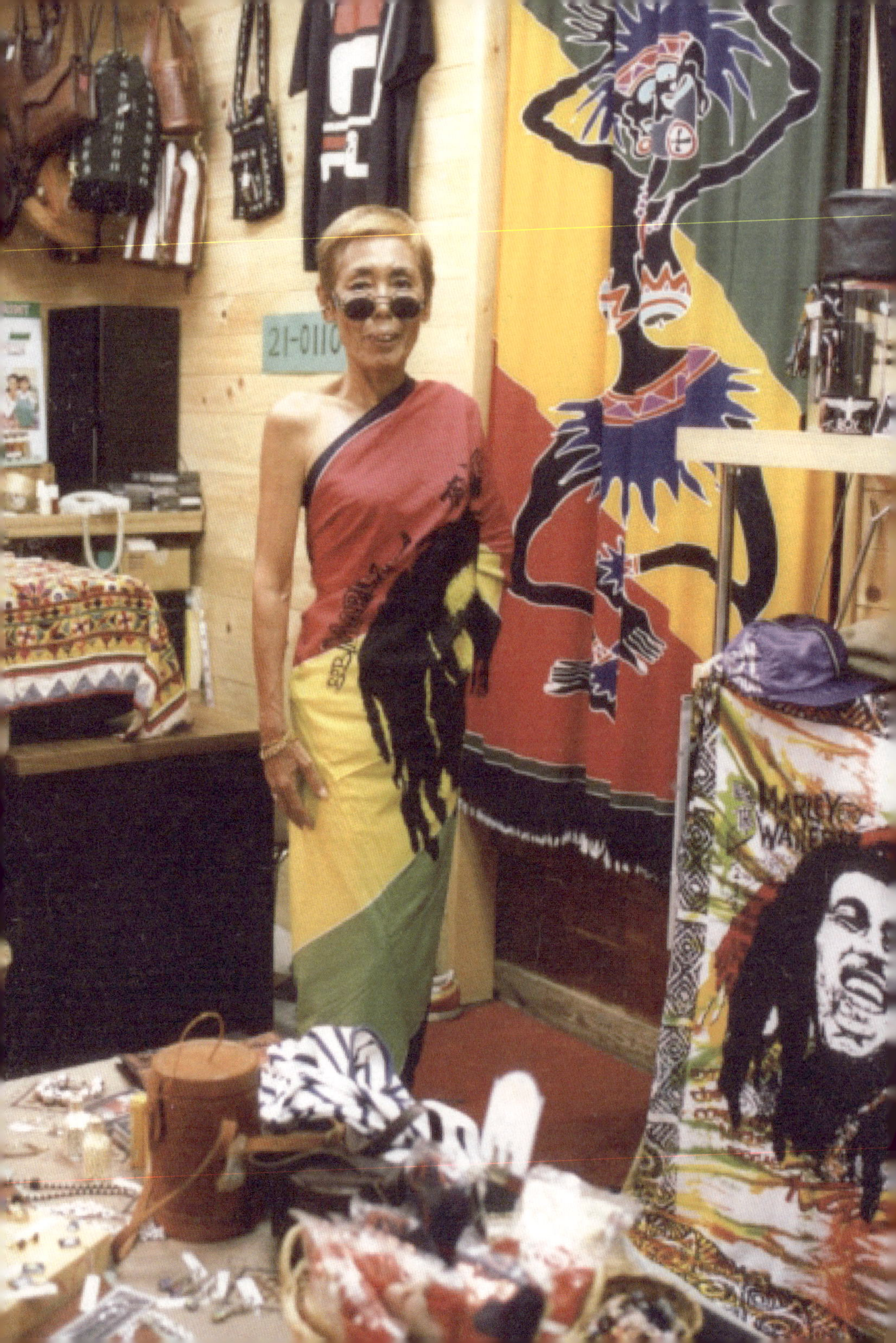

◆ 荻野由纪子 早稻田松竹电影剧场保洁员 >>P195

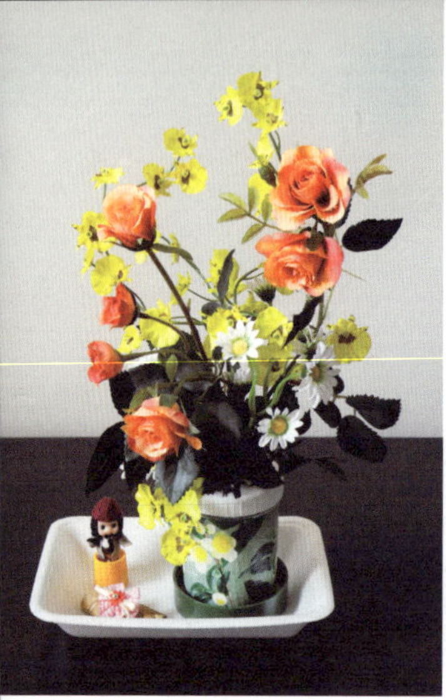
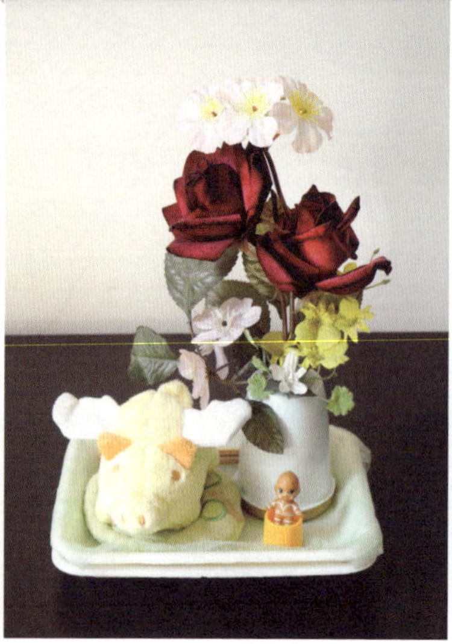
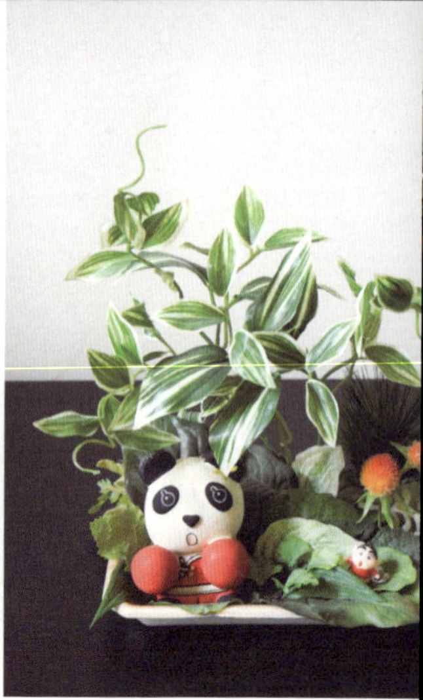
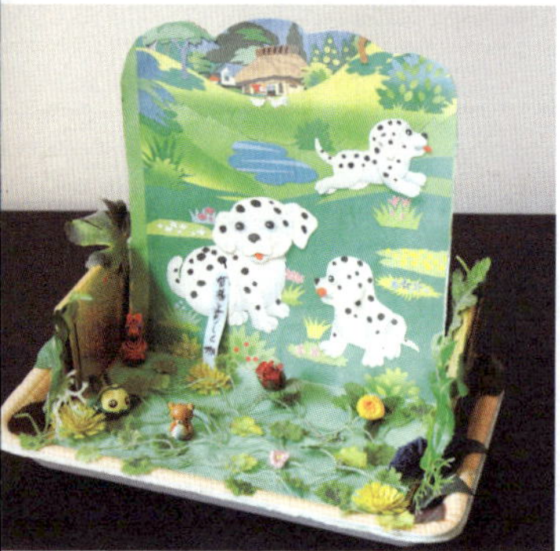
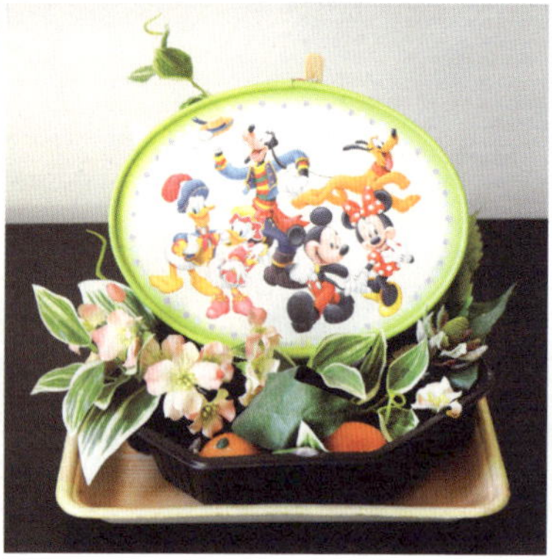
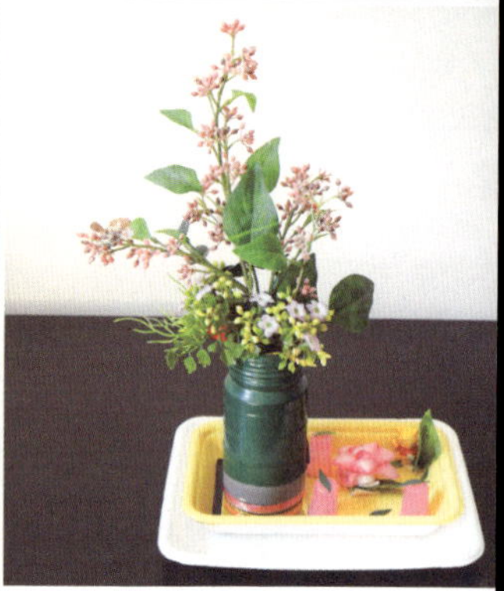
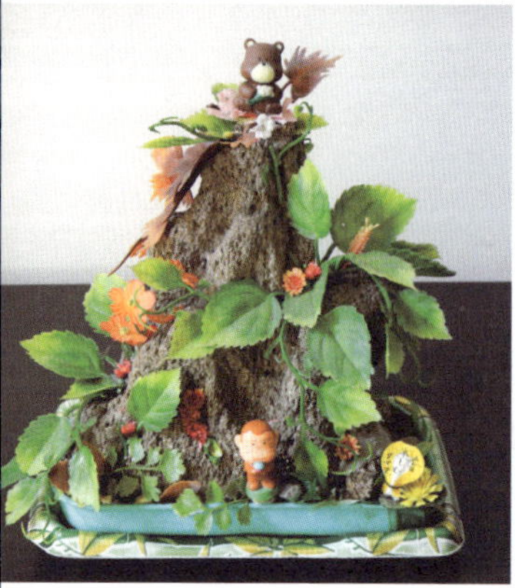
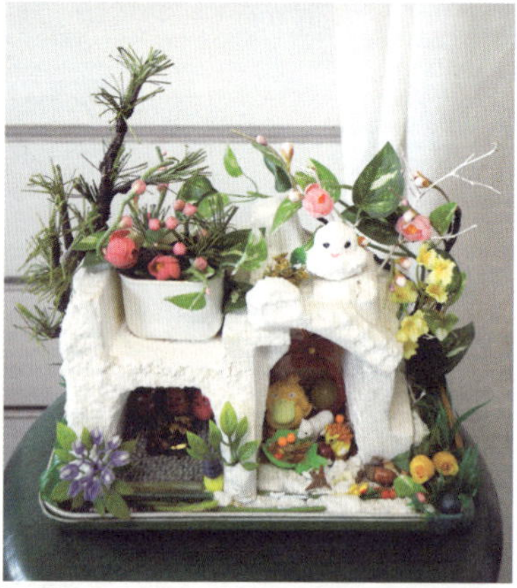
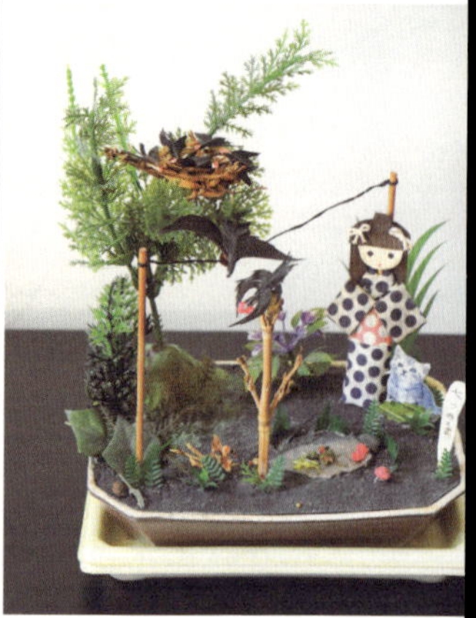
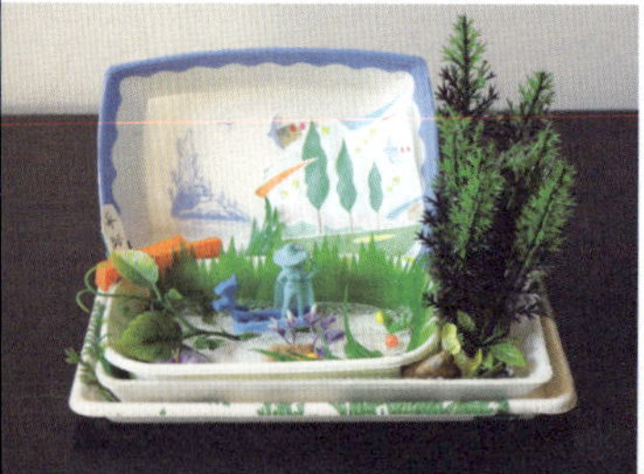
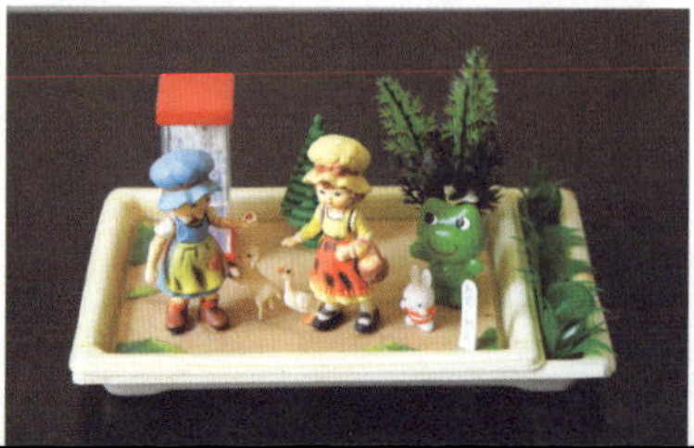
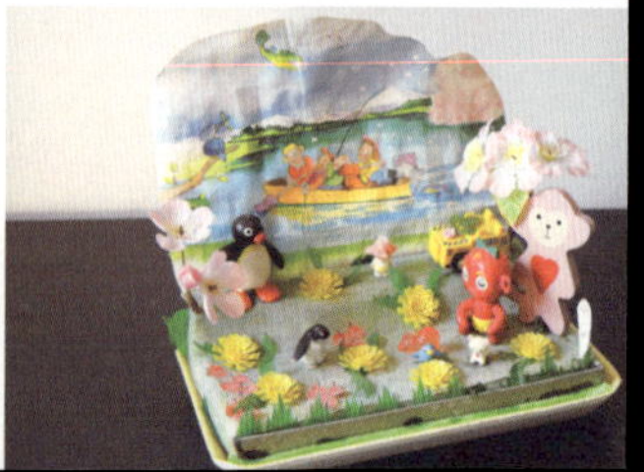

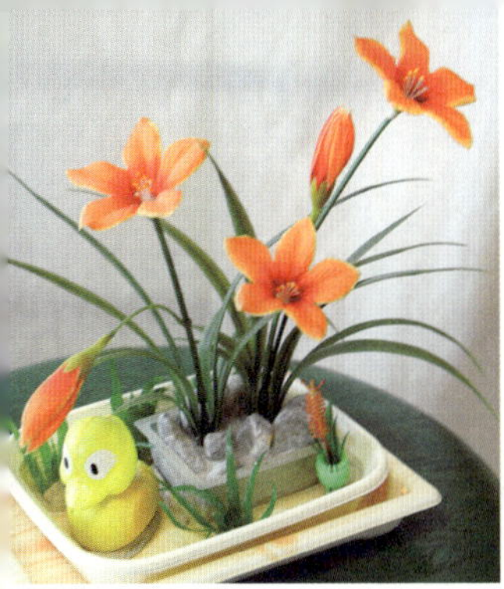
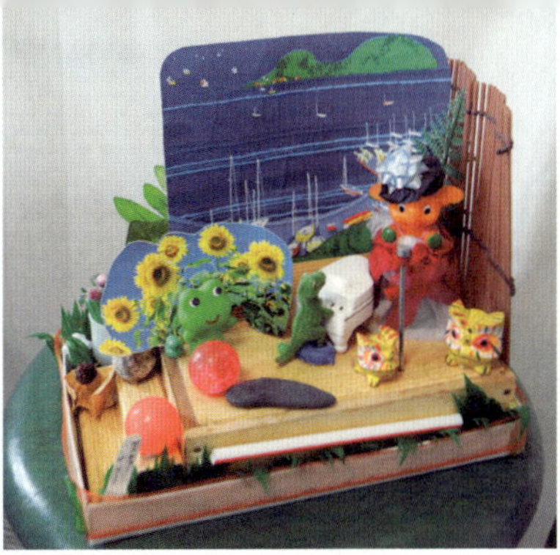
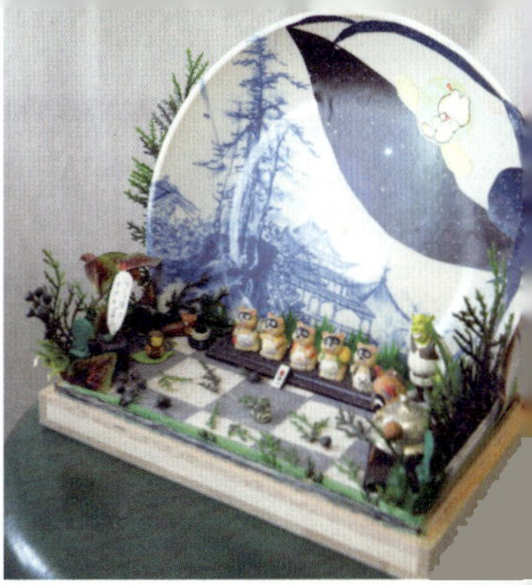
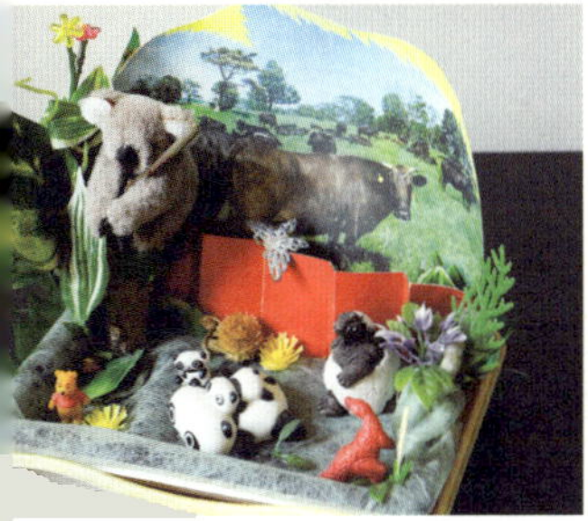
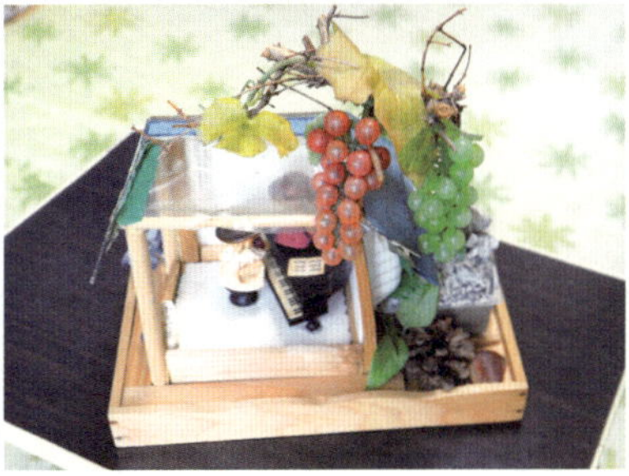
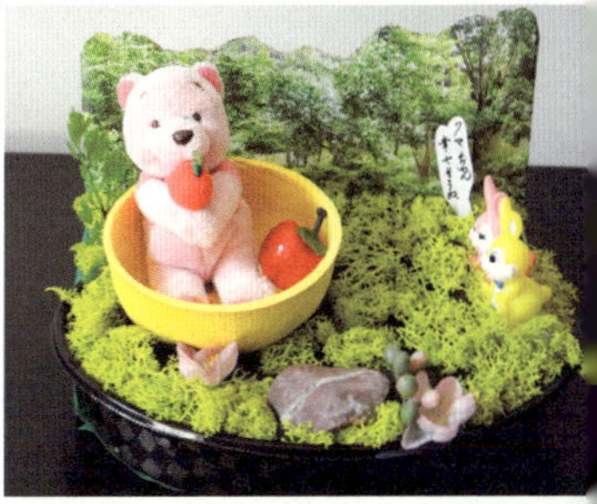
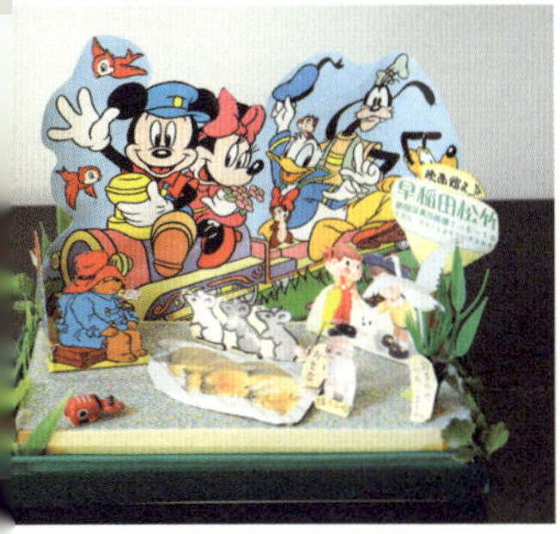
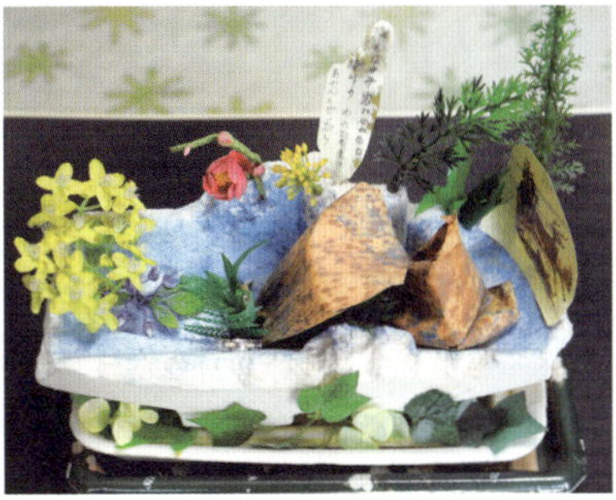
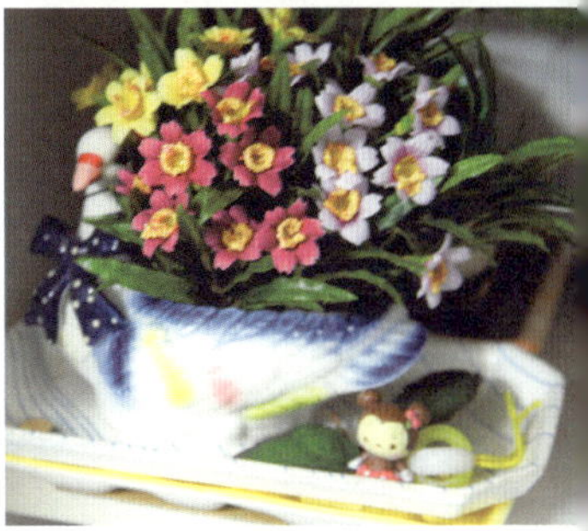
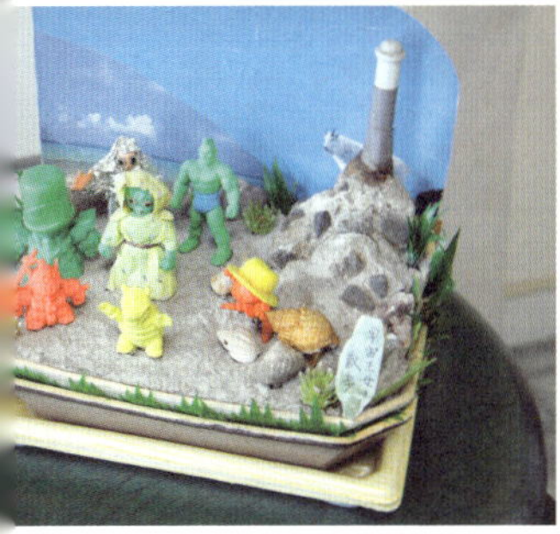
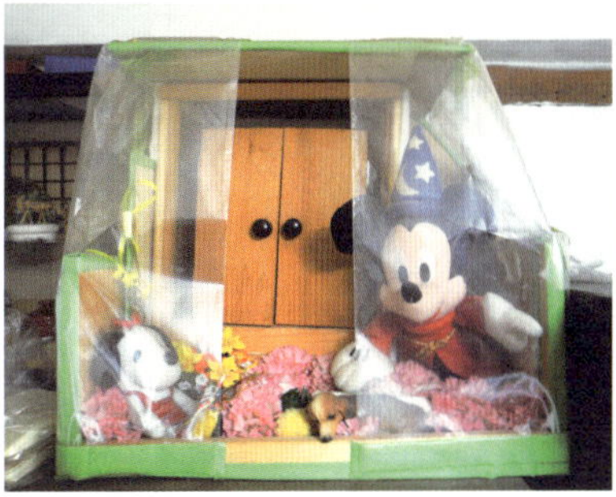
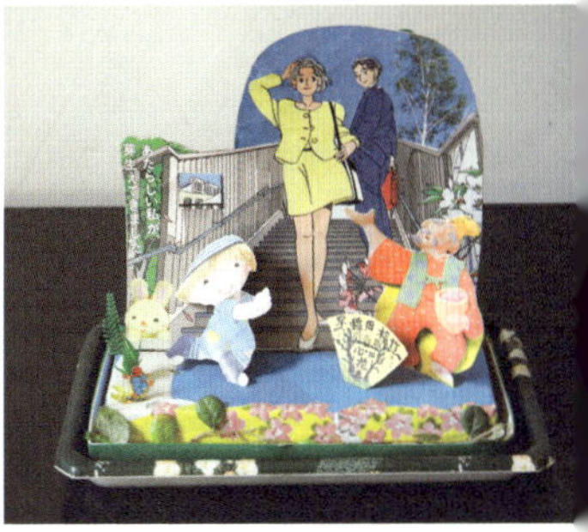
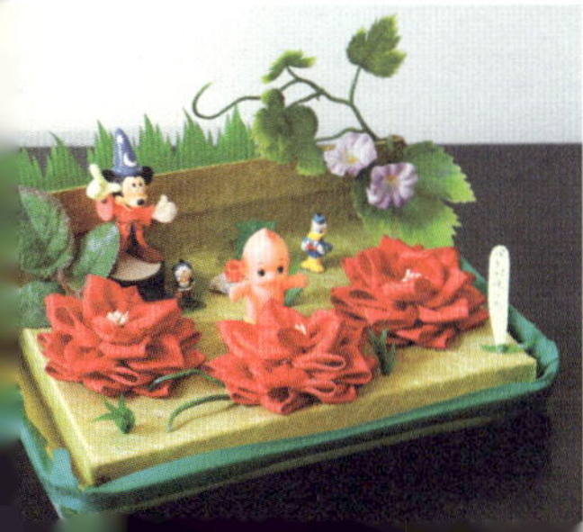
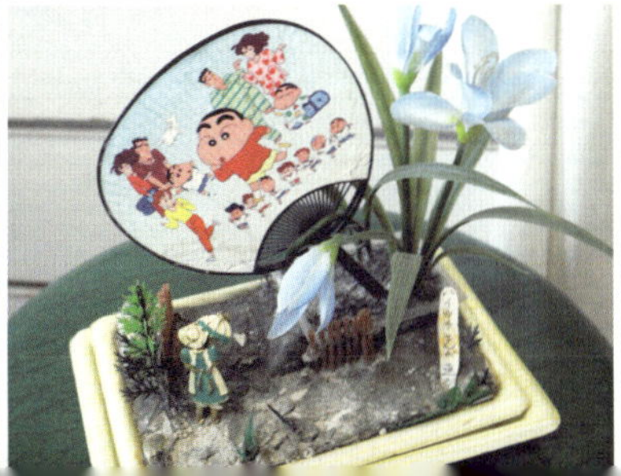
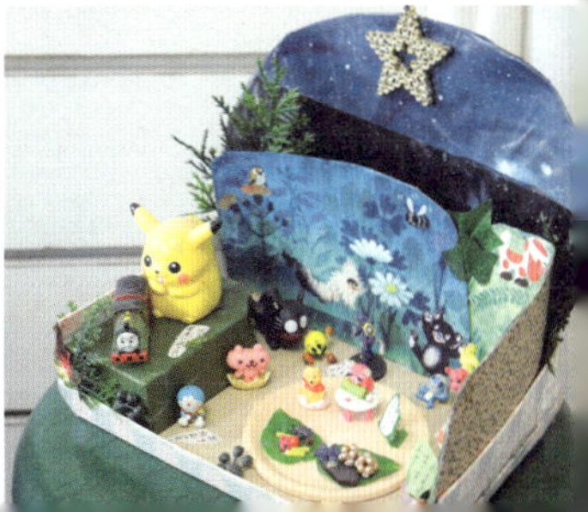

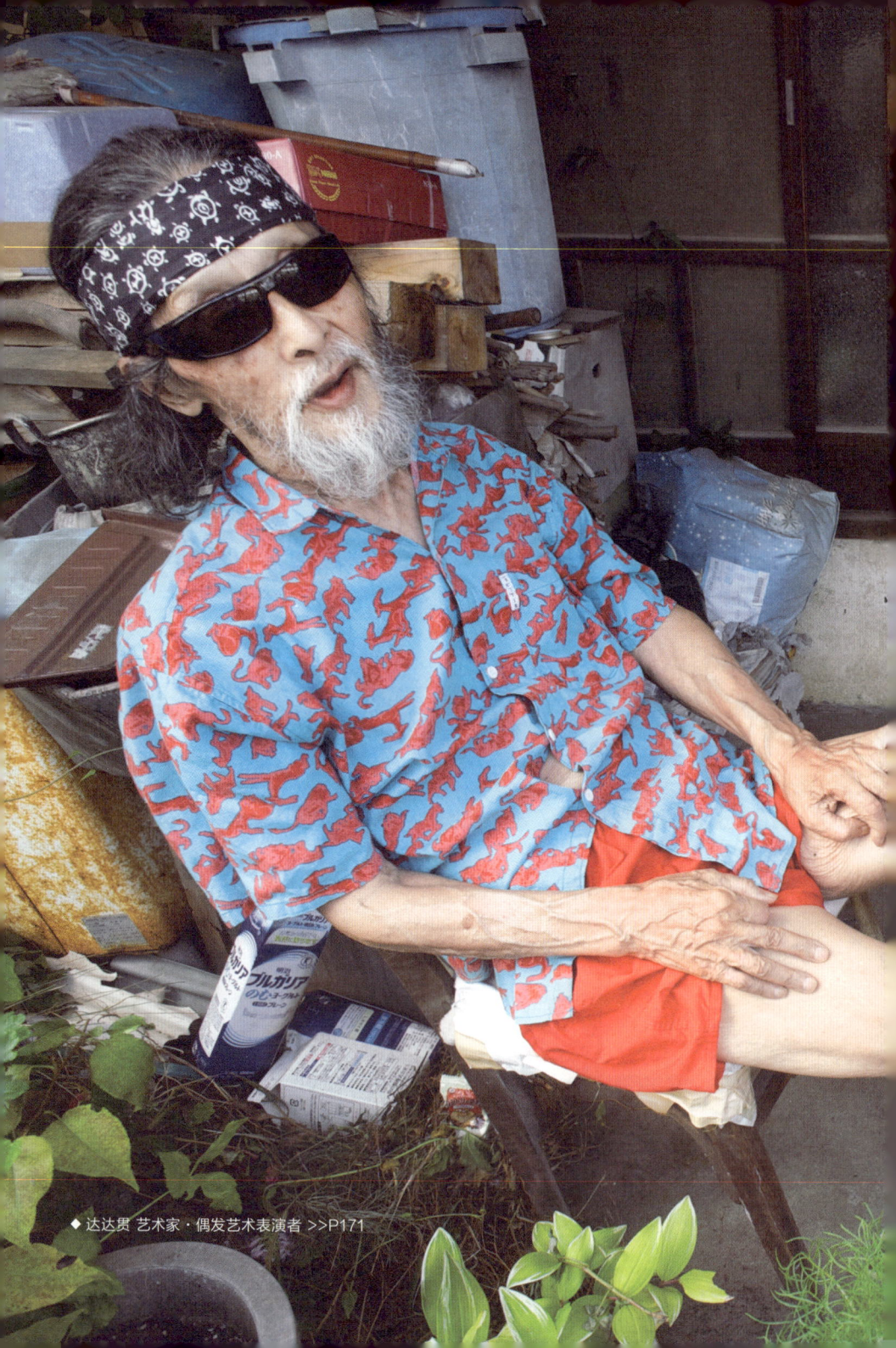

◆ 达达贯 艺术家・偶发艺术表演者 >>P171

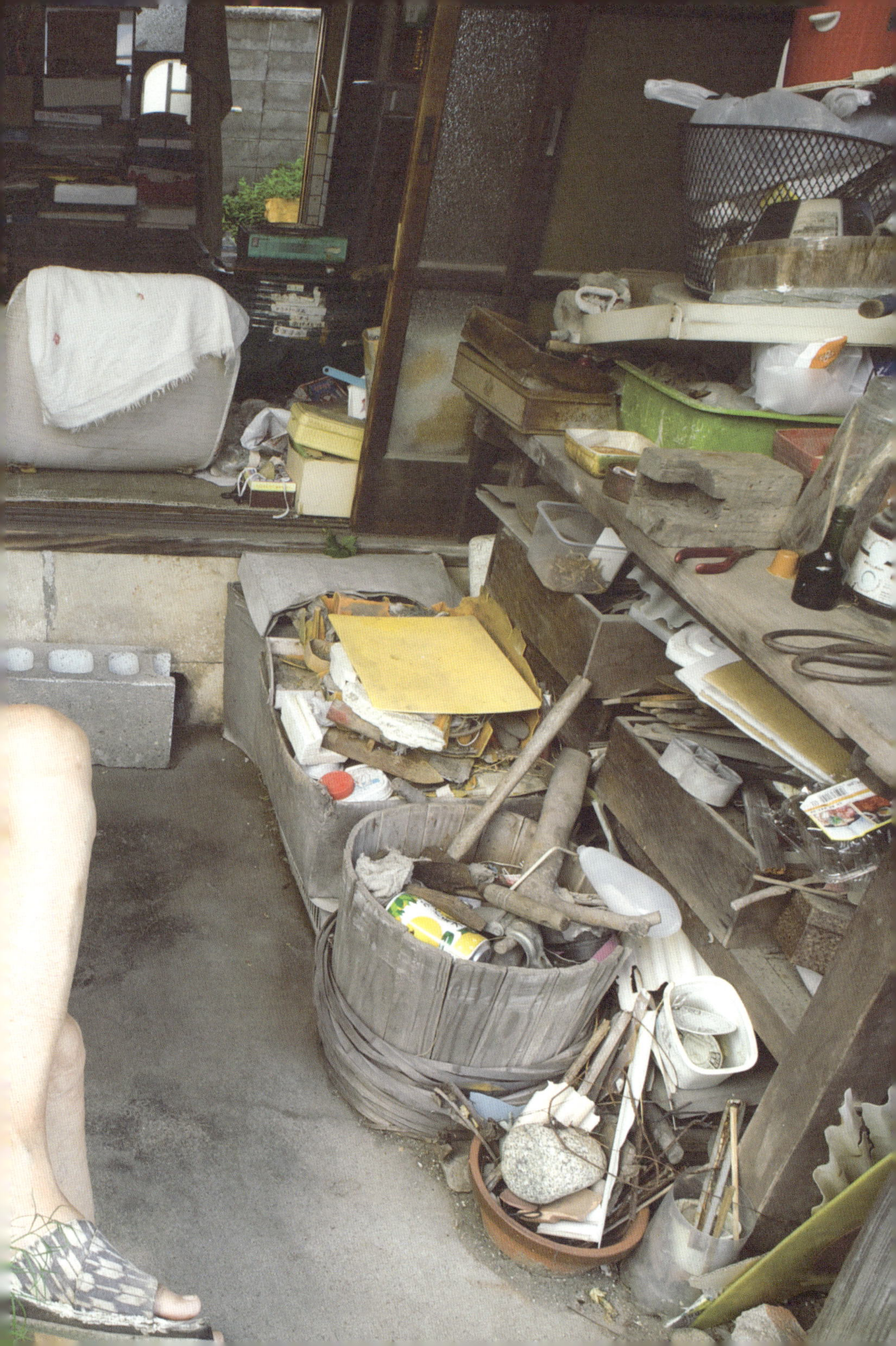

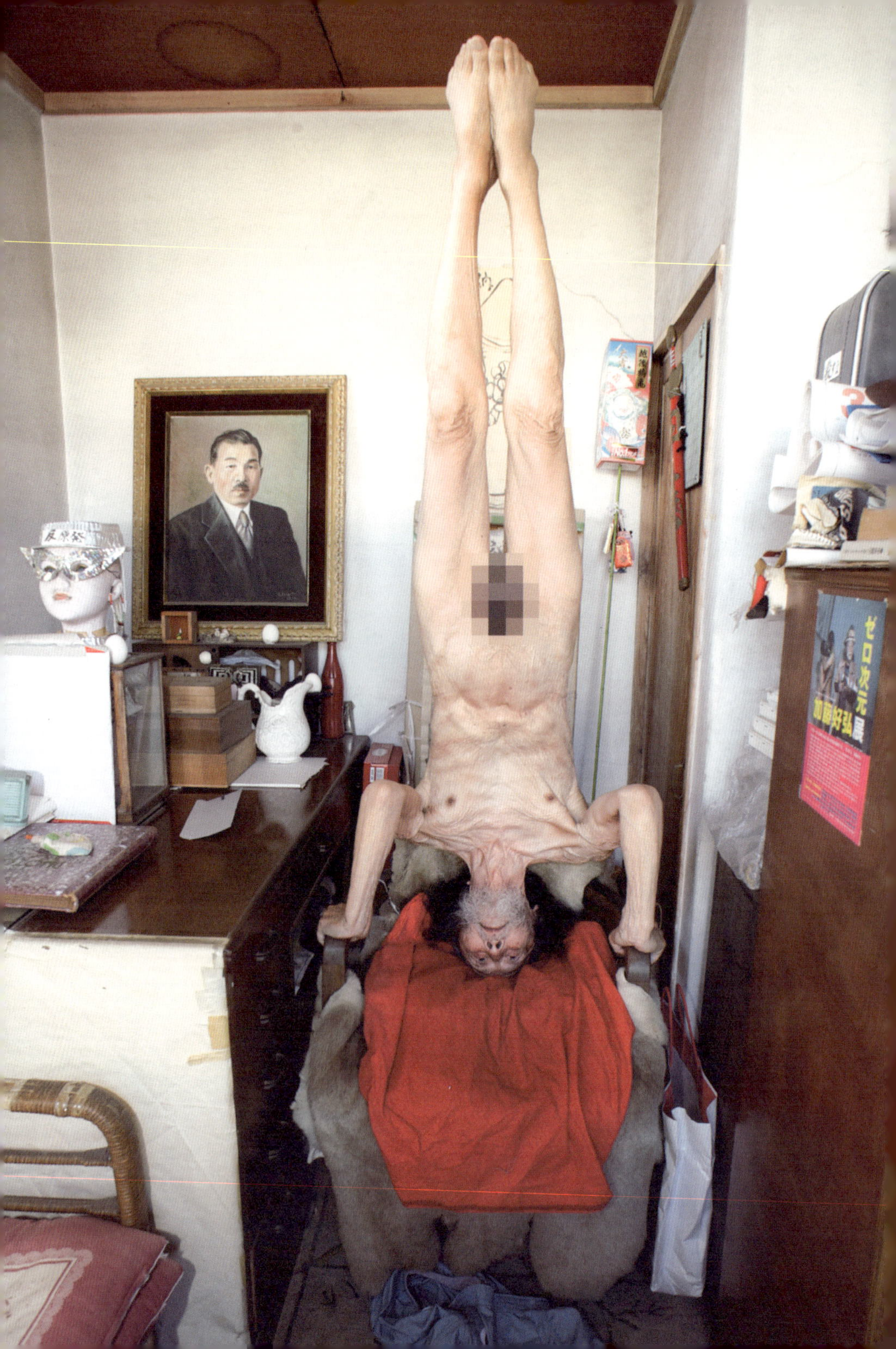
反原発
ゼロ次元
加藤好弘展

◆ 田村修司 本宫电影剧场馆长 >>P131

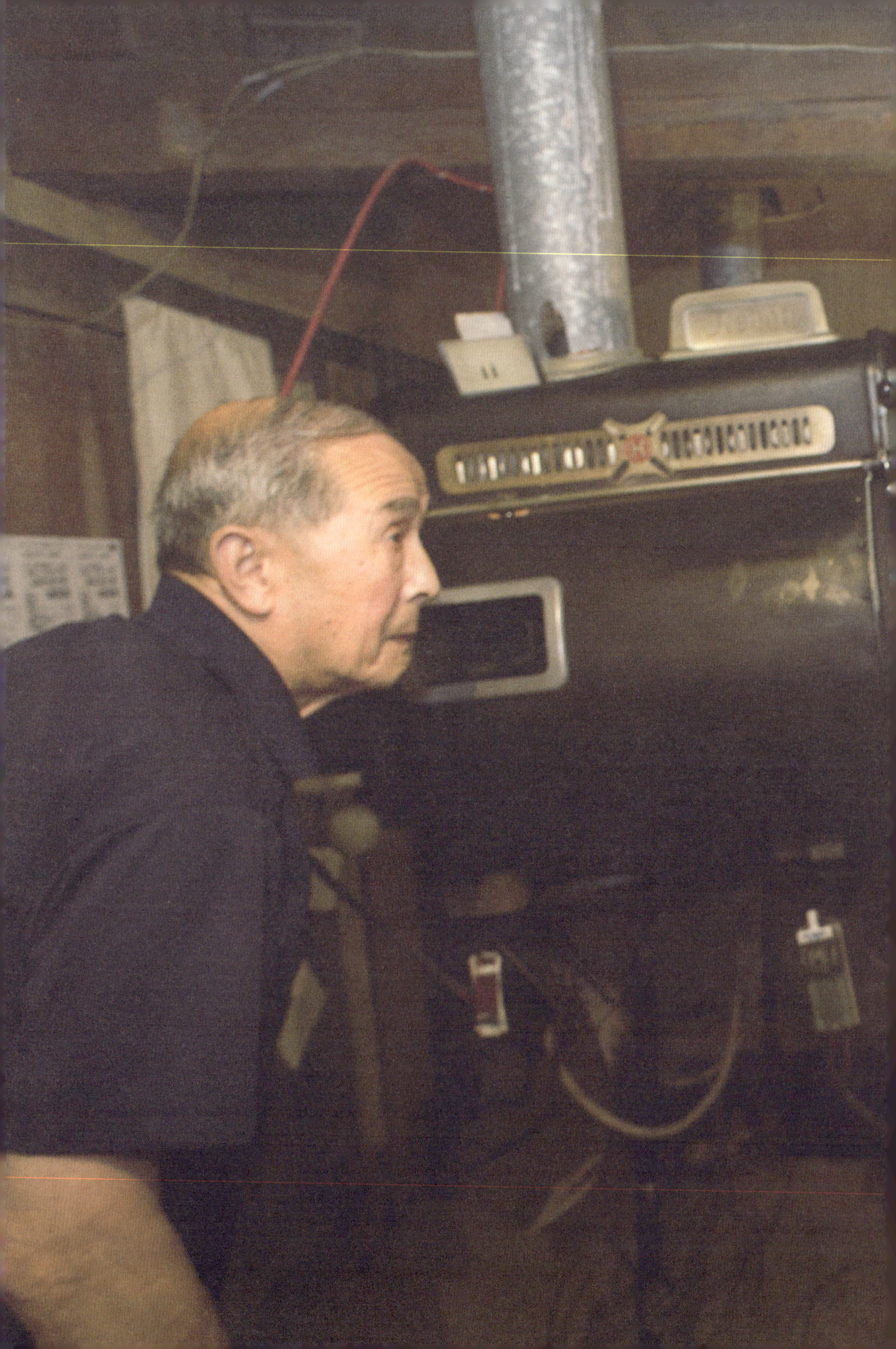

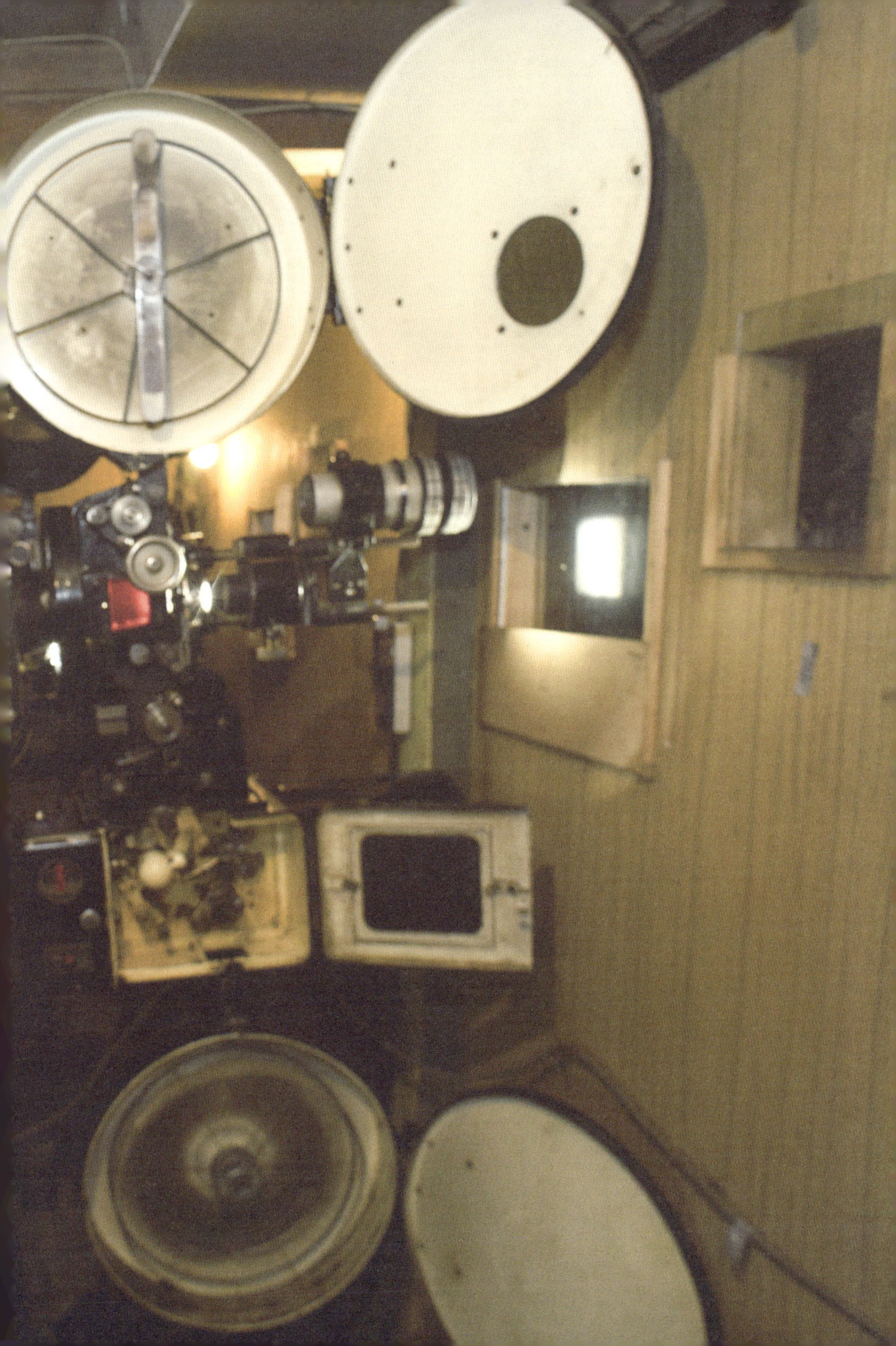

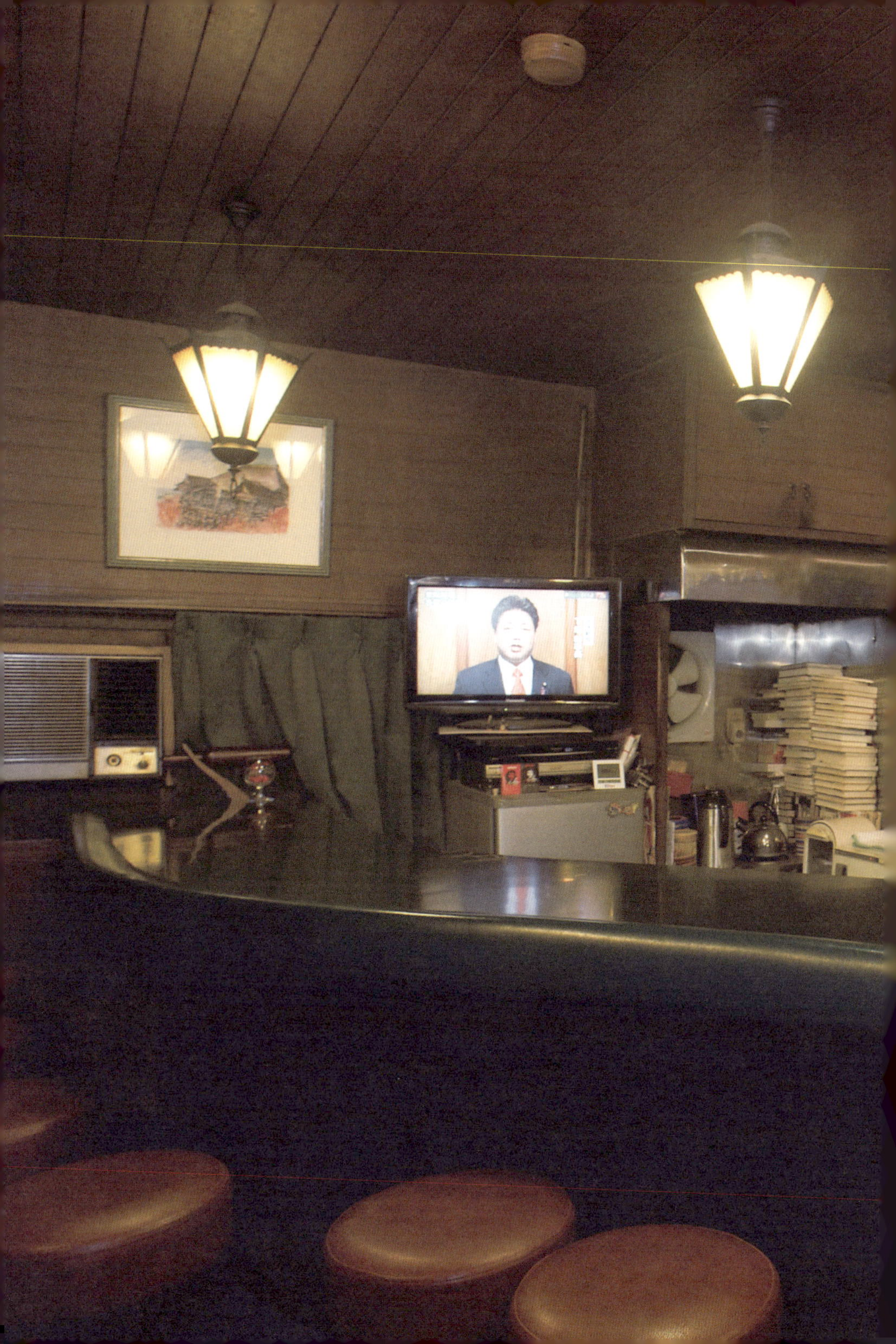

◆ 矶村逊彦 洋酒居酒屋"矶村"主人 >>P225

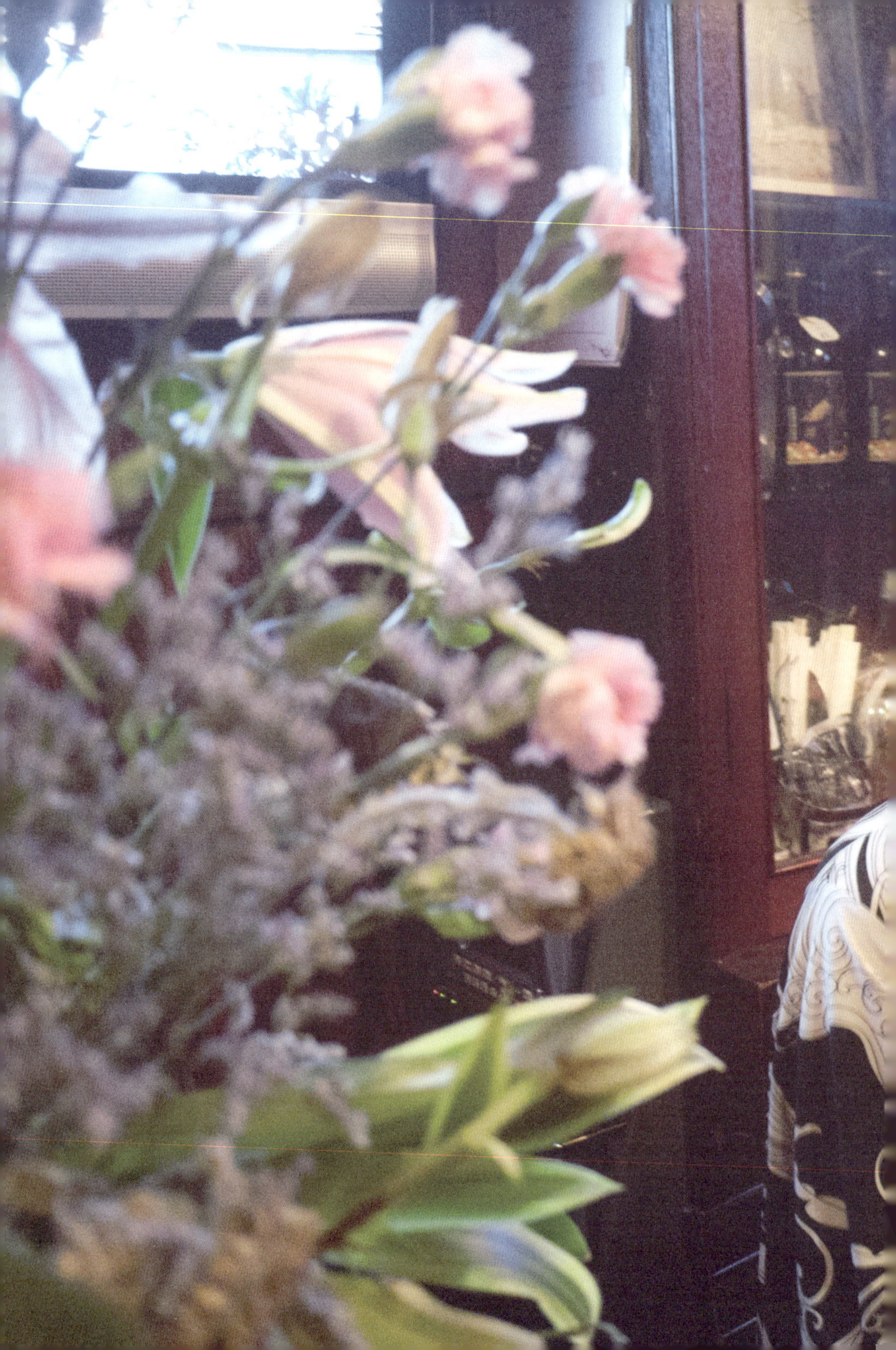

◆ 铃木惇子 家庭式酒吧老板娘 >>P75

◆ 新太郎 那卡西 >>P209

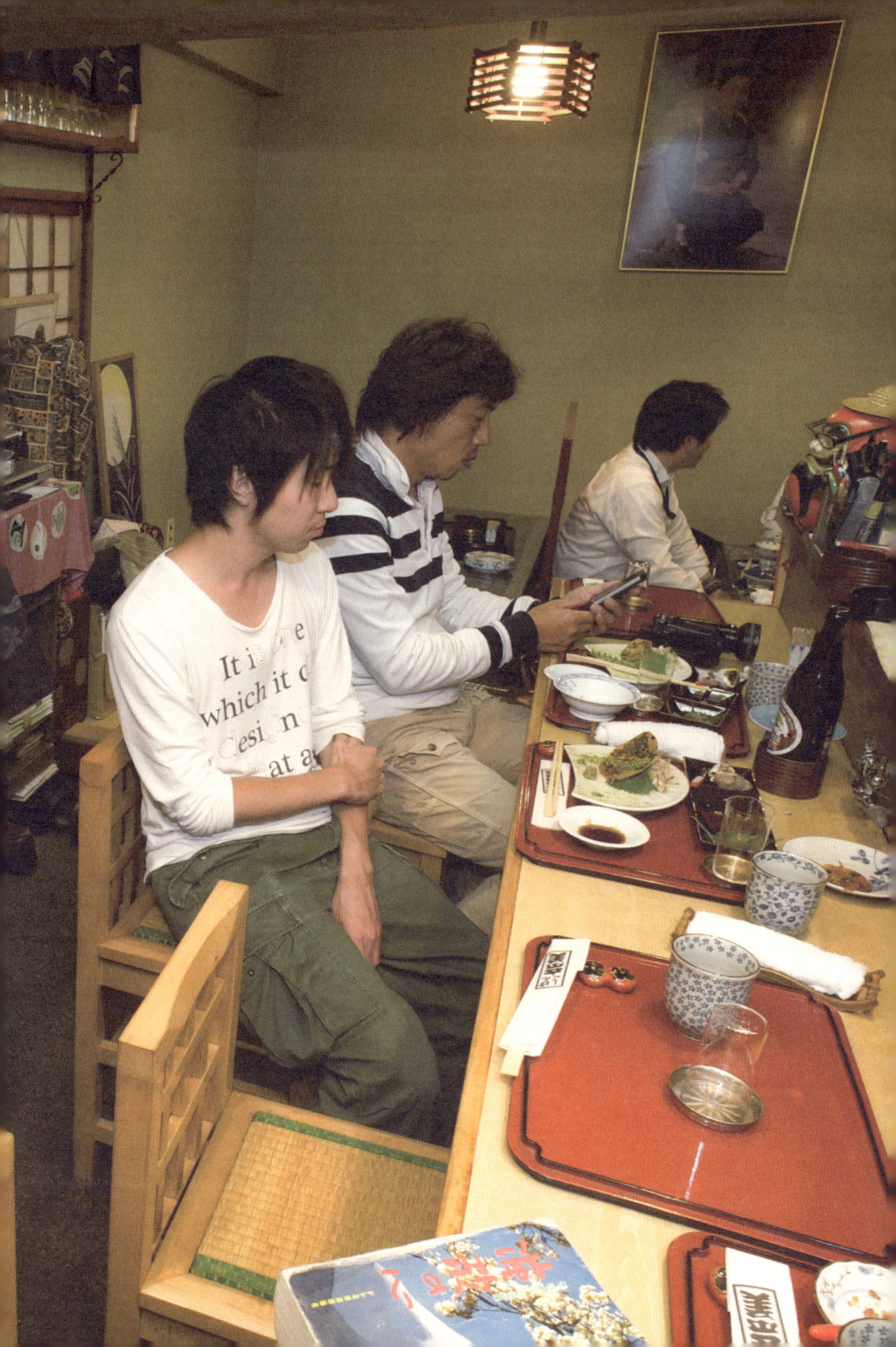

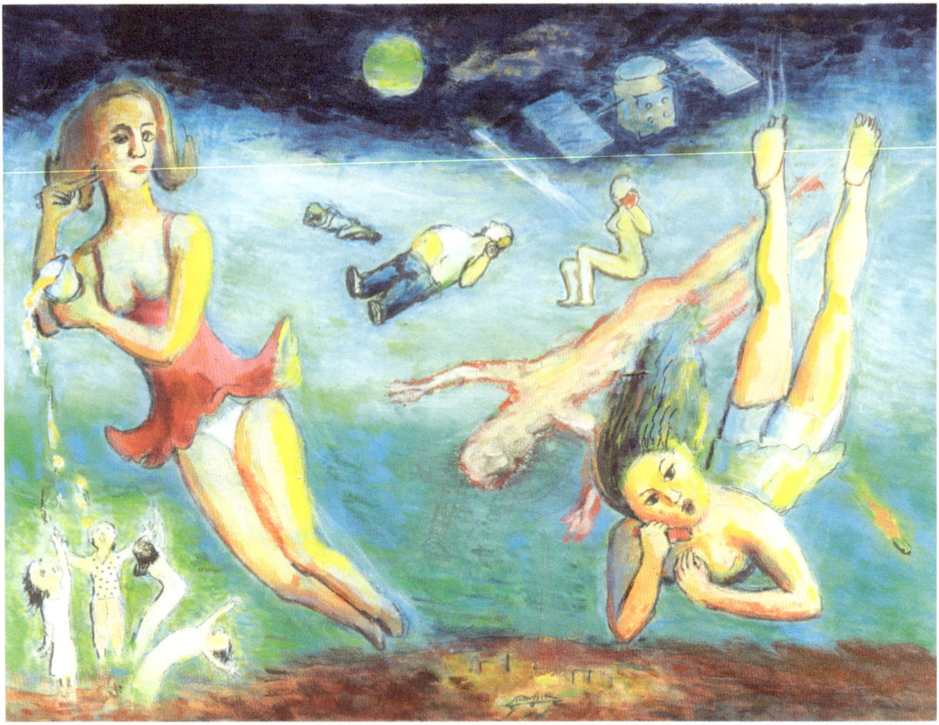

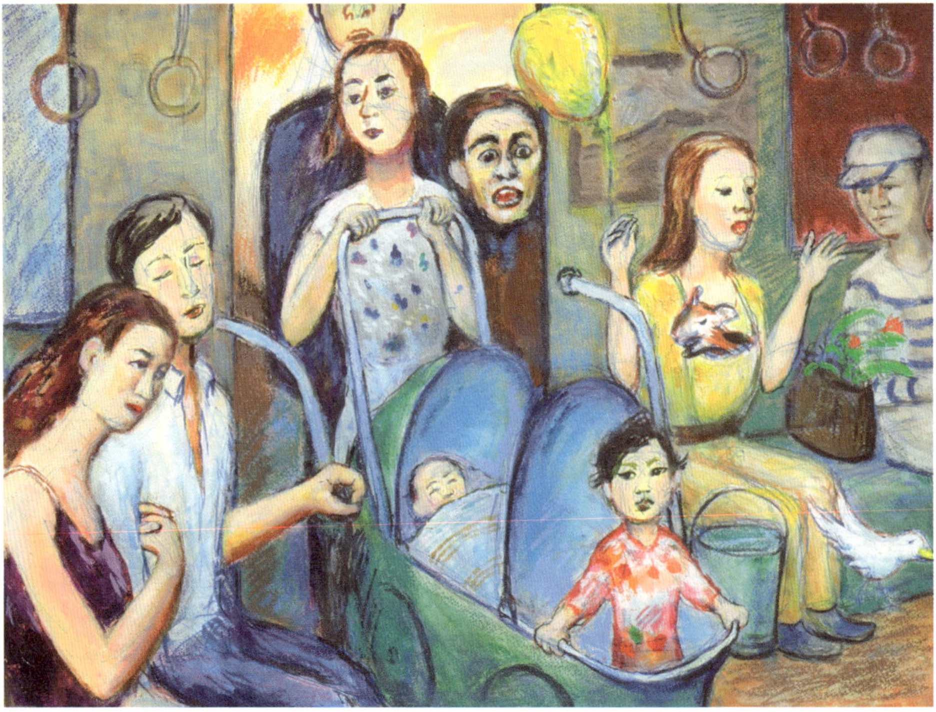

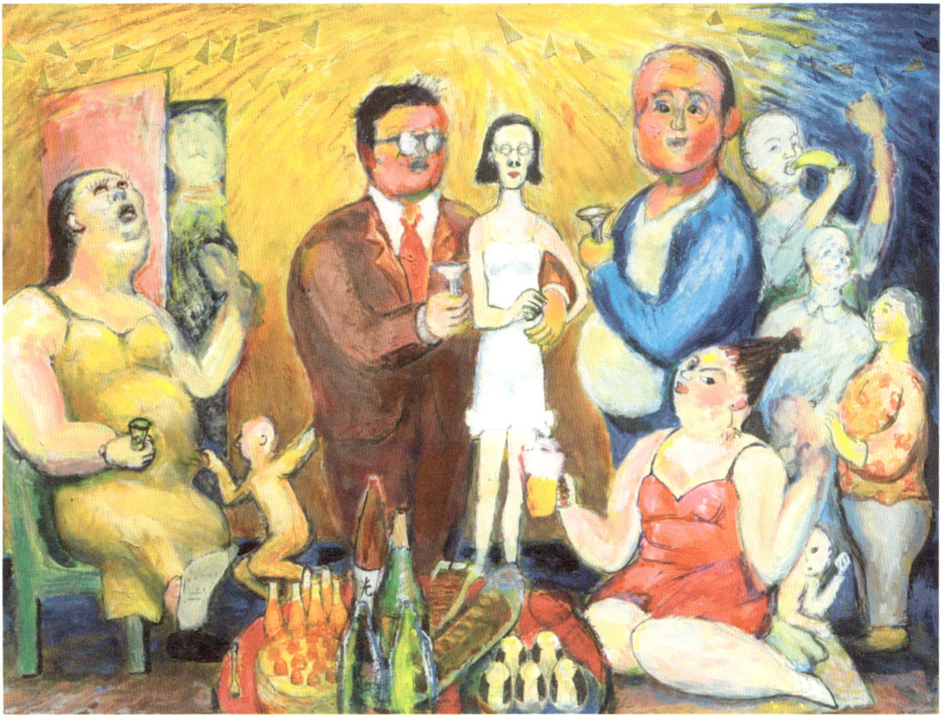

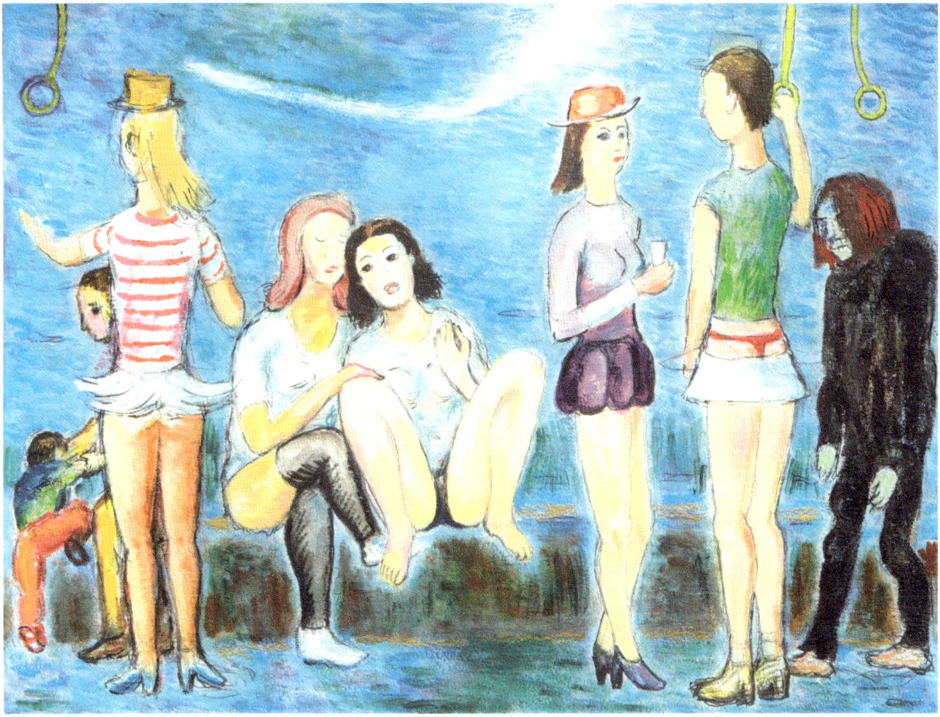

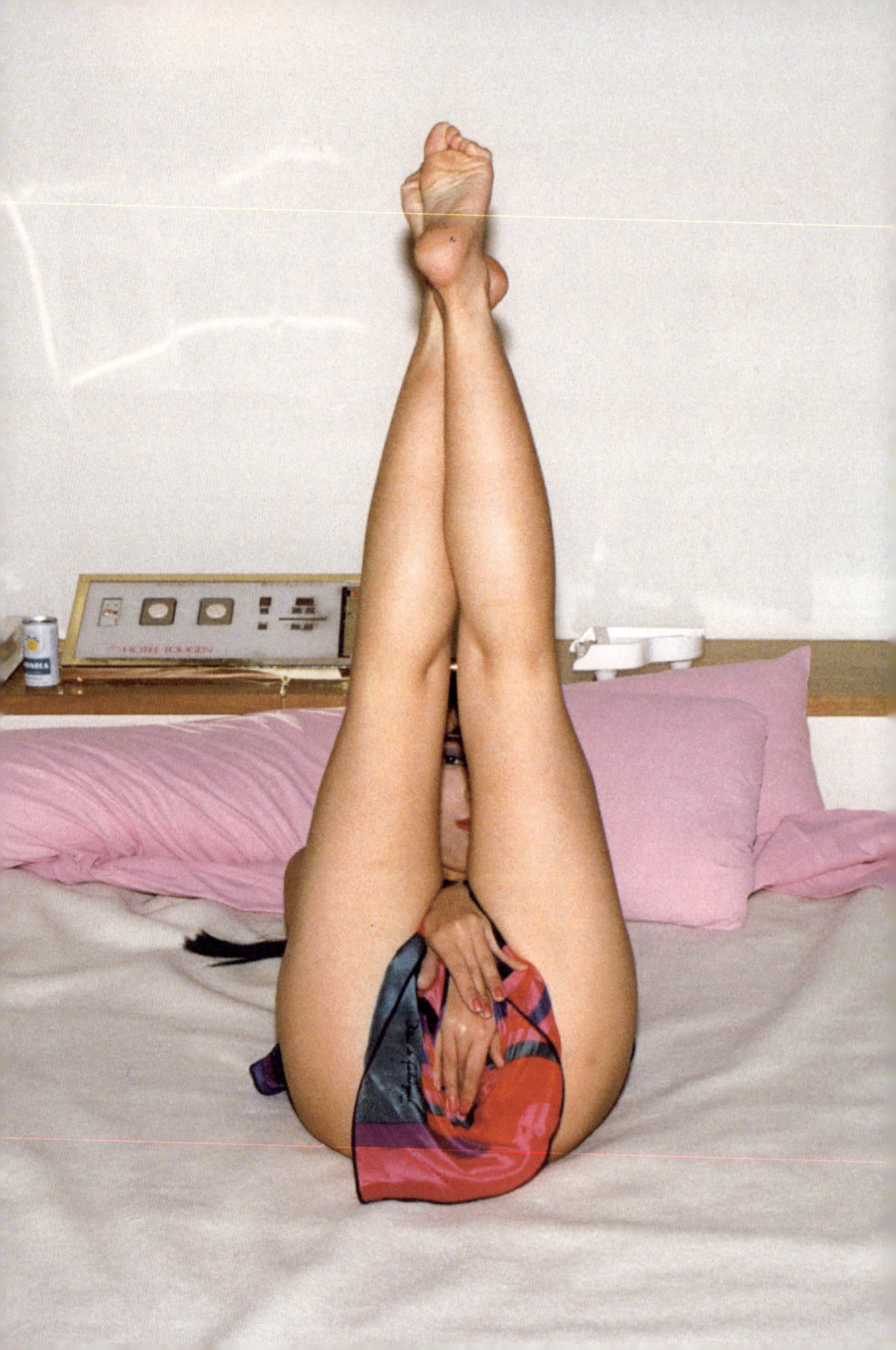

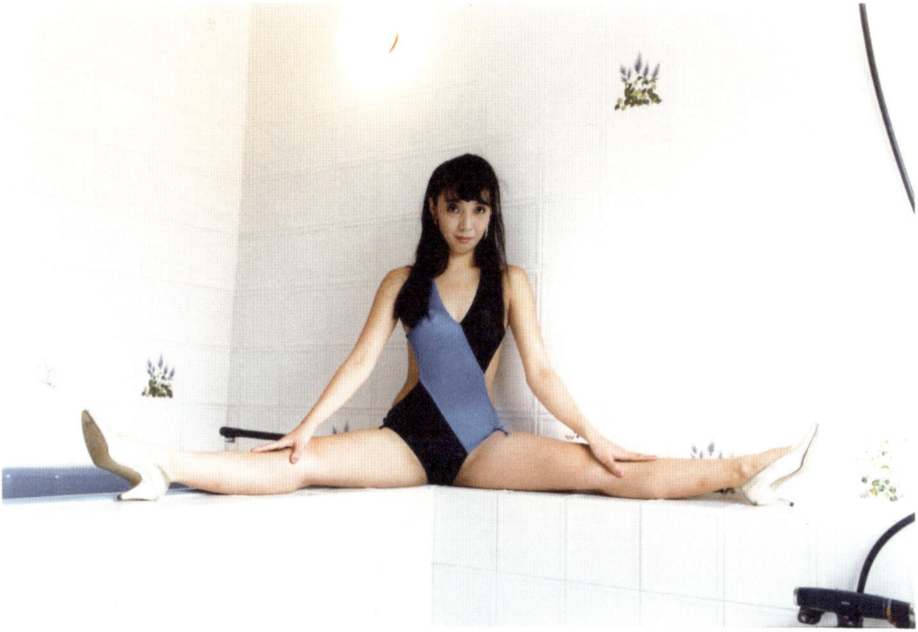

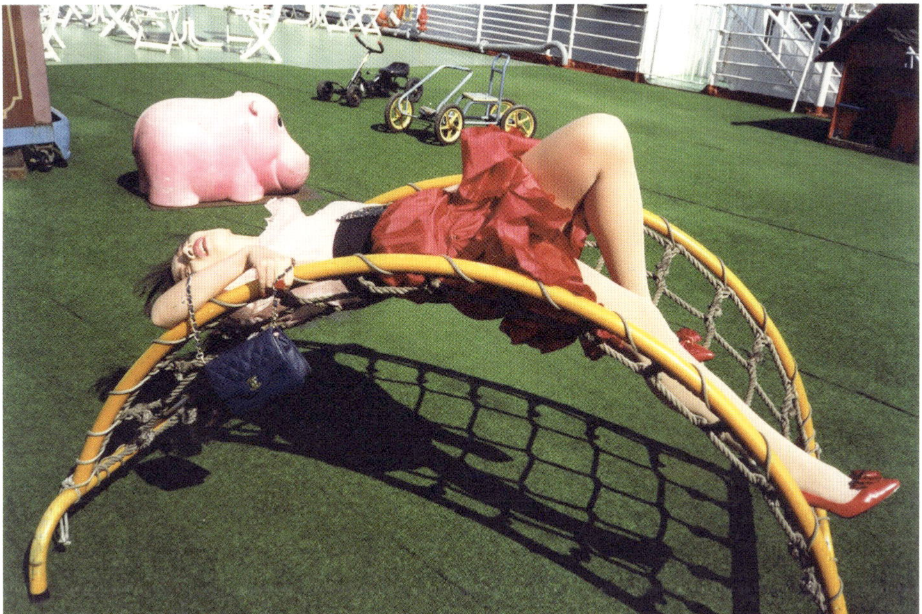

◆ 川上四郎 业余画家 >>P339

艺术家

# 秋山祐德太子

收拾是一种消极的行为

秋山祐德太子

或打扮成"格力高[1]奔跑者"（后来改成了"达力高奔跑者"）去各处表演，或参选东京都知事，抑或以洋铁雕刻家的身份于现代美术馆举办展览，称他为艺术家是远远不够的。他全身上下充满活力——他就是秋山祐德太子（本名秋山裕德）。

秋山先生出生于1935年，于武藏野美术学校（现为武藏野美术大学）雕刻专业毕业后，就职于东芝音响工业，做工业设计师。从工作时期开始，他就参与被称为"偶发艺术[2]"的即兴演出，果不其然没过多久就离职了。在大阪世博会的前一年，即1969年，他作为"万博破坏共斗派"的一员，以全裸冲入集会现场为目标，曾在京都大学等地进行全裸即兴演出，也因

---

1 指江崎格力高公司，是日本一家大型糖果糕点公司。该公司的商标上身穿写着红色"グリコ（格力高）"字样白色背心的奔跑者形象深入人心。
2 Happening，一种行为艺术形式，盛行于20世纪50年代，以偶发性的事件或不期而至的机遇为手段，重现人的行为过程，展示人的本能反应。

公然猥亵罪被逮捕、拘留过。

1975年和1979年，他高举"政治大众艺术化"的旗号，两度成为东京都知事的候选人。自20世纪90年代起，他在各地的美术馆举办大规模展览，为世人重新认识，同时不断出版著作。他还多次出演电视节目，活动数量不降反增，让我们惊叹连连。2010年在东京涩谷举办的个展"高贵骨走"上，秋山先生留下了一句话——

"人生是高速的达力高奔跑者。"

今早也一样，充满活力的节奏感让我想要奔向某处。等等，今年3月，我已经七十五岁了。"高贵[1]高龄，前方惊涛骇浪，我终于也要成为老古董了吗？"

然而这位老人精神却好得很。在"养殖[2]老人"一词风行的今天，他却自己打造逆境，并从中汲取能量。其他人称他为下町[3]的皇帝、洋铁雕刻的圆空[4]、夜晚的东京都知事，如今他又被叫作"天然老人"，行走四方。

（AISHO MIURA ARTS, 2010）

秋山祐德太子一岁时，父亲和哥哥因为结核病去世，此后他就与母亲相依为命。母亲秋山千代女士，因与小林胜代合著《胜代发问——九十一岁老人的现役厨房》一书为人所知，是一名烹饪好手。

---

[1] 这里是同音字的文字游戏。日语中"高贵"和表示人生后期的"後期"同音，也与后文的"老古董"相呼应。
[2] "养殖"一词比喻在有限的空间内数量不断增多，与后文行走四方的"天然老人"相对照。
[3] "下町"在人文意义上指庶民居住的地区，有较多老建筑，也保留了不少有旧日风情的街道。
[4] 日本江户时代佛教天台宗法师及雕刻家。

◆ 客厅全景，左后方能看到的是厨房。睡在床上……的文件上。

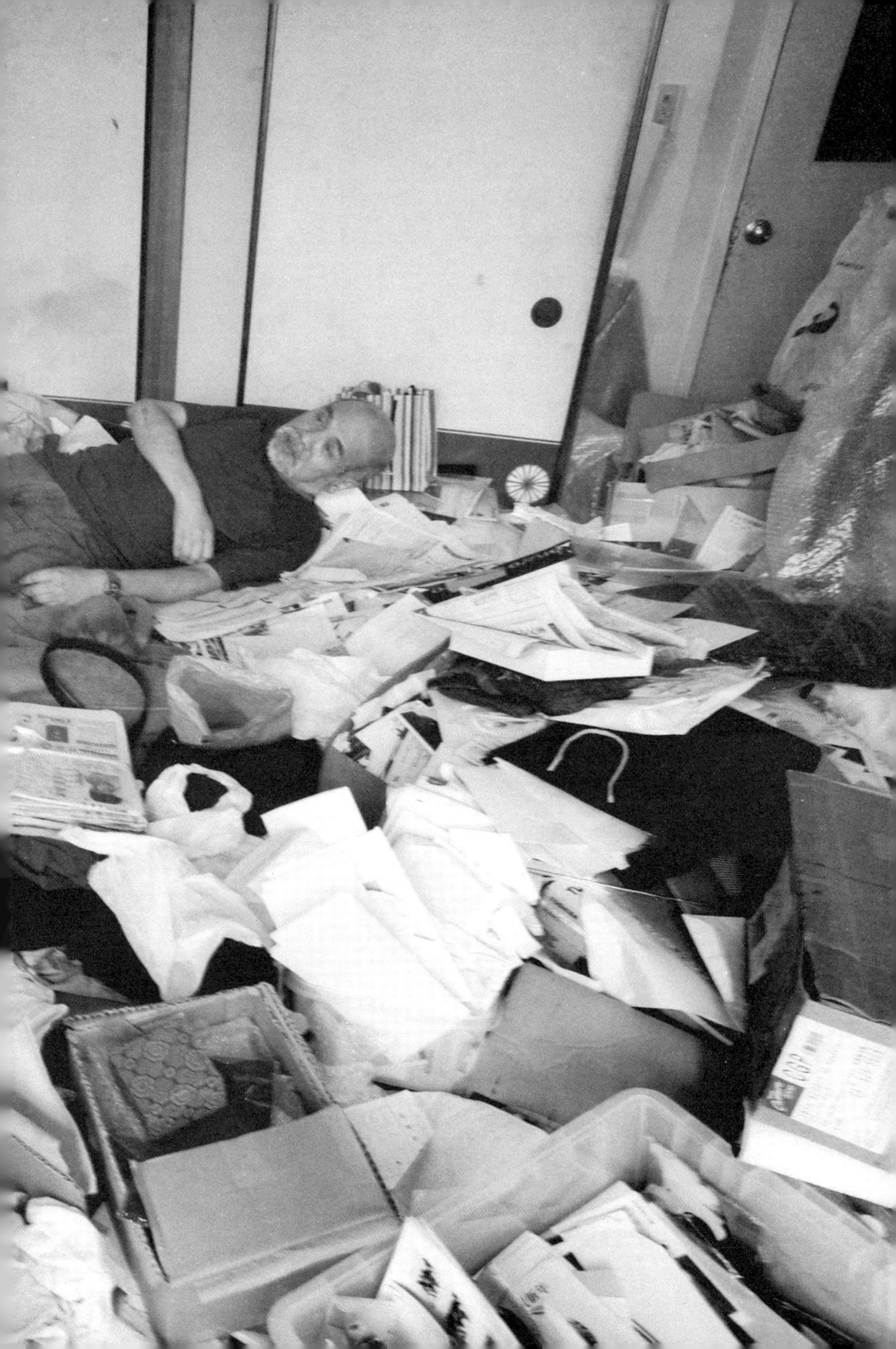

◆ 从玄关一览公寓内的情形。

收拾是一种消极的行为

◆ 临窗一面的景象。
◆ 2008 年于同一角度拍摄。勉强还能看到地板（的一部分）。

## 秋山祐德太子

母子俩长期居住在位于高轮台的都营公寓[1]，1997年母亲离世之后，秋山继续独居于此，过着随心所欲的艺术创作生活。

那是一幢矗立于东京都港区高轮高地的现代风格十四层都营住宅，毗邻高松宫邸（原为大石内藏助[2]等16人切腹自杀之地——肥后熊本藩下屋敷[3]遗址），位置很好。时隔许久，我再次拜访这间三居的"秋山府邸"，发现其日益"成熟"，在令人生畏的混沌中，洋铁雕塑鳞次栉比，公寓仿佛已化作一种装置艺术般的生活艺术空间。

**都筑：** 秋山先生的母亲，原先在筑地的新富町卖过年糕豆沙汤吧？

**秋山：** 我出生在日暮里，四岁的时候搬到了新富町。然后大概在昭和25年（1950年）的时候，外婆抽中了都营公寓。但一个人抽中也应付不了，外婆就和我们说"你们也来住吧"，于是我们母子就搬进去了。那是高中一年级的时候。后来我们就一直住在这里了。真的很不容易，因为住都营住宅有各种收入限制。如果赚钱多了，就得搬出去，但也不能抱着"不赚钱就好了呗"这种想法。总之算是想方设法在这里住了下来。

**都筑：** 您说的是这里改建之前吧？

**秋山：** 是的，我更喜欢改建前的旧公寓，没有浴缸，更适合我。公寓改建翻新后，我1994年又搬了进来。

**都筑：** 那么作品方面，您在旧的都营公寓里也一直制作作品吗？

**秋山：** 我常常在榻榻米上制作。那时候一个叫美浓瓢吾（见本书美浓瓢吾部分）的朋友来我家住。母亲说家里没有多余的被褥了，我说"我

---

1 东京都提供的政府公营住宅。
2 江户时代早期武士，以忠诚为其藩主复仇而闻名于世。赤穗四十七武士的头目。
3 在江户的大名宅邸中，"下屋敷"指建于郊外等地作为备用的另一处邸宅。

用洋铁就好",就把一个做成富士山形状有喷口的洋铁盖在身上睡。我是故意这么做的(笑)。母亲说:"真是个奇怪的东西,原来是洋铁啊,不会冷吗,祐德?"我就说,这不是没法子才这样,没有多余的被褥了嘛(笑)。

**都筑:** 我读了《天然老人——如此愉快的独居生活》(ASCII新书出版)一书,书里写了您的母亲总是把房间整理得很干净,唯独留下秋山先生您的房间任其发展(笑)。

**秋山:** 母亲可能死不瞑目吧(笑)。她以前总在我耳边抱怨"就不能想办法收拾一下吗?"我总是装傻。自从母亲离开以后,这间房间(起居室)就用来吃饭。有时候我也会找朋友办火锅聚会什么的。

**都筑:** 您和母亲一起住的时候,是不是感觉自己不断往家里添东西,母亲不断在家里收拾东西?

**秋山:** 是的,回过神来就发现家里多了不少纸箱。我其实和母亲提过一次:"妈,都怪你把东西放进纸箱里,我都搞不清哪个在哪里了。"当时母亲好像非常生气。我想如果真吵起来就糟了,于是连忙道歉:"妈,对不起,对不起,是我说得太过分了。"我是地道的东京人,性子又急又倔。

**都筑:** 您之前居住在一个相对清爽的环境,后来渐渐变成现在这样,会感到有什么不方便吗?

**秋山:** 怎么说呢……感触很多(笑)。前一阵子,明治学院大学山下裕二[1]先生的研究班的几个毕业生来我家。光是厨房,他们就帮我整理出六袋要扔的东西。连那些我奇怪为什么要扔的东西他们都给我放到袋子里扔了。但事已至此,就交给他们来办吧,我也觉得至少厨房

---

[1] 山下裕二(1958—),日本美术史专家、美术评论家、明治学院大学教授。

秋山祐德太子

◆ 玄关旁边小心地存放着（万博破坏共斗）当时用过的头盔。

◆ 以前一直在视野极佳的阳台制作作品，最近因为"制作大件物品很费事"，再加上到达阳台本身也很费力，于是更多时候就在厨房制作。

要整理干净。收拾东西是一件痛苦的事情，而制作东西却不是。收拾是一种消极的行为吧，因为是要去除东西，而制作对我而言是一种生产性的行为。

都筑：我先前拜访您的时候，随处还可以看到地板，现在有一种"海拔"升高了的感觉。

秋山："海拔"吗（笑）？要是变成像富士山那样可如何是好。这可不行，我今年得解决这个问题。

都筑：这个房子真的很宽敞，而且还是边户[1]，本来算是一间很棒的住

---

[1] 一层楼里最靠近边上的房子。因为位于楼层转角，与外墙接触面积大，所以通常窗户较多，采光与通风较好。

宅……

秋山：本来！你小声点，你话有点多哦（笑）。这间房60平方米，加上阳台就更大了。去年的那场大地震[1]房子一点都没有受到影响。你看隔壁是高松宫邸，还有泉岳寺，皇室住过的地方地基都打得很牢固，这点可是很有名的。别看去年地震那么来势汹汹，这房子好得很，完全没塌（笑）。

都筑：（指着起居室）这一带也没事吧？

秋山：哈，这里本来感觉要塌，但是结实着呢，岿然不动。

都筑：顺便问一下，您是在哪里写东西的呢？

秋山：膝盖上（笑）。

都筑：睡觉的地方呢？

秋山：睡在文件上。我感觉身体还不错。

都筑：那感觉热或者冷的时候怎么调整？

秋山：这个嘛，电视公司的人给了我电热毯。大家都对我照顾有加。

都筑：但是你不会觉得电器危险吗？

秋山：所以我不太用。盖一条毯子，冬天的时候盖两条，差不多是这样吧。因为有空调，还是挺暖和的。

都筑：西装——是从这堆东西里掏出来的吗？

秋山：西装就从这堆东西里稍微找一下。

都筑：文件和……电话也都埋在里面了（笑）。

秋山：电话（会响所以）找得到。

都筑：您还是有倒垃圾的吧？

秋山：当然有！垃圾我还是会好好分类处理的。我最怕的就是食物中毒，

---

[1] 2011年东日本大地震。

◆ 厨房内部的和室（左图），推开行李，穿过走廊，会发现右侧是起居室，左侧是另一个房间（右图）。

◆ 如厕时间也被大型作品包围。

◆ 浴室部分一览。

◆ 厨房。微波炉的上方陈列美术品（上图）。脚下的工作空间（左图）。餐桌像是这样（右图）。
◆ 尽管如此，2008年还办过火锅聚会。

秋山祐德太子

所以在这点上我还是很注意的，也会清理干净。到现在，我也没有食物中毒过。

都筑：大家从照片上看可能会大吃一惊。您看上去那么有精神，不敢相信您已经七十七岁了。

秋山：哈哈，我可精神了。我会想年龄这玩意儿算什么。总之要睡好。我入睡特别快。一躺下去就呼呼大睡梦周公了。

都筑：您还自己做饭，在这方面也很用心。

秋山：是的，我是个自己做饭的男人。清早第一次醒来的时候一定是四点，然后我又倒头就睡。一天我一定要睡足八个小时，这点是雷打不动

◆ 厨房一览。久经使用的风格。

◆ 白萝卜、胡萝卜、牛蒡、干香菇一起放入大锅熬一个小时做成自制蔬菜汤。每三天做一次。在冰箱右下角冰着的就是这个。

◆ 摆放 DVD 的区域。AV 女优中他偏爱北岛玲。

的。睡觉是最让人愉快的事情（笑）。我也有想过，要是人就这么一睡不醒该如何是好，不过最近已经无所谓了（笑）。

至于早饭，看具体情况。凌晨醒来时，我就开始做了。我以前会把米放在水里浸泡一个小时再煮，后来因为嫌麻烦，就直接煮了。这样的话，到煮好米饭大概要一个小时。选米很不容易。不必淘的米不行，就是"免洗大米"那种。倒不是说免洗米不好吃，人们是嫌淘米麻烦才用免洗米图省事的。但洗米要认真洗，这点对我非常重要。然后煮米的时候，会发出声音，比如噼噼噗噗的声音（笑）。这时我要不踱着步，要不就又睡下。总之很随性，一直是这样。有时我也会想：我这么自由随性真的好吗？这么快快乐乐、自由自在，不知其他人有多么辛苦。

然后就是蔬菜汤。没了这个，我可活不下去。我不喜欢宗教仪式性的东西，但我一定会喝蔬菜汤，一天三杯。（说是这么说，我都是大口大口喝下去的。）喝完身体杠杠的，充满力量。

其实，我做过一年所谓的饮尿疗法，当时在厕所里放了一个杯子。我母亲观察很敏锐："祐德，你过来一下。"被这么一说，我想这下糟了。母亲说："这个是尿吧？"我吓了一跳，母亲又说："这个是尿吧！真是的，我要和你绝交！我就说奇了怪了，怎么一直听到有声音。"所以，我就放弃饮尿疗法了。

我也不知道为什么，我几乎不怎么生病。我在考艺大[1]期间，做了切盲肠手术。即便如此，我还是咬牙坚持到了第三轮考试，不过没考上。所以我很讨厌艺大。时过境迁，我也不在乎了。从那以后，我五十七年来都没有住过院，真的是这样。

---

1　东京艺术大学。

**都筑：** 真厉害，您还喝酒吧？

**秋山：** 我会喝酒。有时候还会喝到天亮。

**都筑：** 您有时候也会在竞轮赛[1]场上写原稿吧？

**秋山：** 现在我也会去。坐在付费的指定席上，当一回有钱人的感觉很棒。一旦集中精神，会听不见周围的声音。如果比赛前买的是大冷门的选手，只需要花100日元或者200日元。有时候买的冷门会中，但是我也不会特别贪心。

**都筑：** 我刚才看了一下，在电视旁放了许多AV光碟。

**秋山：** AV？是的，有很多。看腻了，我就一片一片丢掉。再去买新的。我会去神保町买。再往下说的话，我偶尔会去泡泡浴店[2]。在千叶的荣町。同一家店去多了以后也会意兴阑珊。但有一两家还不错。不过再怎么便宜，也要花2万日元。我不算常去，偶尔光顾一下。怎么说呢，那里有我喜欢的……

**都筑：** 您中意的人？

**秋山：** 最近我打电话过去，说是她还没来上班；再打电话过去，又说她辞职不干了。我从来没有遇到过这种类型的女人，一次也没有。服务倒是满分。我以前就害怕没有经验的女人，好像对这类女人有恐惧症，对有经验的女人倒没有。

我不喜欢那些去这种地方还对此遮遮掩掩的人。我有一个和我同行的伙伴，和我一起坐软席车厢往返千叶。如此反复，软席车厢的乘务员都记住了我们，还对我们说"又见面了"（笑）。以前要是我们在摩托车赛下注赢了钱，回程会顺便去一下西川口，现在那

---

1　场地自行车赛，与赛马类似，在日本是一种合法博彩的体育运动。
2　风俗店的一种。

里的风俗店已经都关了。

**都筑**：我想您的生活中也会有辛劳，但这种感受不到压力的生活方式，是不是就是您保持健康的秘诀呢？

**秋山**：应该是因为我没有什么压力。我也会想自己还能活多久，但无论如何，先倒头就睡。大家都说什么不吃药就睡不着，我会想，"这群家伙是傻瓜吗！"当然，医生有时也会给我最轻程度的镇静剂。服两片咻地一下就睡着了。睡醒了神清气爽。但我基本用不上，除非我想要深度睡眠。

之前有一次我在平安岛买赛艇券赢了钱，和同伴想着该怎么花，后来决定去北品川喝一杯，遇到一位老奶奶说："啥，你们还玩赛艇！"听着江户腔的骂声，抿一口小酒，真是再棒不过了。那里以前是风尘女子所在的宿场町[1]，是《幕末太阳传》[2]里的世界，有趣得很。

出版社的人说既然有趣你就写写呗，我嫌麻烦没动笔。真的太麻烦了。人嘛，有的吃就行，吃饱了才有力气。另外就是要有些积蓄。要是背上债务或是因为没钱而抱怨，可绝对不行。

---

1　旧时日本为传递公文等事务设立的町场，相当于古代的驿站。
2　日活电影公司制作的古装黑色喜剧片，1957年上映。

行为艺术家

# 『上吊男』栲象

想早点『碰壁』

"上吊男"栲象

一走出车站,林荫道两侧的树木不断延伸、整齐划一却令人压抑——这是国立市的大学街。一路上侧目可见抱着乐器的音乐系学生,或是把蛋糕盒放进车筐里、骑着自行车的年轻妈妈,步行走完林荫道要花二十分钟。通向左侧的岔道深处,看上去是一片等待开发收购的土地。在偌大的停车场的尽头,有一个角落被浓密的杂草杂木包围。

从这片绿色中,隐约可见一间平房的屋顶和当围墙用的蓝色塑料篷布。绕到房屋的一侧,拨开杂草、掀开塑料篷布走进去,有一间摇摇欲坠的陋室和一个小庭院。这里就是"上吊男"栲象的"庭院剧场"。

晚上八点,周围变得漆黑一片,庭院剧场开演。人们坐在院子角落的长凳上等待,耳边萦绕着风声、停车声和蚊子的嗡嗡声,突然只听"喔"的一声,栲象先生正式登场,他走出屋子,慢悠悠地迈开步子,慢悠悠地走下庭院。

他像慢镜头一样一边在庭院中徘徊,一边慢慢走近庭院深处的一棵大树。树枝上挂着一条深红色的绳子,下方的地面被挖了一个坑,坑的一旁放着一块生锈的铁砧。

栲象先生终于走到大树下,缓缓抬头看了下树枝,双脚站上铁砧,将红色的绳子套在脖子(下巴)上,突然双脚踏进虚空。

现在在我面前,一名男子被红色的绳子吊着脖子,在脱力状态下轻轻摇晃。如果你仔细看就会明白支撑体重的不是脖子而是下巴。即便如此,要平心静气地望着眼前悬垂的身体,实在有些强人所难。

脖子被吊的状态也许只是几分钟,但是感觉特别漫长,终于栲象先生缓缓抬起手臂,抓住绳子,提起身体,利用反作用力跳下,在坑外着地。然后他像刚现身时那样,缓缓地绕庭院一周,进入里屋不见踪影。不久,他再次现身,重复着在庭院徘徊和悬吊脖子的过

"上吊男"栲象

◆ 被绿色覆盖的庭院剧场。

程。共计四次,一小时左右。接着就听到一声"非常感谢大家",这是我们第一次听到栲象先生的声音。当晚的庭院剧场如同开场时一样,突然就迎来了尾声。

大野一雄[1]、土方巽[2]、吉利亚克尼崎[3],从暗黑舞踏到特殊的街头表演艺术,我见过了太多不同种类的"身体表现",但像这般黑暗、这般异端、这般极少主义[4],用舞踏和舞蹈都难以形容的身体表现,我是前所未见。

"上吊男"栲象先生说自己在庭院剧场已经进行了十多年"上吊"行

---

1　大野一雄(1906—2010),日本舞踏家,"暗黑舞踏"的开创人之一。"暗黑舞踏"又称舞踏,是由大野一雄与土方巽于"二战"后创立的一种现代舞形式。意图打破西方对于表演、动作和肢体的传统美学观点,追求肉体之上的心灵的解放和自由。
2　土方巽(1928—1986),日本舞踏家,与大野一雄一同创立了"暗黑舞踏"。
3　吉利亚克尼崎(1930— ),日本街头表演艺术家。
4　极少主义是 20 世纪 60 年代在音乐或艺术领域中出现的一种倾向及创作理论。试图通过最大限度压缩装饰性元素的单纯艺术形式或最小单位的反复来表现艺术性。

为艺术（他本人这么命名）的表演。而他的"上吊"表演生涯，已有四十余年。

"上吊男"栲象先生1947年出生于群马县的安中市。

> 我不清楚自己具体是哪一天出生的。家人那时候有些敷衍。我户籍上写的是昭和23年1月1日出生，但是家人说我是12月26日到29日中间的某一天出生的。这么一来，我几乎不记别人的生日，因为自己的生日也没有确切的日子。我不知道该哪天过生日，所以对这类事情变得漠不关心。也因为这样，我对老家的事情也忘得差不多了，我觉得只要记得那里的风景就足够了，也不会主动开口说老家的事。

高中毕业后，栲象以出演戏剧为目标来到东京，他的生活也被突然搬上了都市这座舞台。

> 我初到东京的时候，大概十八岁，那是一个动荡的时代。我想无论如何先从艺术表现入手做些什么。也没有什么练习，就一下子进入了"都市"这个场景。俗话说，狗走路也会撞到棒子[1]。我算是每天都撞到了（笑）。一路走来跌跌撞撞，才发现自己走到了今天这样，也就是"上吊"表演。
> 1960年反安保斗争结束后，我就没有参加学生运动了。记得一次我从御茶水[2]一家叫作NARU的爵士咖啡馆走出来，车站前有家电器商店，那

---

1 日语谚语。原意是指狗在路上走可能遇到人拿着棒子追打而遭殃。比喻行事可能会惹祸，有时也比喻遇到意想不到的幸运。
2 御茶水（据传这一带涌出的泉水专供二代将军德川秀忠的品茗会使用，故而命名），流经东京都千田区神田骏河台和文京区汤岛之间的神田川一带的地名。

## "上吊男"栲象

里人头攒动。人们正看着（电视上）中曾根（康弘）[1]防卫厅长官讲三岛事件[2]……当时就是这么个时代。

来到东京以后，我很快就放弃了戏剧之路。当时有人把某一类艺术表现叫作"美术系的艺术表演""偶发艺术"，也叫作"事件艺术"。这类的表演并不少，我突发奇想：不妨在白天上街进行"痉挛行为"的表演——其实就是猛地挺直身子表现痉挛而已。于是我就这么付诸了实践。

我甚至不知道我为什么做那种表演，一定是有什么动机。我记得当时，有一次在上野公园的入口等人，发现文化馆前人潮汹涌，仔细一瞧，那里有一棵榉树，还有一出不可思议的耍猴表演。

我看到好像有人戴着毡帽蹲坐着，又发现窸窸窣窣有什么东西在动。忽然一只小猴蹦了出来。我还在想猴子会表演什么。只见它爬上榉树，行走在树枝上，又"砰"的一声掉下树来。然后一个戴着毡帽、有些脏兮兮的男人走了出来，一把抱住了猴子。完了之后，猴子又蹦了出来，再爬上高处，又"砰"的一声掉下树。只见围观的人越来越多，男人拿着帽子绕着客人边走边收钱。我不确定这是不是我后来表演的契机。总之我先开始在路上表演痉挛，没过多久，就开始了"上吊"表演。

当时，栲象先生二十岁上下，现在他六十四岁。也就是说，四十多年以前，他就找到了只属于自己的艺术表达——"上吊"表演。

好比土方先生口中的"舞踏"一词，我不知道在日语中是不是新词。

---

[1] 中曾根康弘（1918—2019），日本政治家。1970 年至 1971 年曾担任防卫厅长官，1982 年至 1987 年担任日本首相。
[2] 1970 年 11 月 25 日三岛由纪夫闯入日本陆上自卫队东部总监部鼓动日本自卫队总监发动兵变，失败后切腹自杀。

但是这个词产生了"每个人都能跳舞"的含义,大家听了这个词之后,就开始跳起舞来。这种舞踏并不是从小耳濡目染培育的,而是突然在都市这个舞台上闪亮登场。

所以在这层意义上大家都是自学出道的。我之所以一个人这么一路走来,一方面可能是因为我不擅长和同伴热烈地切磋讨论,另一方面也可能是因为自己确实没有能力。这样自然也就孑然一身,走到了今天。

在生活上,我和同行也都一样,从很早开始,就是自由职业。我现在有时候也打些零工,但是渐渐做得少了。自从三十多岁搬到这里以来,每次临近公演,我都会练习"上吊",公演完了,我也就不练了。四十九岁的时候,我思考有什么东西是可以每天在这里做的,思来想去——"上吊"表演可以每天进行。所以打那以后,我就每天表演"上吊"。除此之外,没做别的。

我每天的功课是这样的。四点按下闹钟,起床,来到院子。我有四双短布袜。每做一次"上吊"使用一双短布袜。也就是一天做四次。做完一次后,我要么喝咖啡,要么读书,或者睡一觉,至少用上两个半小时。中午前能再做上一次的话就再做一次。下午也做一次,晚上又做一次。一天下来,或者来一剂安眠药(我其实很少用),或者喝一点烧酒就躺下,以上就是我的一天。"上吊"的频率增加的话,身体的负担会加重,也会变得更困。我指的是"上吊"练习完之后,而不是练习中。所以完事后,我就窝进暖桌,倒头睡下。

每个月,庭院剧场会向大众开放表演几天。没有表演的日子里,栲象先生也一人默默操练"上吊",日复一日,行之已久。

我一次次地表演,一次次被问到为什么要这么做。所以我想早点"碰

◆ 用惯的上吊绳挂在墙上。

壁",碰壁遇上难题,我才能继续前进。我每次前进1毫米、2毫米,经过七八年,我发现我终于又能"行动"了。总之一个人做事,在某种意义上和做鱼肉冻很像,旷日持久。所以要早些碰壁,然后想办法在墙壁上挖个洞穿过去,或者设法迂回绕过去,这样一来,新的难题又会出现。每天我向着这个难题,迈步走向庭院。

现在我基本一个月公开表演四五天。以前我也试过一个月表演一周、十天或者十二天,但这么一来,六成的时间里一个观众也没有。即便没有人来看,我也会表演,之前遇到过连着六天没有观众,那样的话就有些说不过去……我自己会做御好烧[1],表演完了之后就会拿出来吃,每天我都要吃很多御好烧,有些让人吃不消(笑)……不过每天的"上吊"是雷打不动的。"上吊"次数少的时候反而是公演期间。如果是平常,"上吊"的频次更多。

栲象先生把"上吊"这一终极的"身体摧残"方式,作为每天的功课,严格要求自己,他在一间丝毫不像国立市风格的陋室,已经独自居住了很长时间。

我早上四点起床吧,然后呢,你看这里是玻璃,阳光会唰一下从这里照射进来。唰一下,阳光从树叶间簌簌落下,我觉得自己也仿佛化作了一缕空气。

不过到了冬天,没有暖桌会冻死。我会蜷着身子窝进暖桌里。晚上我不用被褥,一年到头都是用暖桌。我戴着只露出眼睛的帽子,身体睡在暖桌里。

---

[1] 一种口式煎饼,杂样煎菜饼。

"上吊男"栲象

◆ 表演结束后,进到暖桌和观众一起喝烧酒(上图)。
◆ 栲象先生的生活空间。暖桌当作学习的书桌,也当作床铺(下图)。

◆ 从起居室望汲水处。

"上吊男"栲象

◆ 读书已经成为栲象先生日常重要的时间。《广辞苑》似乎正好用来靠手(上图)。
◆ 厨房(下图)。每天都自己做饭。

很多人也会过来帮我的忙,为我提供食物、衣物之类。一些信基督教的人也过来帮我添置了不少东西(笑)。我身体硬朗,算是省了不少麻烦,就是牙齿一颗接一颗掉。毕竟我的下巴受力太多,长久下去恐怕我这里(上颌)骨头会松动。

到后来,别人都对我说"你还真能每天坚持这样",那是因为我每天的生活只能这样。体会到这点,我就明白假如今天能完成"上吊"一分钟,并不意味着明天也一定能完成一分钟。做表演艺术的人常觉得"我昨天做得不错,今天也继续昨天的势头就好了",但如果你这么想,多半会失败。同样地,昨天完成的内容并非一定适用于今天。这是我通过在院子里"上吊"得出的刻骨铭心的感悟。

所以我觉得自己所做的事情并没有那么与众不同,既不夸张,也不荒唐。我就是这样一路走来,找到了让自己有干劲的事情,仅此而已。我生而为人,来到都市,这样一路走来,兜兜转转终于找到了属于自己的地方。既然找到了,就挥汗加油干。事情就这么简单。

实际上,该怎么说呢,还有很长的路要走,现在我六十四五岁,往后还要继续每天的生活……我完全不会去想什么时候会死。我好像悔恨自己没有过青春一样,把现在的每一天都当作青春尽情挥洒(笑)。

在这座五六个人就会塞满的庭院中的"剧场",栲象先生就这样演绎着"上吊"这种"小小的死亡",每次跳下地面,他都细细品味对重力的乡愁,今天的他也一样悬垂空中,飘然而生。

剧场有的时候挤满客人,但有些晚上无人来访。有的夜晚,只能听见悬垂的双脚下猫儿穿梭不停的声音。

冬天风特别大。我听到沙沙声,心想"有人来了吧",走出院子,发现一个人也没有。这样的事情常常发生。因为我很难判断声音是人发出的还是枯叶之类发出的。我就这么等着，到了八点，我会再出院子，看有没有客人，我会开着灯，不然看不清。就那样独自一人，等待着走夜路过来看我表演的人。

◆ "上吊男" 栲象个人主页
http://ranrantsushin.com/kubikukuri/index-1.htm

## 铃木惇子

家庭式酒吧老板娘

只要有烟店、寿司店和烤肉店,哪里都行!

铃木惇子

　　新宿三丁目，伊势丹、丸井、烧肉长春馆和销售画材的世界堂一带，在一幢大楼的二层有一间家庭式酒吧。酒吧的招牌上写着"香梦"，念作KABOU，这是一间只有十个吧台座位的可爱小店。

　　铃木惇子是这家酒吧的老板娘，一直到两年前的春天，她还在隔壁新宿二丁目经营着一家名为"银"的酒吧。所以她现在还被叫作"银妈妈[1]"。我常常去"银"。大概三年前，为写《天国的掺水酒味——东京家庭酒吧米其林[2]》一书，我喝遍了东京各处的五十家家庭式酒吧，并对这些酒吧的老板和老板娘做了长期采访。"银"在该书中也闪亮登场。请允许我先念一段当时书中介绍"银妈妈"的文章：

---

1　日语对酒吧老板娘的称呼发音和"妈妈"一样。
2　日语书名为"天国は水割りの味がする—東京スナック魅酒乱"。"魅酒乱"的日语发音和"米其林"一样。

只要有烟店、寿司店和烤肉店,哪里都行!

◆ 空间紧凑但氛围极佳的"香梦"店内(上图)。
◆ 昔日"银"酒吧内(下图)。

铃木惇子

一种说法称它位于全世界最大规模的 Gay Town 新宿二丁目入口，是那里约 400 家同志酒吧、俱乐部之一，又一种说法称它是"二丁目唯一一家直人家庭式酒吧"，这就是"银"。它在以爵士乐现场演出闻名的新宿 PIT INN 对面——一幢多用途大楼的二层。你走上楼梯，推开走廊深处的那扇门可能需要一些勇气，不过只要踏进店里一步，老板娘惇子的笑容迎面而来，一声"欢迎光临"顿时就会让你放松下来。

门前的通道摆放着一幅幅厚重的油画（都是老板娘的作品），老板娘一身整齐合身的和服，豪华的室内装饰与其说是家庭式酒吧更像是高级俱乐部的风格——埋单时你可能心有顾虑，然而这里的收费是：烧酒畅饮附赠下酒小菜共计 5000 日元。在新宿一等一的地盘上，这样的价格再合理不过了。

惇子出生于长野县，高中毕业后，一度来东京学习热爱的绘画。然而当时正值山区乡村摇滚乐（Rockabilly）的全盛时期，加上年轻的血液躁动不已，她不惜牺牲睡眠尽情玩乐。虽然也曾工作过，但因为工资低到让人惊讶，不久便离职。后来她又突然搬到了宫崎日南海岸居住，开始经营咖啡馆和俱乐部。

而立之年，她回到了东京，并用在宫崎时存下的钱在银座开了店，后来因为东京都政府迁往新宿，她的店也配合着搬到了新宿歌舞伎町。听说因为建筑物老旧，店铺还一度搬到新宿三丁目，后来又搬回了现在的二丁目。老板娘可谓是新宿酒水生意的活字典。她笑着说："我觉得我老家的人现在还以为我在和绘画打交道，不知道我在做酒水生意。"

一些在同志酒吧工作的同志被老板娘丰富的经验吸引，常常来与她畅谈生活，寻求建议。"其中也有不少深刻的交谈，像是有关生死的烦恼，聆听的过程中，我自己身上的压力也越积越多。这时候，我会不睡觉去山上深呼吸，因为这样能让我获得力量。"老板娘惇子这么说。

休息的日子，她把便当装进帆布包里，去山野各处写生。"在我还小的时候，有一次突然看见一道闪光，我觉得是神启。于是就和父母说暑假想去寺庙修行，还惹他们生气了呢。"惇子也有精神性的一面，她说："我不信奉特定的宗教，但是每次写生的时候，遇到地藏菩萨我都会叩拜。不少客人告诉我，和我握手以后都遇到了好事情。"可见惇子身怀相当的能量。"我在店里也一直喝酒，昨天有两个客人第一次来店里，我发觉和他们很合得来，就开了一瓶威士忌、一瓶烧酒，都喝完了。果然一早头很疼。"看来，惇子的肝脏也具有相当的能量。

之前来这家店的人都说这家店看起来消费很高，店里的卡拉 OK 很棒，音响系统极佳。铃鼓、沙锤自然不用说，店里从宽边帽到唱任侠演歌用的深边斗笠、玩具腰刀，应有尽有，小道具也是准备齐全。另外店名说明里有"家常菜"的描述，店里的下酒菜也都是老板娘亲手做的。"冬天我还会做火锅，如果客人喝到第二天早上，我还会端出味噌汤，只要告诉我一声，我什么菜都可以做。也有人在这里既开'一次会[1]'，又开'二次会'。"无论是喝酒的人还是饿肚子的人，来这里都是可靠的选择。对公司来说，因为这里开的收据上写着"家常菜"，在财务核算上似乎也比较容易通过。这份驾轻就熟的无微不至很不一般。

又过了三年，"银妈妈"六十八岁了（她和吉永小百合[2]及十朱幸代[3]同辈）。"银"关店后，她一度想过收手不干，没想到后来晚上租三丁目的定食屋[4]作为家庭式酒吧营业，经过这种非常规的临时店铺过渡，去年（2011年）终于再次开设了新店"香梦"。这家店今年 6 月刚迎来开业一周年。

"银妈妈"膝下一儿一女，还有孙辈五人。即便如此，她还是马不停

---

1 第一次聚会、宴会。"二次会"指第一次聚会结束后换个地方继续喝酒聚会。
2 吉永小百合（1945—），日本演员、歌手。
3 十朱幸代（1942—），日本演员。
4 以套餐为主的日式餐馆。

铃木惇子

蹄地经营着家庭式酒吧。打烊后，她有时候会去二丁目喝喝酒、跳跳舞，一直到第二天早上。另外她对油画的爱好也日益浓厚，如此充沛的活力让人难以置信。她的儿子、女儿那儿明明都有住处，惇子还是租了新宿御苑对面、离店步行只要几分钟的公寓，现在还是一个人居住。今天在老板娘上班前，我去拜访她住的公寓，向她请教保持活力的秘诀。

我关了二丁目的店（银）以后，不是有一阵子租了餐馆晚上做酒吧嘛。那里真是有够受的！白天那家店的老板娘爱耍酒疯（笑），到晚上还捧着一瓶一升装的日本酒边喝边闹。还有一次 11 月的酉日[1]，一个有政党背景的客人来到店里，对我说"我们来跳舞"，把我举了起来。然后他一个踉跄，我就被推到卡拉 OK 设备上，撞上屏幕，划伤了额头，全都是血！本来当场叫救护车来就好了，不过客人还在嘛，就缠了些绷带，止住了血。打烊后我也没去医院，还用毛巾按着伤口，和大家去了酉市（花园神社的酉市）。回到家，脱下和服时，我已经动弹不得了，不仅是脸，感觉遍体鳞伤。

因为正逢年末，我只是自己先给伤口消了毒，开年我去就医时医生吓了一跳。CT 扫描什么的，该拍片检查的都检查了，医生让我三个月内必须静养。但是根本做不到，因为我要为新店找店址。然后（3 月 11 日）又发生了地震。你看，这里是十层吧。地震那天回到家，发现房间乱成一团，一片狼藉，之后我还是一个人把房间收拾好了。

说真的，我关掉二丁目店的时候，就想在之前住了很久的荻洼那边买个房子，画画之余和儿子一家悠闲地生活。不过很多人住同一屋檐下免不了一些麻烦事。再加上我儿子和儿媳是双职工，白天他们的孩子也不在，

---

[1] 按干支计日，11 月一般有两个酉日，称一酉、二酉，有时有三酉。当日会举办酉市，即庙会活动，以东京下谷的鹫神社酉市最为有名。

只要有烟店、寿司店和烤肉店,哪里都行!

◆ 入口处突然迎面而来一幅油画。

◆ 听说老板娘热爱书法。她写下心仪的字句,装饰在墙上,也会送给客人。

◆ 佛龛四周。抄写《般若心经》等佛经对老板娘而言也是非常重要的时间。

◆ 起居室的沙发也能当床用，这里是老板娘的画室。窗帘那一头的阳台满是绿色。

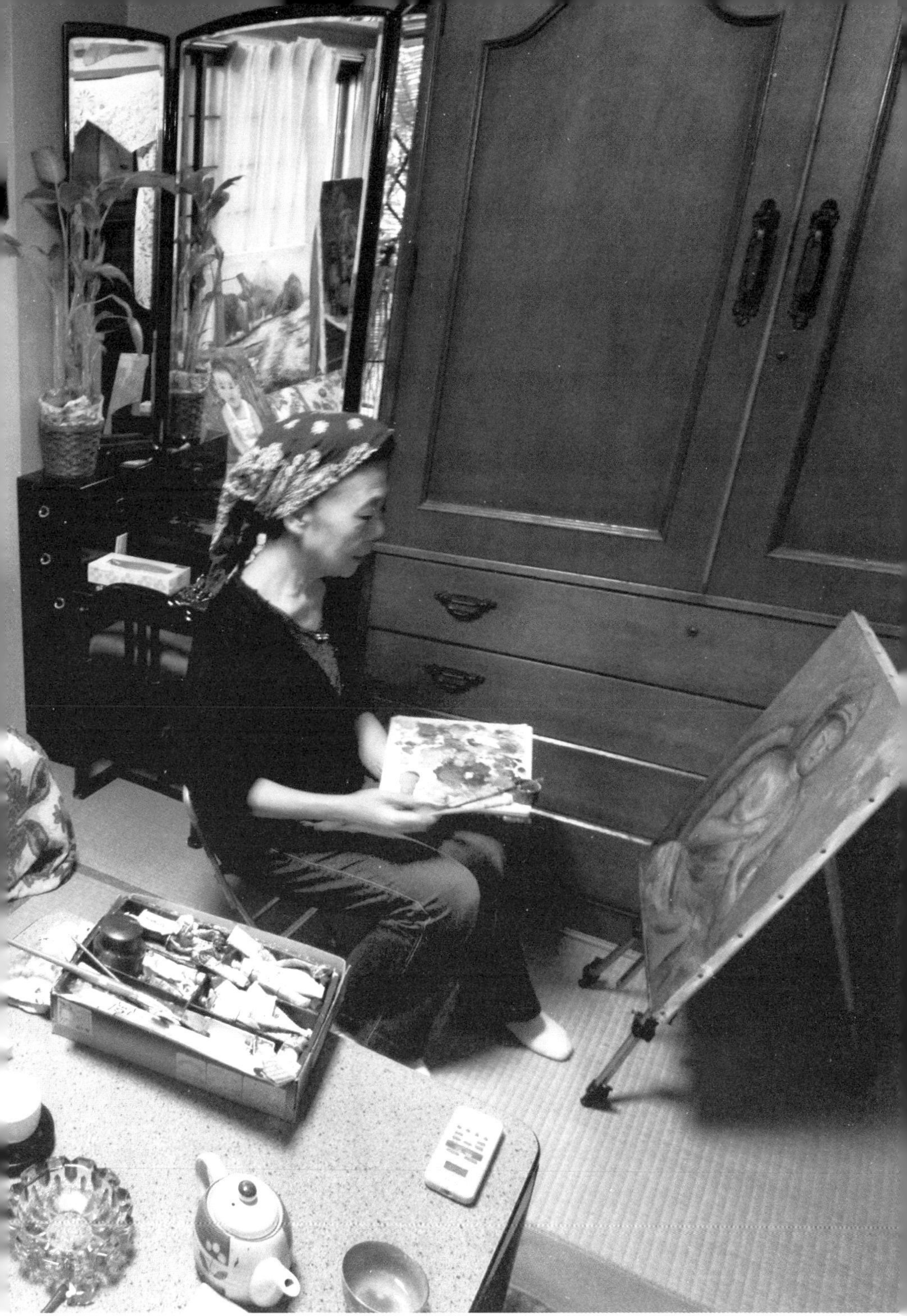

所以我不仅要一个人洗衣服,还要做饭什么的,那样的话有些无聊。

所以我就租这里了,虽然比学生时代租的房子小一些,但是离店近、生活方便,正合适。店里没有客人的时候,我喜欢待在安静的地方。我出生在长野县的驹根,后来也住过宫崎。我很喜欢大自然,住这里的话,过了马路就是新宿御苑,写生也很方便。我的阳台上还会飞来各种小鸟。如果我需要绘画材料,就去世界堂购买,步行只要两分钟(笑)。

我总是早上七点左右起床吃早饭。八点左右就开始看韩剧(笑)。然后洗洗衣服、买买东西,过了中午,休息个一小时左右。四点左右就开始准备去店里,然后五点出发。因为不少中年的客人六点前就会到。

打烊嘛,早的话凌晨两三点,晚的话也会开到五六点。有的时候,客人当场邀请我,或者打电话给我的话,我会再去二丁目喝喝酒,在同志迪斯科舞厅跳跳舞什么的,穿一身和服!(笑)一来因为和年轻人一起玩很开心,二来(因为他们会来我店里坐坐)也是出于情分,礼尚往来。

所以我的睡眠时间一直是三到四个小时。不过因为我从很早开始就只睡这点时间,所以不会觉得辛苦。我在宫崎的时候不是开俱乐部嘛,深夜回家,睡一小会儿,就起早叫醒孩子们,给他们做便当,然后准备咖啡馆的进货,我白天的时候也会跑去赶化妆品的促销。

怎么说呢,算是没有空睡觉吧。不过睡太久也很浪费!人生只有一次嘛。想做的事情要一件一件做起来。真的很困想睡的时候就趴在店里的吧台上眯一下,趁着没有客人稍微补下觉。有时候,客人进店撞见会大吃一惊,问我:"老板娘,没事吧?"

你问我什么时候画画?那是从店里回来以后。虽然已是深夜,我还是会快速收拾一下房间,拿出画具,集中精神开始画,不睡觉只画画。从我还是个孩子的时候就是这样。道了"晚安"关了房间的灯后,就靠路灯的光亮画画。

只要有烟店、寿司店和烤肉店，哪里都行！

  一旦动手画，我就不睡了。要有相当的集中力才行。所以这房间里无论是抽屉柜里还是橱柜上面都放着画布。打开壁橱、挪开行李，我还在这里画过 100 号[1] 的画。之前的店比较大，可以用到不少我的画作来装饰，现在的店不是很小嘛，没有办法用大幅的画来装饰真有些不甘心。

  说到底，只要有我可以画画的地方，也许住哪里都一样。只要能集中精神，哪里都一样。我也很爱吸烟（一天三包！），所以住的地方，只要附近有烟店、寿司店和烤肉店就行。只要满足这些，别的都无所谓吧。

  ◆香梦（かぼう） 东京都新宿区新宿三丁目 11-12 永谷テイクエイト 2F
          电话：03・3351・6933

・

---

1 画布的一种型号。100 号画布的长均为 162 厘米，按画面内容不同又分为 F（人物型）、P（风景型）和 M（海景型）三种型号。日本尺寸与国际标准（法国尺寸）略有不同，分别是 F 型宽 130 厘米、P 型宽 112 厘米、M 型宽 97 厘米。

老板娘影集
宫崎・银座・歌舞伎町时期1

# 老板娘影集
## 宫崎·银座·歌舞伎町时期 2

老板娘影集
宫崎·银座·歌舞伎町时期 3

画家

# 美浓瓢吾

当画家只要每天在家就好

美浓瓢吾

几年前初次见到美浓瓢吾先生时，他是一位年龄不详、不识庐山真面目的神秘画家。他的容貌让人觉得可能比我年轻，他的风格让人感觉是个明治[1]或者大正[2]年间出生的人。

过时与流行的色彩感混合在一起，虽然很明显不是现代美术，但也很明显年代并不久远，从画面中感受到一种暧昧的时代气息。而且画中描绘的人物，感情似有似无，让人捉摸不清，他们也流露出一种暧昧的表情。我特别想把这类群像图叫作"浅草的勃鲁盖尔[3]"，一种可爱和怪异的化合物。

美浓瓢吾先生因著有《浅草木马馆日记》（筑摩书房）与《逐电日记》

---

1　年号（1868.10.23—1912.7.30）。
2　年号（1912.7.30—1926.12.25）。
3　指老彼得·勃鲁盖尔（Pieter Bruegel），16世纪布拉班特公国的画家，以描绘乡村景象的画作闻名，亦有许多以宗教寓言为背景的作品。

（右文书院）两册书而为人所知。这两本著作可以说是自传体的内容，简言之不仅有作者本人所画的作品，也有将他的生活方式原封不动地记录下来的一篇篇文章，他也是描绘"活着的艺术"（以他的师父平贺敬[1]的口吻来说）的主人公。

美浓瓢吾（本名：美浓省吾）先生 1953 年于大分县别府市龟川出生，之后不久就搬到了大分县南部的佐伯市，在那里一直生活到高中。

> 我出生在别府市，但是十八岁之前一直生活在佐伯市。我们家族在我爸爸的爷爷那一代是一家大型制泵公司的社长。因为他膝下无子，就过继了养子和养女，他们生下的就是我的父亲。所以我父亲和曾祖父没有血缘关系。我的爷爷喜欢赌博，他和渔民们赌博，输了个精光，又找了小老婆离家出走了。所以父亲对我爷爷的事情只字不提。
>
> 父亲是一个认真的人，战争结束回到家后在佐伯市开了一家汽车配件店。
>
> 孩童时代，我对画画丝毫不感兴趣，那时我只是个调皮的男孩。当时，市里有五六家电影院，我会翘了学校的课一头栽进电影院里。那是一个放映《毕业生》和《午夜牛郎》[2]的年代。

从当地的高中毕业后，美浓先生来到东京，进入立教大学经营科学习。

> 我就学的大分县佐伯鹤城高中是一所以体育特别是游泳而闻名的学校。甚至还培养出了高桥荣子等奥运选手。我初中的时候加入田径部参加

---

1　平贺敬（1936—2000），日本旅法画家。
2　《毕业生》（*The Graduate*，1967）和《午夜牛郎》（*Midnight Cowboy*，1969），均为达斯汀·霍夫曼（Dustin Hoffman）主演的美国影片，分别于 1968 年和 1969 年在日本上映。

过长跑接力赛，高中的时候加入过游泳部。我一度犹豫是不是大学也加入体育社团，谁知后来阴差阳错加入了美术社团！（笑）其实比起画画，我在麻将上花的时间更久。

　　大学毕业后，我曾回到大分县给家里帮忙。妹妹和一个上班族结了婚，如果我不继承家业的话，我家就后继无人了。不过家业是我父亲自己开创的，也没有一定要以此为生，他知道我没有继承的想法后，就索性关店歇业了。关店的时候他正好六十岁。他九十岁去世，拿了三十年的养老金。如果那时候，我继承了家业，现如今我可能就是乡下的少东家吧。

　　放弃了继承家业的人生，美浓先生在二十多岁时再次回到了东京，进入了一家出版精神医学、民间艺术相关书籍的出版社——牧野出版。在那里，他与师父平贺敬先生相遇，开启了画家之路。

　　平贺敬先生是立教大学的前辈，长时间在巴黎生活，还曾出演法国电影，活跃于国际舞台。平贺先生更喜欢被称为画家而不是艺术家，他常创作连环画，在画坛更是有名的好酒之人。与这位稀世艺术家的邂逅，完全改变了迷途青年美浓的命运。

◆ 与母亲。

　　当时在出版社工作没有年龄限制，不是应届毕业生也可以被录取。我差不多在那里待了四年，然后恰好遇到了归国的平贺先生。那之前，他在巴黎生活了十到十五年。具体细节我都写在《逐电日记》一书中了。他刚从巴黎回国时，声名远扬。他在巴黎的时候画作就很畅销，因与三船敏郎[1]私交甚好，还出演过电影。他在《霹雳神风》[2]这部电影中出镜，还经常在法国黑帮电影中露面，饰演过被华人黑手党暗杀的角色。他和让·迦本[3]是朋友，还和毕加索一起开过双人展。

另外他的打扮并不像是一个画家。他真的是一个很会喝酒的人，交际也很广。他借了一间豪宅，大家聚在那里像办沙龙一样，也因此结识了住在隔壁的种村季弘[4]。他们很合得来，常常两个人去池袋喝酒。

那时候，我正想要辞去牧野出版的工作，大概是二十八岁的样子。我一直住在镰仓的长谷，如果辞了工作就不得不搬走。正发愁的时候，平贺对我说："那样的话，你搬到我家的别屋来住，再上班不就好了？"这样每晚一回到家，就看到宴会正欢，连我都变得醉醺醺的。后来我辞了工作，平贺又问我："你想不想画画？"

在这之前，美浓先生只是在大学加入过美术社团，完全没有想到自己会靠绘画谋生。只凭敬仰的平贺敬先生的只言片语，"那样的话……"和改变人生的重大建言，就轻而易举地实现了。

美浓先生在平贺家寄宿了两年。之后他往返于小田原的一所独栋房屋和浅草木马馆的一间房间，一周在两处完全不同的环境居住，过着一半时间画画、一半时间在木马馆的小卖部卖啤酒、点心的生活。提起浅草，他

---

1 三船敏郎（1920—1997），世界知名的日本演员，出演过《罗生门》《七武士》等电影。
2 《霹雳神风》（*Grand Prix*，1966），赛车题材美国电影，有多国明星加盟，三船敏郎在其中也有出演。
3 让·迦本（Jean Gabin, 1904—1976），法国演员，出演过《大幻影》（*La Grande Illusion*，1937）、《谋杀时刻》（*Voici le temps des assassins*，1956）等电影。
4 种村季弘（1933—2004），德语作品翻译家、评论家，其作品中文版可参看《德古拉事典》（九州出版社，2021）。

美浓瓢吾

◆ 高中三年级，巴士旅行去阿苏高原。（中间）

◆ 大学二年级，于十和田湖参加美术同好会的合宿。（前排左侧的圆寸头）

◆ 在牧野出版的时期。

◆ 与平贺敬初识的阶段，拜访住在大矶的他。"福助"的最初作品，之后它成了美浓先生作品的主要题材。

◆ 与平贺敬在大矶的海滩散步。

◆《榻榻米上的福助》，1981年。

说："我对大众演剧[1]本来并没有太大兴趣,后来别人邀我去看,就觉得还行,再加上那里包住宿。"至于小田原根府川,"那是一间建在很陡的斜坡上的房子,租金是一个月3万日元,还不错。因为我没有住过租金3万日元以上的地方。"

美浓先生这个人的行动方式中有一种类似"随遇而安的习性"。这种潇洒令人艳羡。许久以前,美浓先生参加过一个集体展,为了该展的目录,美浓先生自己写下了题为《简短说一说之前经历的种种》的"绘画与住房经历介绍"。因为内容有些长,与其听我说明,不如烦劳读者您亲自阅读一番。

我到了这把年纪还没有一间像样的工作室,直到现在,我还被迫将工作与自己的日常生活混在一起。这张黑白照片显示的是我目前在静冈市郊外、薰科川流域一个叫吉津的地方的一处住所,我搬进来住已经十年了。

夏日里横卧在檐廊,敞开房门,从后山和茶田吹来的风让人心情舒畅。这是典型的日本房屋里通过板门和拉门分隔的房间,可以自由地摆放大幅的画布。用来作为画室可谓是无可挑剔。可是我养的猫(KONE[2])——在这里生活了七年的它生病了。自从它成为家猫,关上门来,我们相互鼓励、相互关怀颇有闲静之感。十年了,我也考虑过该搬家了。

说起刚开始画画时候的来龙去脉,不知为何我对辗转住过的多个地方和房屋的记忆会和我的画作互相交织,再次变得鲜活起来。而且每一间我住过的房屋的结构都与众不同。这幅《榻榻米上的福助》是我称得上作品的第一号画作。当时,我辞去了出版社的工作,借住在位于大矶的平贺敬工作室的

---

1　大众演剧指面向一般群众,以娱乐为主的戏剧,如轻戏剧、音乐剧等。
2　即日语中"猫"的发音"NEKO"倒写。

别屋。

那里俨然是世外桃源，一栋纯正日式风格的主楼建在斜坡上，由石阶顺山谷而下，可见一条小河流淌。山谷底部的别屋看似依河而建。河的另一边是竹林，石川达三[1]先生临终时就住在那里。我住的别屋有一个桧木大浴缸，还放置了一个洗身子的冲洗台，用竹子围起来正对着小河。我偶然也会近距离看到石川达三先生在这片与外界隔绝的地方踱步，不知这位老作家是否对我们每天吵吵嚷嚷不亦乐乎的景象视而不见呢。石川先生还请过园艺师，悄悄把作为浴池远景的竹林修整一番，除去了杂草。他真是一个体贴圆融的人。

吵吵嚷嚷闹腾完之后，我有时也会和平贺两个人喝酒。我至今仍然清楚地记得，在一个前路茫茫不知所往的夜晚，平贺无意间来了一句"像我这样当个画家谋生也不赖"。我没头没脑地问他该怎样才能成画家。平贺回答，只要"每天"待在家里就好。他还让我试着坚持画榻榻米的一条条纹路，坚持临摹年代久远的杜松子酒瓶上的标签。总之他让我要坚持，画得不好不要紧。他还说坚持这么做终有一天作画时会像祈祷一样精神集中、杂念全无——做到那样就好。

其实在来大矶以前，我在镰仓长谷一处山间小屋，住了不到一年的时间。在工作之余，我回想起学生时代参加美术社团画画的经历，又开始提笔作画。可是我身边只有树的根部这些不成形的东西，让我很难上手。正因为如此，平贺的"深夜讲座"是那么明快透彻。但这以后平贺再也没有针对我的绘画进行指点，也许他已经看透了我的性格和绘画态度。虽然至今我尚未感受到"像祈祷一样"的东西，但对于"坚持"这一阶段我完全没有异议。换言之，对于还徘徊在"大量积累"这一阶段的我而言，平贺先生的心得真的至情至理，让我深信不疑。

---

1　石川达三（1905—1985），日本小说家，因小说《苍氓》于1935年获第一届芥川奖。

当画家只要每天在家就好

◆ 镰仓长谷时期。租金一个月 28000 日元的独栋房。辞去出版社的工作（12 月）四个月前的夏天。从那个时候开始，野猫渐渐亲近美浓先生（左）。

◆ 开始在浅草木马馆住宿帮工。与馆主根岸京子女士。

◆ 根府川时期。当时以开办第一次个人展为目标，画下了许多难以理解的画。拍摄这张照片的是石内都先生，夏天他常来找美浓先生玩。

## 美浓瓢吾

现在回想起来，在长谷居住的那栋房屋也是妙不可言。木地板房间和榻榻米房间往里有一处像游廊的部分，再往前有浴室。然而浴室整体是通过嵌入山坡上一处挖好的洞穴（形似防空壕）固定而成，让人不由心生畏惧。关于这点我一定要多说几句。"洞窟浴室"听起来虽然不错，但若你真的身处洞穴之中洗浴，总会感到阵阵恐惧。再者这所房子要是没有木地板房间，我不确定自己还会不会作画。看来建筑物对于绘画确实有不可思议的加成效果。

在大矶时期，我与现在经手的几乎所有题材一一相遇——招财猫、福助、大入[1] 匾额。省去细节不说，即便只是恰巧走过，也改变不了这一事实——在大矶的这段"人生仪礼[2]"般的重要阶段是我作为画家的"最初的风景"。七年后在我办首次个人展的时候，平贺附上了一段叫作"瓢吾的大入"的短文。"午饭时间，我和瓢吾基本上都在一家叫 YOSHIDA 的店吃着普通的拉面。瓢吾连蒙带骗，让店老板父女二人把店里唯一的装饰物——一块大入匾额转手给他。这块'大入'就是瓢吾艺术的原点。""连蒙带骗"这个词用得再精妙不过了。这块大入匾额至今还放在我静冈的房间里。

在大矶居住了大概两年后，我搬到了可以远眺橘子园和相模湾的地方——根府川（小田原）。大约在同一时期，我也开始了在浅草木马馆的住宿帮工生活。在根府川的住所建在斜坡上，像是依附在岩石上一样。一楼是厨房和浴室。走上外部的石阶，可以发现二楼有两间相邻的房间并有檐廊环绕。三楼只设有厕所。那是一间非同寻常的房屋。现在我仍能记起厕所里有

---

1　"大入"在日语中的意思是满座、叫座，来的观众或客人很多。
2　日语原文为"通過礼儀"，指一个人从生活中的一个阶段进入另一个阶段的过程，比如出生、成年、结婚、死亡等。

当画家只要每天在家就好

◆ 与种村季弘先生。摄于横滨野毛的"武藏屋"。

◆ 于种村家,和平贺敬三人。

◆ 与作为种村季弘《迷信博览会》(筑摩文库)一书封面的画作合影。

◆ 在木马亭的舞台创作中。

◆ 入住千驮木的画廊,在那里举办为期十天的展览的时候。也带上了爱猫KONE。无论去哪里,风格如一。

99

美浓瓢吾

◆《浅草木马馆的夜景》，1996 年，51.5 厘米 ×36.4 厘米。

田烧的陶制便器。木马馆房如其名,是巡回演出的演员、艺人和浪曲[1]师等住的小屋。我被分配到了一间没有窗户、可以纵放三到四块榻榻米的细长房间。那个房间可能是用作画看板等用途。隔着墙壁,每天可以听到大家的声音。

  我的三十多岁是一个一路行踪不定的修行时期。我也并非一心扑在绘画上,但是自从遇到了平贺先生,我开始与他和他身边形形色色的人,以及在浅草认识的人们交流起来。另一方面,我被给予了像根府川一般无穷的时间与空间,忧闷的日常每隔四五天便会出现。不过,根府川附近是热海、汤河原、箱根,还有不少温泉。傍晚时分,我常常去公共浴场。这一温泉疗法和绘画生活协调有序,成效显著。

  过了四十岁,我画的《浅草木马馆的夜景》可以说是一幅为我之前的所有画作做出结论般的作品。当时,我离开了根府川,搬到了根津(东京)一处商店联排房屋的二楼住下。应该说是一间阁楼。我在那里生活了五年,在那期间,我的生活仿佛随时会与浅草做最后的分别。

  之后,我又搬到了静冈市的郊外。毫不过分地说,我万万没想到自己以"时代错置[2]"的手法为食粮一路走到了今天。

  历经小田原、浅草时代,又到了根津,如今美浓瓢吾先生在静冈县郊外的生活进入了第十四年。他是这么找到现在的住处的:

  "我家对面做陶器的太太是我参加俳句会的同伴。她告诉我,她家前面的房子目前正空置,我就过去看房了。那个时候我计划差不多三年后,在名古屋举办展览。我想在这之前找一处可以闭门不出静心作画的地方。

---

1 浪曲又称浪花调,日本的一种大众曲艺。以三味线伴奏,由一个演员以通俗易懂的曲调说唱故事。

2 时代错置(Anachronism)是指把不可能出现在同一时代的事物安排在一起。

◆ 从玄关往里看。摆放了三个猫砂盆。

◆ 左上：瓷砖相当美观的浴室。之前需要烧柴火。
◆ 左下：打开拉门进去发现冷风机。为了防止冷气外流，挂着气泡膜。右侧可以看到蚊帐，晚上挂着蚊帐睡。
◆ 右上：如果看顶棚的部分，房屋结构之精良一目了然。"前一阵子果子狸来这里安家，真够受的。"
◆ 右中："这是生命线！"——一台崭新的冰箱耸立屋中。
◆ 右下：厨房四周。因为漏雨很严重，铺上了蓝色塑料篷布。

◆ 兼做工作室、起居室、卧室的房间。之前也使用别的房间，现在由于"漏雨的情况越来越严重，就只能用这里了"。

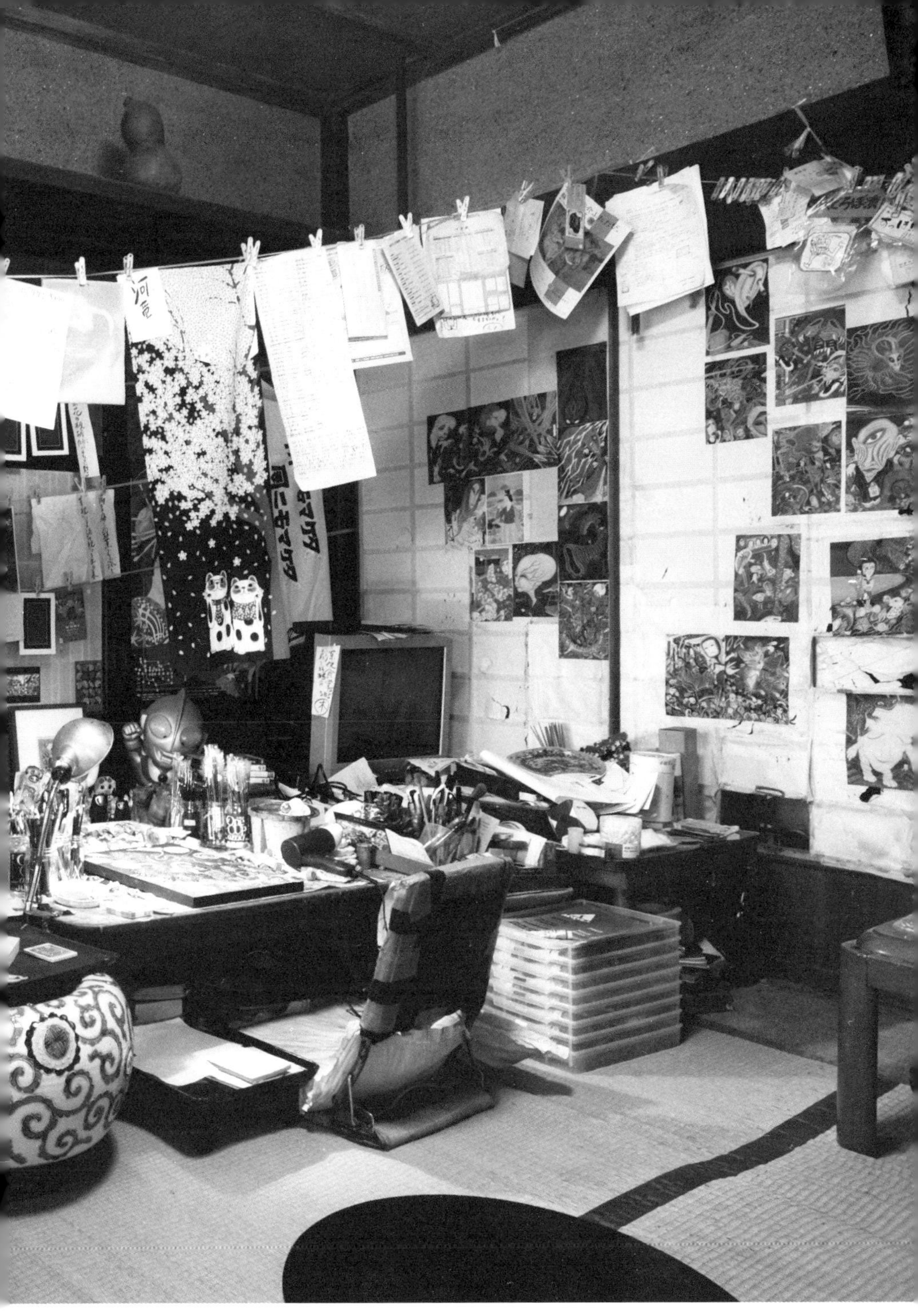
河童

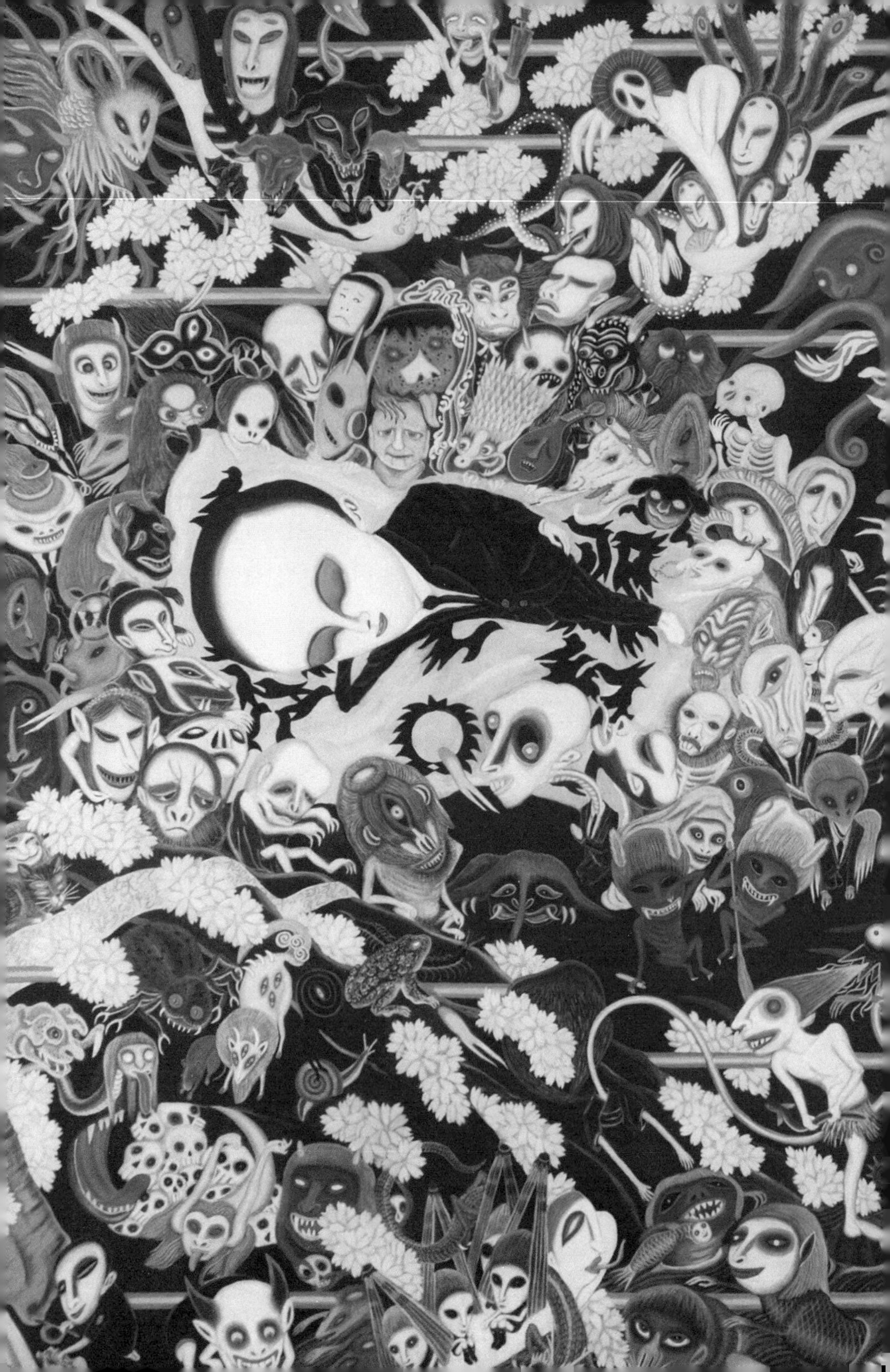

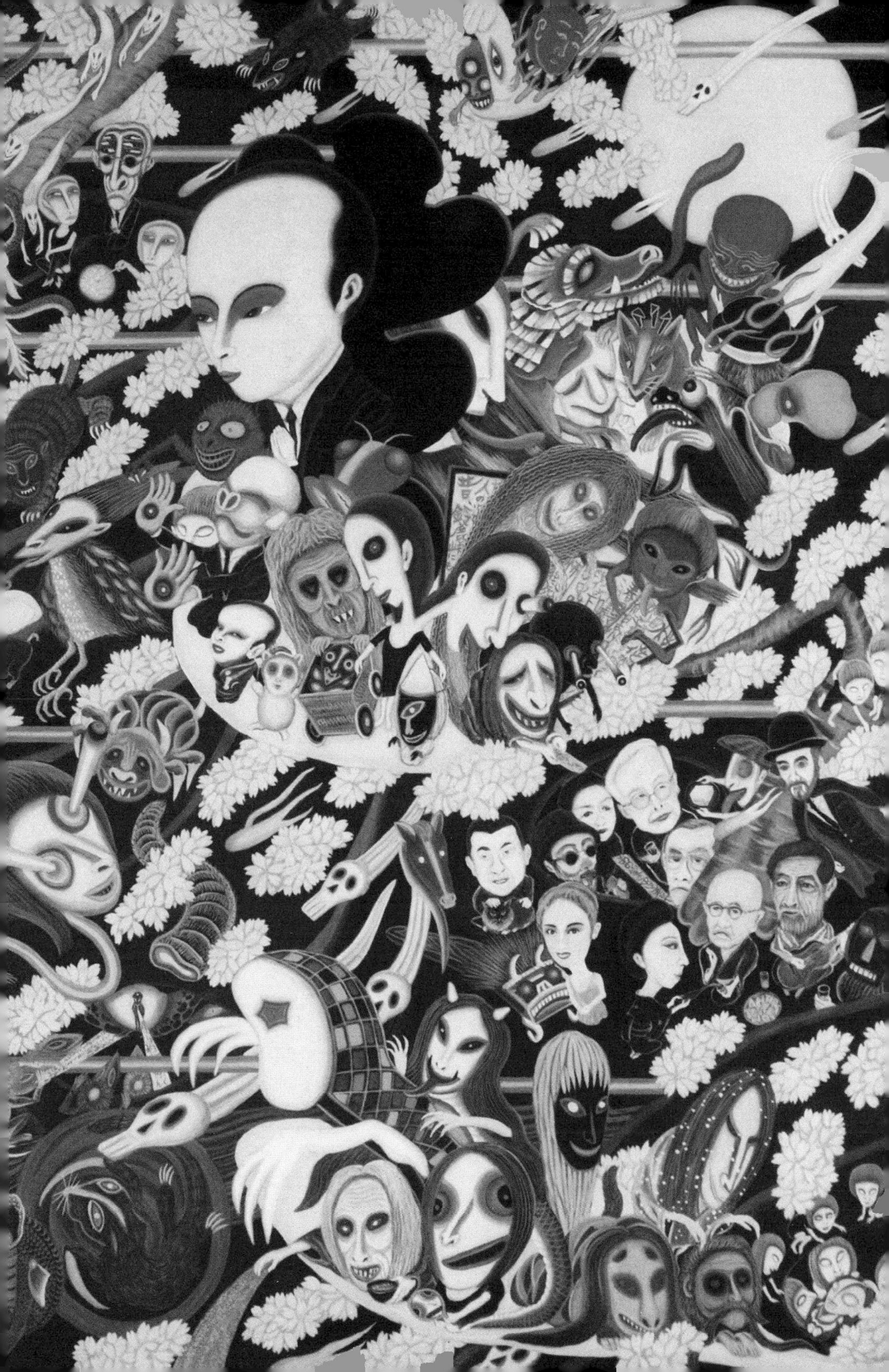

美浓瓢吾

◆ 拉门上贴着美浓先生现在全身心投入的"妖怪系列"的彩色复印件。

◆ 与音乐缘分很深的美浓先生，亲手绘制过高田渡\*的 CD 封套。"水泥搅拌机\*\*"乐队前成员铃木常吉还有一首叫作《美浓君》的歌曲。

\* 高田渡（1949—2005），日本创作歌手。
\*\* 日语名为セメントミキサーズ，活跃于 20 世纪 80 年代末 90 年代初的乐队。铃木常吉（1954—2020）曾以"铃木常之"之名担任乐队主唱和吉他手，乐队解散后继续作为歌手、作曲家活动。2016 年演唱日剧《深夜食堂》的主题曲《在回忆中》（思ひで）为更多中国观众所知。

静冈的话，正好位于名古屋和东京的中间点。位置非常适当（当然是指好的层面上的[1]）。"

房子后方紧邻一座山，遍山竹林。前方有一条水路，旁边是一个茶园。这所房子是八十年前建造的，厕所在外面，洗澡原本需要烧柴火才行，加上漏雨严重，现在他基本上只使用一间房间。因为有三只猫的关系，房间里到处是猫毛。

但是这些对美浓先生而言都无关紧要吧。房租也不用操心："原先是一个月3万日元，现在更便宜一些……房东一直说不用付，我就付一些聊表心意。"水用的是涌出的泉水，所以不用钱。美浓先生也不用手机，坐上爱车（自行车）就能跑去超市采购。

生活在如此丰饶的自然环境之中，我起身告辞时不禁问他："美浓先生，你会在田间种菜吗？"只见美浓先生指着墙角一堆标着"生菜""梨"的纸箱，笑着对我说："我不会那么做，因为这里就是我的田。"

美浓先生想说的其实并不是纸箱，而是那些在房间中铺开、不够放又挂在洗衣绳上的一幅幅作品吧。他其实想说"这些作品就是我的'农作物'"吧。因为他生性腼腆、温柔体贴，所以才不会直抒胸臆，这是多么都市化的心理状态。在这样的山间陋室中，他的品格格外沁人心脾。

---

[1] "適当"在日语里除了适当、恰当的意思之外，还有随意、随便、敷衍的意思。

美浓瓢吾

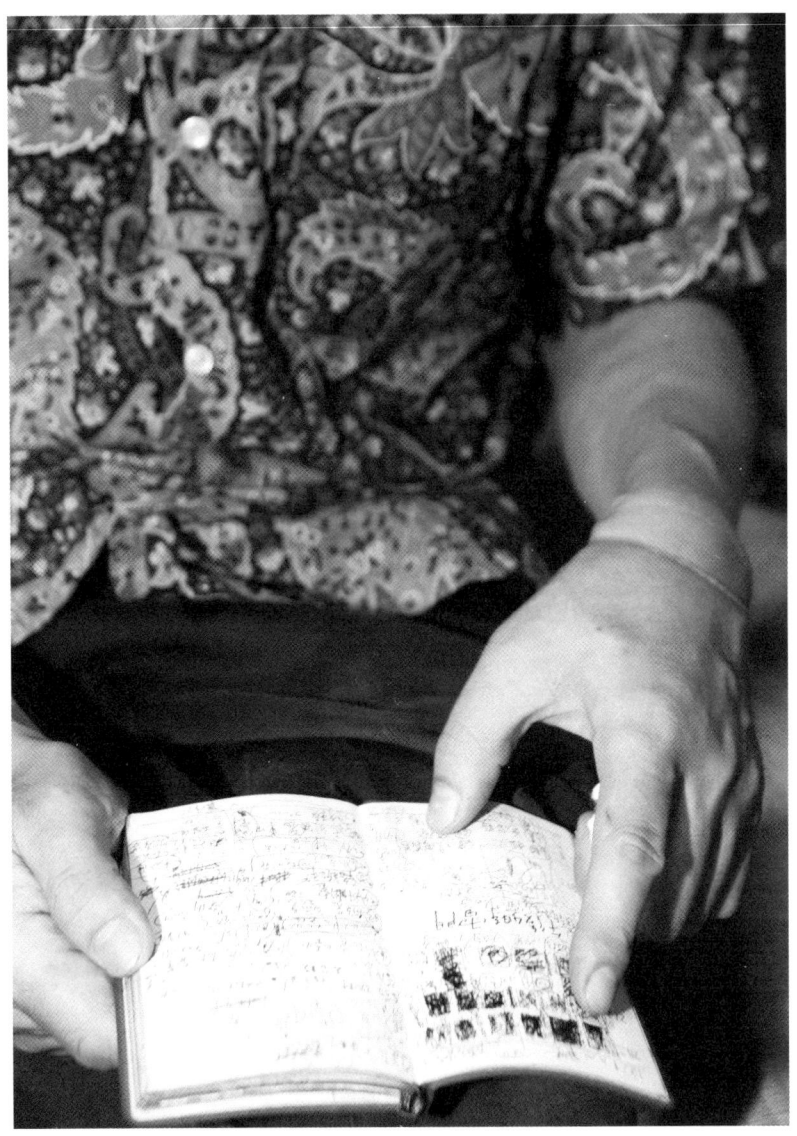

◆ 不带手机的美浓先生。写得密密麻麻的手账里,可以找到一切。

## 水原和美

进口用品杂货店经营者

同辈的人都很无趣,所以我一个同辈的朋友也没有

水原和美

　　鸟取县鸟取市，人口不到二十万，听说是继山口市之后，日本全国县厅所在地中人口第二少的市。即便同样位于鸟取，邻接岛根县的境港因为水木茂[1]笔下的角色在全国范围享有人气，如果进入岛根县一侧，自然不乏水都松江、宍道湖、出云大社这样的旅游胜地。然而说起鸟取市的旅游胜地，首推鸟取沙丘。即便在市里走一走，到处都是卷帘门紧闭的商店街，甚是扎眼，令人不禁心生一丝寂寥。

　　就在这样的鸟取市里，面对市中心的街道，仅有一家店铺与众不同、大放异彩。这是一家今年迈入开业第十八年的老店。RASTA[2]——店如其名，销售雷鬼系、民族风情的各类舶来杂货。今年（2012年）七十八岁的店主

---

1　水木茂（1922—2015），本名武良茂，日本漫画家，知名漫画《鬼太郎》（ゲゲゲの鬼太郎）的作者，绰号"妖怪博士"。
2　店名源于 Rastafari，即拉斯塔法里，这是 1930 年自牙买加兴起的一个非裔基督教徒的宗教与社会活动。雷鬼音乐即深受拉斯塔法里影响。

同辈的人都很无趣，所以我一个同辈的朋友也没有

水原和美女士也是称霸鸟取前卫文化界的拉斯塔法里女王。

水原女士的事情，我常从我多年的好友——她的女儿那里听到："我家老妈带着几个比她小快五十岁的男生，去海外旅行，叫他们到店里帮忙，还让他们开车，真的太厉害了。""想和我妈说话的孩子自发地聚在店里，但如果是初来乍到的人，必须要站着才行，因为只有老顾客才可以坐在椅子上。在店里，坐在她身旁成了鸟取顽皮孩子们的憧憬。"如此种种。

水原和美女士关了夫家的药房，1994年开了RASTA。

我开的这家店叫RASTA，一半是因为店里经营雷鬼系杂货，另外RASTA在印地语中有"道路"的含义，我就想我也可以经营亚洲系的物品。

我之前一直是做定制高档女装的，所以本来就很留意时尚的起源，也为了寻找西式服装的起源去过各地旅行——从东南亚到中东、非洲再到中南美等地。我原本想日后将这些经历整理成册出一本书，没想到我先生在旅行途中病倒了。

在这之前，我先生经营药房，我做服装，他病倒后没法这样继续了，我就开起了RASTA。因为是民族风的店，我本来以为来店里的应该只有附近的阿姨们，没想到一开店，来的都是年轻人。也许是因为之前鸟取没有一家像这样的店吧。不过现在，类似风格的店都自称"我们家是先开的"（笑）。

牙买加、墨西哥、秘鲁、泰国、尼泊尔、印度、老挝、肯尼亚、坦桑尼亚、埃塞俄比亚……我们店里虽然有来自世界各国的商品，但是没有纪念品商店里卖的那种廉价的东西。进货首先要去当地，再者好的业务伙伴很重要，因为需要长期打交道。比如，你会听说来自非洲的一艘（满载商品的）船抵达大阪。有了这个消息，我就立即开车赶到南港去收购，把船上的东西悉数买下。

我们店的客人真是来自五湖四海。有从关西来的，因为观光路过，找到我们店的人也很多。说真的，我更希望鸟取县外的人来我们店，外地来的客人会看商品的质量，而鸟取的当地人只问："为什么这么贵？"我很烦这种。他们只看价格，不看质量。我以前可是一直在定制一套高档服装要几十万日元的世界里，服装当然要看质量。

秉持如此强势姿态的水原女士说，开店之初在接待客人上没少操过心。

我本来就不是因为自己想做而开的店，我讨厌接待客人。我以前也讨厌鸟取的生人进我们店。开店的第一年，我每天都祈祷"拜托谁都不要来"（笑）。

所以直到现在，如果来了令我不爽的客人，我就会赶他们走。不会好好说话的、不听我好好说话的，这样的小鬼头都不行。我会禁止他们进入。如果这样的人又来店里，一打开门，我就大声斥责"你过来买什么！"而不是"欢迎光临"。不过……偶尔也会有从禁止入内的名单里复活的小鬼（笑）。

你看像这样的店，又是在乡下，一度还有传言说这里在卖大麻。后来有一次，店里真的突然来了三名刑警，说请配合他们做一下调查。

我一开始装作老婆婆，揣着明白装糊涂说"哈？我不明白你们说什么"。这三名刑警当然也没搜出任何东西，说了声"不好意思"正准备离开的时候，我突然来了句"给我等一下！"（笑）。"你们几个，随随便便进入人家店里，翻得一团糟，什么都不买就想走？！"我这么一逼问，他们立即推托说什么"我们没带钱过来"。我又来一句"你们三人一起凑钱买不就得了"，他们被迫买了香才悻悻离开。

还有一次，一个隆冬的夜晚，我一个人在店里的时候，两个黑帮分子

同辈的人都很无趣，所以我一个同辈的朋友也没有

◆ 寂寞的商店街上，RASTA 今天也风风火火地营业着。

◆ 水原女士周围的几把椅子，是令人向往的 VIP 座席！

突然闯进店里，我一开始还以为他们在挑什么东西，他们冲我说："这多少钱，给我开个好价！"我立马回了一句："你们出双倍，更好说。"他们便问我："您是哪条道上的大姐？"我怒道："你们自己在道上问问！"于是他们就离开了。人不就应该想什么说什么嘛。就算因为这样被刺、被杀，错也在对方。我是抱着什么时候死都无所谓的心态的。

以前这里也来过很多不良少年，他们一个人的时候怂，三五成群来到店里，就会把商品到处乱扔、搞得一团糟。所以呢，我会先把店门上锁，怒吼一声："好小子，你们在捣什么鬼！"那群小子就一阵窃窃私语："大妈在生气。""还不给我整理好！"我逼他们好好整理。他们要回去的时候，我更火大了："什么都不买就想走吗？"他们被迫买下一件T恤，我才打开锁说："你们走吧！"（笑）

经历了水原女士一番怒言相向以后，转而对她像亲生母亲一样追随、常来常往的年轻人在鸟取不在少数。而且，主要是男生。有的孩子虽然被水原女士说教，有时还会接受她"铁拳的制裁"，不过他们还是每天来店里露脸，慢慢地成了店里的帮手；还有更多的孩子因为非常喜欢水原女士挑选洋装的品位，于是努力打工，一点一点买下店里的服装，他们的穿搭风格也完全变成了RASTA风。

有些人二十多岁受到RASTA风格的"感染"，经常光顾这里。他们后来因为结婚生子或是工作繁忙，渐渐很少露面，从RASTA"毕业"。就这样，下一代也逐渐成长。虽说是RASTA的"毕业生"，其实他们还是想来店里，"因为一来就待很久，老婆会吃醋，所以就不能来了"。他们也忍不住想穿店里的衣服，但是"如果让老婆知道穿的是RASTA的衣服，会被骂，也不穿了（笑）"。

◆ 从入口往里张望，一声"你好"，年轻人都聚了过来。T恤上竟然印着吉米·亨德里克斯*！

* 詹姆斯·马歇尔·亨德里克斯（James Marshall Hendrix，1942—1970），昵称吉米·亨德里克斯（Jimi Hendrix），美国著名吉他手、歌手。2003年和2011年他两度被《滚石》杂志列为百大吉他手的首位。

◆ 店内到处都是耐人寻味的话语……（左图中依次为："禁止使用厕所""死后能带走的是'德'""有志者事竟成""是贵是便宜，看客人您自己"）

水原和美

◆ "来这里之前普普通通，数个月后，完全成为 RASTA 风。"——这位常客的"使用前"（上图）与"使用后"（下图）。

◆ 极其质朴的购物袋，反而更显精致。

◆ 不只是雷鬼系、还备有各种民族服装杂货。大部分洋装仅有一件，卖完即止。有时会上演顾客间的"争夺战"。

超凡的人格魅力、"夜巡老师[1]"般的热情，以及可以一口咬定"同辈人里，我一个朋友也没有"的这份年轻心态——这位三者兼备的店主，不在原宿，也不在代官山，而在鸟取的一条卷帘门紧闭的商店街，实在让人惊艳。这位独一无二的人物，她的出生和成长又有怎样的故事？

水原和美女士是1934年于京都出生的。

> 鸟取人要是购物的话，一般都会去关西，即便有的东西明明当地就有卖。一旦说自己"来自东京"，大家都会惊讶不已。所以我一直说自己"在东京出生"，但其实是在京都（笑）。
>
> 我爷爷是日本国营铁路的机车驾驶员，我父亲是上班族，但我奶奶的家族好像很富裕。我两岁的时候有人为我定制过皮鞋。一身西服的父亲和身穿和服的母亲牵着我的小手，我走起路来发出哐当哐当的声响——我还有这段开心的回忆。
>
> 我接受的教育一点也不严格。我上的是天主教系统的幼儿园，当时我好像就是一个顽皮的孩子（笑）……在上小班的时候吧，小朋友要是尿裤子弄脏了裙子，会被穿上灯笼裤，带着幼儿园标志的那种。我想穿穿看，有一次就故意尿了裤子，后来又把老师帮我洗好的内裤拿在手里甩，边甩边走回家。
>
> 上初中的时候，因为父亲的关系，我从京都来到了鸟取。那时候我真的非常不情愿。这里虫子那么多！朋友其实还好，离开了也没关系，很快就会有新朋友。我呀，一直摆出一副冷冷的面孔，但大家一个个地都跟在我身后。我从出生到现在，从来都不觉得寂寞。

---

[1] 这里指一位叫水谷修的社会活动家、教育家、原高中教师。他致力于解决少年违法和吸毒等社会问题，曾在夜间繁华地带和娱乐场所巡逻，帮助过数千位失足少年，从而有"夜巡老师"的称号。

后来又从初中升到了当地的高中，还不到一年我就退学了。其实从初中开始，我在学校里只是一个劲地做体育运动，回家路上顺道去图书馆，学到十点图书馆关门再回家。每天都是如此。

我的亲戚里做教员的人很多，教师嘛，一般眼界窄，这点我很不喜欢！我想要是这么一路下去，上了大学，肯定会被要求当老师。我想做一个自由人，为自己学习，所以我经常去图书馆的事情，连对父母也没说。

我十点半左右回到家，一定会被问："你做什么事情做到这么晚？"要是回答"一直在学习"，我怕日后自己会被要求当老师，所以学习的事情我只字未提。妈妈又问："你是不是学坏做了不良少女？"我回答："就是这样。"妈妈就说"那样也没什么"（笑）。

毕竟我从小学开始就一直想"我要当一个自由人"。穿着打扮我也喜欢花哨鲜艳的，就好像想让"大家快来看我"那种感觉。我想穿大家没穿过的东西。我还拆过妈妈的和服，随意改做成洋装。我明明没有学过这些，在旁人眼里可能显得奇怪，但我完全不在意周围的目光。我女儿应该是继承了我的血统，她小学六年级的时候问我："妈妈，等我长大了，去东京做嬉皮士，可不可以？"我回答："可以啊。"

当时，鸟取的大丸百货店正在招募商场女店员。就像 Stick Girl 这个词说的一样，录取的时候不看成绩，只招可爱的女孩子。于是我拉上了学校里的朋友："我们去报名吧！"我们四五个人还一起退了学。我在退学申请上擅自写上了父亲的名字，盖了章交了出去。只有那个时候家人很生气（笑）。但是后来，因为我很讨厌被人使唤，所以就我一个人没有去（大丸百货店），明明拉上大家的是我（笑）。

十六岁突然成为"自由人"的水原，脑海里还记得母亲说的"不良少女"。"索性我就做个'不良少女'看看。"于是不知何为"不良少女"的她，开始向"不良"的道路奋力前行。

　　那时候，我觉得在朋友家夜不归宿就是"不良"（笑）……白天的时候，我什么都不懂就按照自己喜欢的方式制作洋装，为了给自己穿。妈妈看见后，托人给我介绍了服饰学院，我也决定去那里学习。

　　我一直对时尚很感兴趣，看电影也只看欧美电影。而且我对故事本身不感兴趣，只是盯着女演员漂亮的洋装看，剩下就是听听电影的音乐。心想该怎么样做衣服才能看起来那么有型，该怎么做才能看起来胸比较大，诸如此类。我的脑海里尽是这些问题。

　　我以前完全没有打算为别人做衣服。只是一心想做出不同的衣服自己穿。好比老师会说"我们一起来做连衣裙吧"，我就会来一句"老师，我想做旗袍"。老师说太难了做不了，我又说那么我们一起边学边做吧。

　　穿着这样手工制作的衣服，和朋友们玩的时候，有人会问我："你这件是哪里买的？""真不错，也帮我做一件吧？"所以我还在服饰学院学习期间，就开始慢慢有活儿干了。客人不断增加，我心想："我成功了！"既然接了活儿，就要为别人做衣服。看到别人一脸开心的样子，我就把自己的事情丢在一边，开始考虑要不要做一些能让别人开心的事情。

本来该是一个行为"不良"的自由人，可世事难料，水原又从在校学生摇身一变，成了大忙人。新的活儿纷至沓来，听说水原二十岁的时候，手底下帮忙的就有五人之多。

　　因为我一直做运动，男性朋友要多少有多少，不过我对他们完全没有恋爱的感觉。温柔体贴、有型有范、头脑敏锐，如果对方不是这样的人，我就看不上。后来就演变为"缺一条都不行"（笑），再说我工作又忙。

水原和美

> 水原和美影集
> 年轻时的时尚
> 快照

所以当时我都没有想过结婚这档子事。中学的时候,有个一起玩的男性朋友,该说他那时候是盯着我的跟踪狂吧(笑)。他每天晚上躲在电线杆后面等着我回家,能等上一个小时甚至两个小时,见到我就出来说"你回来啦"。

那个男的家里是开药房的,但据说原先是武士出身。又听说他们家嫌我是从外地来的,所以不让他和我交往。家人还要他离我远一些,所以让他去东京的日本大学念书。他在那里课余还要打篮球,但每天都会给我寄来三封信,坚持了四年!那些信我一封都没读,全都丢进纸箱里了(笑)。因为反正那么多信每天也写不出多大不同。他大学毕业后回到鸟取待了一阵子,然后突然有一天他提着行李来到我家,说"我们私奔吧"。

我想:"哈?我才不要呢。"因为我对他没有感觉嘛。于是我就去他家说:"您家的儿子带着行李来我家想和我私奔。我困扰得很,你们把他带回去吧。"他父母也吓坏了,说:"拜托了,你就和我们儿子结婚吧。"后来嘛,我也没招儿了,觉得结婚就结婚吧(笑)。

因为"没招儿"而结婚的水原和美女士当时二十三岁。不过,真正跌宕起伏的生活还在前方等着她。

女儿出生后,当她快要三岁的时候,我丈夫的爷爷突然对我说:"我看你不顺眼,你给我出去!"我向爷爷道歉,他也不肯接受我。于是我就带着女儿回到娘家,丈夫又一次选择跟着我(笑)。我们没有办法,只好租房子住,丈夫帮家里药房做事,我则是靠做服装的订单有所进账。

虽然我被赶了出来,但是毕竟没有到销去户籍的地步,所以丈夫的爷爷奶奶病倒的时候,无论是他们上厕所还是别的事情我都帮忙照顾。因为我觉得这是我的本分。后来连赶我出门的丈夫的舅舅也在去世前用微弱的声音向我道歉。

丈夫经营药房晚上住在店里，水原女士一边带着两个孩子，一边把自家二楼当作工作室做成衣，同时她还要照顾公公婆婆。夫妇二人过着这种不合常规的分居生活，"每天只能睡三个小时"。她原本以为持续已久的艰苦生活，会因为丈夫双亲的离世而告一段落，没想到这次轮到丈夫病倒了。

丈夫患病接受手术后就卧床不起，他一个人完全不能自理。医生正式通知我们，他不可能再恢复了。"啊，是这样吗"，于是我就赶紧把药房的事情处理完，在短短一个月的时间里开了 RASTA 这家店。

水原女士战胜了接二连三的厄运与不幸，迎来了 1994 年 RASTA 开业。未承想一个更大的陷阱正在那里等着她。

真的到开店的时候，我才知道丈夫还承担着朋友的债务。细数一下，大约有 1 亿日元！竟然有这么一笔天大的借款！丈夫药房的生意做得有模有样，于是他替需要闲钱的朋友，去银行到处借钱。没想到丈夫一病倒，大家都装作不知道有这事。

那时候我因为 RASTA 开业也借了钱，有过那么两天，我真的是从内心明白了人快死的时候是什么感觉。不过转念一想，这些假装什么都不知道的家伙"总有一天会遭报应的"！反正无论对这些人说什么，他们也不会还钱，我就对着躺在医院病床上的丈夫说："老公，我会替你还七年的债。所以这七年，你可别咽气。"至于为什么是七年，我现在也没搞明白（笑）。

说到底，无论发生什么，只要想到这些是对自己的挑战，人就会变得坚强。这些不是别人要承担的。即便你归咎旁人，要承担的终究还是你自己。我认为这点是最重要的。我会觉得当时是在考验我有多大能耐。RASTA 的营业额杯水车薪，所以晚上我从店里回到家，就做定制服装，拼命地工作。内心嘶吼着："这些混蛋，这些畜生！"就这样，我花了正好七年的时间，把欠债全数还清了。债务一还清，丈夫竟也咽下了最后一口气！

人生如戏，转眼走过半生。如今水原和美女士在年轻人的簇拥下，过着平稳的日子……不，应该说她每天依旧嬉笑怒骂。从儿时起，她就不爱待在家里，总是不出去走一走就浑身不舒服。现在她也绝不会在家里无所事事。她说"看电视只是浪费时间"，所以过着东奔西走的生活。

现在她已经不喝酒了，不爱吃蔬菜也不爱吃鱼，她说："我是肉食的！""我靠抽烟摄取营养。""尼古丁让我的肺更加坚固，不会得癌症！"她每天少不了抽一包半的烟。大概五年前，她遭遇了一场严重的交通事故，警察都说她命真大。"两辆车就在我眼前相撞，其中一辆朝向我这边，把我撞飞了。我倒下以后，路过的人竟用英语问我怎么样，因为我穿得太花哨被误认为是外国人了！"她豪爽地把这段经历当成了段子来讲。

这些日子 RASTA 上午十一点左右开门营业，不过一般要到傍晚客人才逐渐多起来。听说以前 RASTA 店门前常常汽车、摩托车排成长龙，让人不禁好奇发生了什么。所以营业到晚上十点、十一点是家常便饭，最晚一次"开到早上五点"，因为那段时间客人们一直在店里，与水原"妈妈"交谈。"如果不买东西，我就不和他们说话。"对那些不买东西来聊天的人，她会说"你们买了东西再聊"。要是他们还不买，就自动进入"禁止入内"的名单。

商店中央放着几把椅子。据说坐这些椅子有一个"默认的顺序"。首先要经历一段在店里站着听、站着讲话的时间，然后随着你成为常客，离

◆ 我被允许一探水原女士的卧室——七十八岁女性的民族风卧室！历代"守护者"在床边铺上被褥睡觉已是惯例。虽然大家在鸟取市内都有住处，但仍向往能在水原女士家住下。

椅子也就越来越近。能在店里抽烟的也只有坐在椅子上的人。要达到那个层级需要相当的成绩。"大家都渴望早日坐上这些椅子，所以经常来店里。"这位现在于公于私都与水原女士关系密切的"音吉"如是说。

店里一天的营业结束后，有时水原女士会和开车来的孩子一起兜风，并不会直接就回家。"这可不是我邀请他们的。"水原女士说。是因为孩子们观察到了她想去什么地方走走，所以才搭话说"要不要去兜风"。那么晚了，而且也没有可以去玩的店。孩子们就说"我们还会追巡逻车和消防车哦"。好像只要听到"滴——嘟——"的声音："哪里着火了，我们去找！"他们就四处寻找并以此为乐。这些人可不是被警车追，而是追警车。

星期天，店里休息，但因为别的安排，水原女士依然忙碌。那些孩子甚至会来她家邀请她（据说还有可以来水原女士家的孩子和不可以来的孩子之分），大家会一起去温泉，在家里吃吃饭，或者小酌几杯。虽然年龄相差五十岁以上，像这样围着水原女士转的人总是不下两个。

被问到有没有同辈的朋友，水原女士快人快语："一个也没有，因为我很讨厌他们。"他们嘴里都是些家长里短或是疾病的话题，无聊至极，让人根本听不下去。她也从来不和街坊来往，来往的都是年轻人。

"并不是我邀请年轻人过来，而是他们自己一厢情愿跟着我。说实话很烦人！"她笑着说。"我只是因为自己在这里很开心才一直做，至于别人会怎么想，随他们去，我都无所谓。在别人看来，情况就不一样了，他们看你这样会大吃一惊。"水原女士严肃地说道。

水原女士并没有对这些年轻孩子宠爱骄纵。相反从旁来看，她是一个相当可怕的"大妈"。"但是说起来，"水原女士说，"现在的年轻人，父母也不会对他们发火。就算是发火，也只是说，不行！不可以！至于为什么不行，父母也从来不会教导。我常常发火，我现在也许记不得当时为什么那么生气。但是有朝一日，当那些孩子碰到什么的时候，如果能想起'啊，大妈那时候曾经说过这些话呀'，那我就心满意足了。"

也许今晚的 RASTA 也和往常一样，慕名而来的年轻人，口中叫着水原女士"妈妈""大妈""和美阿姨"，他们差不多都聚在店里了吧。如果他们不好好听话，就会被臭骂；如果他们想勉强买下店里的商品，就会被教导："不用一下子买那么多！"关门前他们就这么一直在放洋装的架子边站着，一站就是好几个小时，即便如此，大家还是

◆ 年龄相差五十岁的好朋友——水原女士与音吉君。"一开始是因为做雷鬼乐的活动来店里放活动传单，没想到一聊就聊了四个半小时……有的时候，她对我'拳打脚踢'，严加管教……因为我想再多买一些 RASTA 的衣服，就一边打两份工，一边抽空来店里。当然每天都要来！"

迟迟不肯回去。

　　无论身处什么时代，或面容姣好，或有型有范，或嫁入豪门，或声名远扬，也许女人的"胜利"人生也形形色色、各不相同。然而，被年龄相差如此之大的年轻人这般簇拥追随，每天热热闹闹吵吵嚷嚷，回过神来已是第二天——让我不禁感慨，还有哪一种过法可以赢过这样的人生。

同辈的人都很无趣，所以我一个同辈的朋友也没有

## 水原和美影集『探寻时尚源头之旅』

水原女士其实常年热衷于摄影。"你要不要看一下？"我被带到一个房间里，里面堆满了印刷品、相册和底片，宛如专业摄影师的工作室一般。

她给我们看了她进货的同时周游世界拍下的作品。我发现，她不仅是一个"爱时髦的大妈"，还是一个仔细观察人类"衣着"的人，她将实地研究的成果充分运用在自己的穿着和店内的商品组合等各个方面。这里为大家展示的只是她庞大藏品中的很小一部分。

水原和美

本宫电影剧场馆长

# 田村修司

帮我的人一个也没有

田村修司

东西伸展呈长方形的福岛县，从太平洋沿岸开始纵向分为滨通、中通、会津三个区域。由阿武隈高地和奥羽山脉两处山地分隔出的这三块区域，个性各不相同，似乎有着不为外县市所知的微妙的实力对比。

从位于中通地区中心的郡山市搭乘 JR 东北本线，只需十五分钟便到达本宫站。本宫市以本宫站为中心向外扩展，它是 2007 年由本宫町与白泽村合并而成的，人口约三万人，是福岛县内最小的市。

从东北高速公路的本宫出口很快就能够到达本宫町。东北新干线不在这里停靠，町内也并没有特别值得一提的旅游胜地或历史遗迹。（本宫最著名的人当属儿玉誉士夫[1]……）另外，出生于猪苗代町的野口英世[2]决意

---

1　儿玉誉士夫（1911—1984），日本右翼运动家，"二战"期间在上海担任"儿玉机关"负责人，战后被定为甲级战犯。
2　野口英世（1876—1928），日本医生、细菌学家。2004 年 11 月改版后的 1000 日元纸币印有他的肖像。

去东京——那是距今一百一十六年前的 1896 年,他在门柱刻下"若不得志,此生永不回家"。之后他走了四十公里路,就是在本宫站坐上去上野的火车。可是如今即便下车伫立站前,眼前也只是一片十分钟就可以走遍、仿佛沉睡已久的安静的街景。

当你钻入这片街景的深处,眼前突然出现一栋褪了色的粉色巨型木质建筑。这是"本宫电影剧场",它自 1963 年起已经闭馆五十年,却仍然保持着从前的模样。这是馆长田村修司先生历经半个世纪、孤军奋战所带来的奇迹般的战果。毕竟从四十九年前闭馆以来,在剧场完全没有希望重开的情况下,馆长田村先生一直独自一人维护着旧式放映机、坚持做馆内的打扫,就是为了让剧场保持随时可以放映电影的状态。不难想象他还同时忍受着市民的漠不关心与嘲笑揶揄。

本宫町失去电影院的日子已久。人们渐渐习惯了去郊外的影城,数字电影也成了电影放映的主流形式。出生于 1936 年的田村先生今年七十五岁。时至今日,即便不见重开的希望,田村先生还是会打开放映机、上油、打扫馆内——他从未想过收手不干。

四年前,即 2008 年,时隔四十五年之后,这里又一次被町上的人们奇迹般地"发现"。虽然开始举办观影会,但是人们也只是一年在这个剧场聚上几次而已。即便如此,田村先生抚摸放映机的时候,还是呵呵地笑着。他在家只要一有空,就会拼接胶片,编辑着只属于自己的混音带( Mix Tape )——不,应该说是混剪节目( Mix Program )。

虽然喜欢电影的人数不胜数,然而"喜欢电影院",并且像田村修司先生这样热爱电影院的人,在这个世上又会有多少呢?

田村修司先生 1936 年出生于本宫町。父亲寅吉先生在町内的商店街(通常被称为"本宫银座")一边做买卖,一边经营电影院。据说修司先生小时候就觉得自己理所当然会成为电影院的接班人,并一直做着父亲的

田村修司

帮手。

"这个剧场最初是大正3年（1914年），由町上三十四位有志之士集资建造的替代公民馆的建筑，同时还成立了一个叫'本宫座公司'的组织。"

本宫座曾经用作当地人的聚会场所以及大众演剧的公演场所，俗称"定舞台"，深受大家喜爱。在当时的照片上，将近四百人的观众席，包括二楼甚至三楼都座无虚席。演艺剧场时代华美的氛围从黑白的画面中可见一斑。

大约从昭和时代初期开始，本宫座便用于放映电影。当时町上的两个人，以一人一周租三天、另一人一周租四天的方式经营着。昭和18年（1943年），其中一个人退出经营，接手经营权的人就是修司先生的父亲田村寅吉。

从战争期间到"二战"刚结束时，这里主要进行戏剧演出。战后，差不多昭和22年（1947年），寅吉先生开始独自一人经营剧场。本宫座改名为"本宫电影剧场"，以放映电影为主，同时举办歌谣秀、浪曲、大众演剧的公演——各种活动火热进行。本宫电影剧场逐渐成为町上的娱乐中心。少年修司就是伴随着这个时代一同成长的。

> 我们家经营这里，我也在这里和父母一起玩。母亲和姐姐在售票处卖票，我上学前一直在这里看电影，这里就像我的家一样。
> 我小学五年级的时候，父亲为了让我子承父业，开始教我如何操作放映机。当时我个子还很小，够不到放映机，就踩在凳子上操作。我是长子，继承家业是理所当然的。我是昭和11年（1936年）出生的，美空云雀[1]是昭和12年（1937年）出生的。云雀大概在小学五年级的时候出演电影，因为我和她差不多同龄，至今我还记得电影院人头攒动的样子和我幸福不

---

1 美空云雀（1937—1989），日本歌手、演员、实业家。她是昭和时代歌谣界的代表人物。

帮我的人一个也没有

◆ 立于小巷深处的本宫电影剧场全景（上图）。木质构造从一旁清晰可见（下图）。

田村修司

已的心情。云雀上初中的时候，只要是她出演的电影，一定是场场爆满，真的很惊人。

1950年，本宫座时代分道扬镳的另一位经营者在町内开出了一家叫作"本宫中央馆"的电影院。田村家的本宫电影剧场上映松竹和新东宝[1]出品的电影，而中央馆则上映东映和日活[2]出品的电影——像这样根据发行方来分摊，打造出了本宫町电影院的黄金时代。同时，这也是日本电影的鼎盛时期。然而就在此时，1955年，父亲突然去世，年仅二十岁的修司匆匆忙忙继承了家业。

以前只要人口达到一万，无论哪个町，都会有两家电影院。日本全国曾经有一万家电影院。到现在，大约只有三千家。从前保留至今的电影院我觉得不到一千家。

昭和25年（1950年）之前，本宫町只有我们一家电影院，我初中三年级的时候就已经和父亲一起做电影的排片。高中三年我在福岛县的福岛商业高等学校上学，在这期间，我还在帮家里做事。去福岛商业也是为了将来继承电影院。

---

[1] 松竹株式会社是日本五大电影公司之一，创立于1895年，旗下代表导演如成濑巳喜男、小津安二郎、大岛渚、山田洋次等。新东宝是创立于1947年的电影拍摄制作公司，成立之初名为株式会社新东宝映画制作所，1961年破产。制作过黑泽明的《野良犬》，沟口健二的《西鹤一代女》等名作。粗略来说，这两家制作公司的风格偏文艺。

[2] 东映株式会社是日本大型电影公司之一，创始于1949年，长于制作剑侠、刑侦等类型电影和特摄片（如《假面骑士》系列）。日活株式会社创立于1912年，创立之初名为"日本活动写真株式会社"，20世纪50年代制作了大量石原裕次郎等人主演的动作片和吉永小百合等青春偶像出演的青春片，70年代又以制作粉红电影（软色情电影）知名。粗略来说，这两家制作公司的风格偏商业。

当时，我在福岛的电影院已经是"刷脸可进"了。父亲带我走遍了福岛的电影院，吩咐说"要是我儿子来了，就让他免费进去看"。他还对我说："你在福岛的电影院好好学！"

　　后来我高中毕业后，想去东京的松竹之类的影剧院实地学习，也想出去看看外面的世界，可是父亲却毫无兴趣。他不想让他的宝贝孩子出远门（笑）。毕业后没过多久，我二十岁的时候，父亲去世了。到我二十六七岁，昭和38年（1963年）剧场关门之前，我一直是这里的经营者。员工一度有七八个人，最后就只剩我一个了。

进入昭和30年代，日本电影的主流从松竹逐渐转移到东映和日活等制作公司。田村先生的电影剧场通过积极上映西方电影等方式与之分庭抗礼。然而仿佛配合着日本电影由盛转衰，步入下坡路，电影剧场的经营也不断恶化。1963年8月，盂兰盆节最后一次放映后，影院被迫关闭。

　　町上的另一家电影院上映的是东映和日活出品的电影。吉永小百合呀、石原裕次郎呀、高仓健等演员在电影中出演，我这边当然招架不住。虽然我也努力应对，但是支付胶片费也渐渐让我叫苦连天。当时正值粉红电影兴起的年代，但是只放粉红电影的话，电影院在町上的风评就会越来越糟，女性观众和孩子也不会再光顾，因此电影院还是经营不下去。

　　这时，长期支持我的福岛的电影院的社长对我说："福岛的客人也变少了，电影没有什么前途，你就放弃电影，去我认识的汽车公司吧！"他还说，"我会帮你介绍的，你去丰田吧！"于是我就去了福岛TOYOPET[1]的郡山营业所。从这里花三十分钟就能到。我在那儿上了四十年的班。

---

1　丰田汽车的经销商，早年丰田汽车的车牌都写着TOYOPET。

田村修司

◆ 修司先生的父亲——寅吉先生。

◆ 面朝本宫银座街的田村家的商店。

◆ 孩童时代的修司。带宣传板的自行车！

◆ 曾经的爱犬"KURO君"（小黑）。

◆ 电影剧场开馆时。

◆ 如果有大片上映，本宫银座街会拉起这样的横幅。

◆ 电影《青色山脉》公映时，当地的女学生骑着自行车、身穿水手服盛装行进。

帮我的人一个也没有

◆ 剧场的宣传车。

◆ 修司先生成人礼的照片。 ◆ 继承电影剧场的时期。

◆ 电影《阿富和与三郎》（1950年松竹出品）海报及寅吉先生。

◆ 修司先生是一名出色的销售员，听说他常参加公司（奖励员工）的旅行。

◆ 从大街可以看到电影剧场（位于小巷深处）的入口，站着的是修司先生的两个妹妹。

◆ 本宫电影剧场蒸蒸日上时的员工们。

◆ 新婚时期的修司先生和夫人。

田村修司

　　说到底，昭和 20 年（1945 年）到昭和 40 年（1965 年）的大约二十年间，人们聚集的场所只有电影院。后来昭和 35 年（1960 年）彩电问世。我是昭和 39 年（1964 年）开始去汽车公司的，到了昭和 40 年代，汽车突然开始热卖。之前有一款车叫丰田 Publica，后来有了后继车型丰田卡罗拉。我销售的丰田系汽车中，丰田卡罗拉和丰田科罗娜一下子大卖起来。昭和 43 年（1968 年），丰田 MARK II 和日产 SKYLINE 也一举成为畅销车型。差不多在那个时候，人们几乎彻底不去电影院了。

田村先生二十八岁不得已转行做了汽车销售。在日本经济高速发展的时代里，他充分发挥着销售员的能力，与此同时，内心深处并未放弃重振电影院的梦想。

　　我是昭和 39 年（1964 年）进的 TOYOPET，大概平成 12、13 年（2000、2001 年）到退休年龄。退休一般是六十岁，公司说"继续待着也没关系"，我就工作到了六十三岁，不过薪水变少了一些（笑）。
　　同期进公司的有四十个人左右，但是十年后只留下两三个人。不过那个时期汽车销量很好，月薪 15000 日元的时候，卖出一台车，就可以得到 30000 日元左右的奖金。所以多亏那份不错的薪水，让我不必放弃剧场。
　　我进公司的时候，母亲对我说"既然现在你也是一名普通的上班族了，剧场就处理掉吧"。说是因为还欠着债，正好卖了剧场把债还清。但是我心里一直盘算着到我六十五岁的时候，重新再把剧场开起来，所以完全没有放弃剧场的打算。于是我就靠卖车赚的钱，花了三年的时间，还清了剧场的欠款。
　　这里离本宫站挺近的吧。房产公司的人来看过，让我把剧场卖了做公寓。这样的"诱惑"有过好几次了。也有些邻居说，这样一栋老建筑，一旦发生火灾就太危险了。为了本官町，也该把这栋建筑推倒为妙。还说房子里是空的，地震来了说不定就塌了。虽然前一阵遇上了震灾，但这栋建筑并没有倒（笑）。总之，我舍不得这里，无论旁人说什么，就算没有一个人支持我，我还是会撑到底，不放手。

作为一名出色的销售员，田村先生铆足干劲、大显身手；同时他以退休后重开电影剧场为目标，不动声色、稳步进行着准备。1966 年，田村先生成家了，不过但凡不上班，他就泡在剧场维护放映机、打扫。他还经常另找时间跑东京的电影公司，为了有朝一日重开剧场，事先买下了电影胶片、海报和备用器材。剧场闭馆前，与田村先生颇有交情的电影院社长为他保留了本官座的控股权，1973 年，田村先生以两倍的金额买回。于是他成了本官电影剧场名副其实的所有人，此时距离剧场闭馆已经过了十个年头。

　　我的孩子们都是在我放弃经营电影剧场之后出生的。所以至今为止他们没有见过剧场放映电影。我刚结婚那时候，只要公司不上班，我就会来剧场摆弄器械，还被妻子说过："老公，我和剧场，到底哪个重要？"（笑）她希望我休息就好好待在家里，而我却总是在剧场，给放映机上上油、做做打扫，全都是我一个人来。帮我的人一个也没有。
　　直到（四年前）举办观影会前，附近的人们都还以为这只是一处闲房——里面空空如也、满是灰尘。即便是住在剧场近前的人也都这么想。因为我一直把这里关着，谁都没想到里面还有放映机。

就在这个小小的本官町，田村先生独自一人毅然面对周遭的冷眼，为了重开电影剧场的渺茫希望，他一直坚持维护设备，自己花钱买胶片和海

田村修司

报，四十多年如一日，未曾改变。突然有一天，因为一次意外的机会，这间大家一直以为只是废墟的电影剧场再次敞开大门，迎来了银幕复活的那一刻。

　　大家总对这间剧场的建筑说三道四、口出恶言，我也不和他们说什么话。很多人说建筑太旧了，还是推倒为妙。这些人完全不会出手帮忙。他们一直觉得剧场一片狼藉、破烂不堪，却没有一个人愿意站出来帮忙（维修）。所以，我也选择默不作声，只字不提。

　　后来，我患了眼疾，为我看病的一位叫池田的医生问我："那家电影剧场，是田村先生的吧？"他好像是听别人说的。我回答："是啊，医生。里面放映机什么的都还在。"然后医生又说，办个观影会应该很不错。我就说办一个只给医生和护士看的专场。因为我想感谢他们治好我的眼睛，办一个电影专场只给他们看。没想到一传十、十传百，最后剧场里聚集了大约150人（笑）。我还在剧场中间专门辟出池田医生的"预留座位"，座位周围用绳子围起来，对来的其他观众说"你们去别处坐"。

　　要是没有池田先生，我可能就真的放弃（重开剧场放映电影）了。七十岁时，我心想重开剧场看来是不可能了。我七十岁的那个新年，一度就想切断电源，撒手不干了。我六十多岁的时候，还梦想着电影剧场有重开的一天。然后到了七十岁，仍然没有（电影复兴的）迹象，心想只剩下切断电源彻底不干这条路了。没想到去看眼科，护士为我除去睫毛时，池田医生来到我的枕边问了一句："那个剧场，是田村你的吗？"真是多亏池田医生为我治疗，我六十岁以后还能不戴眼镜拿到驾照，所以我把医生看作我的救命恩人。正因为医生和我这么说了一句，我才想，要不就办一场观影会吧。

2008年6月8日，本宫电影剧场闭馆四十五年以来首次打开大门，用1957年制造的碳棒电影放映机，同场连续上映了《令人怀念的电影预告片》以及《新闻电影集》两部作品，引起了巨大的反响。当地的报纸大篇幅报道了此事。第二年又举办了第二次观影会。后来剧场也在东日本大地震中幸存，田村先生的电影剧场再过两年将迎来百岁生日。

不过究竟是为什么？横跨半个世纪，田村先生一直守护着这家别人都弃之不顾的电影剧场，不得不说他的这份执着超乎常人。虽然剧场重新开映，成为轰动一时的"大新闻"，不过市级、县级各种改造或重启本宫电影剧场的方案也并未实施。剧场与往日一样关着大门，只在田村先生有意的时候，只为了他喜欢的人，剧场的灯才会点亮。"如果这是在东京……"这种说法过于陈词滥调，不过两地的这种"温度差"究竟何在？

从前，田村先生会坐在家里店铺的一楼，关注着街上的来客，而如今，

◆ 进入剧场——大厅区域。闭馆时的海报和宣传旗帜仍然原封不动地保留着。

◆ 完好保存了将近五十年的电影剧场内部。

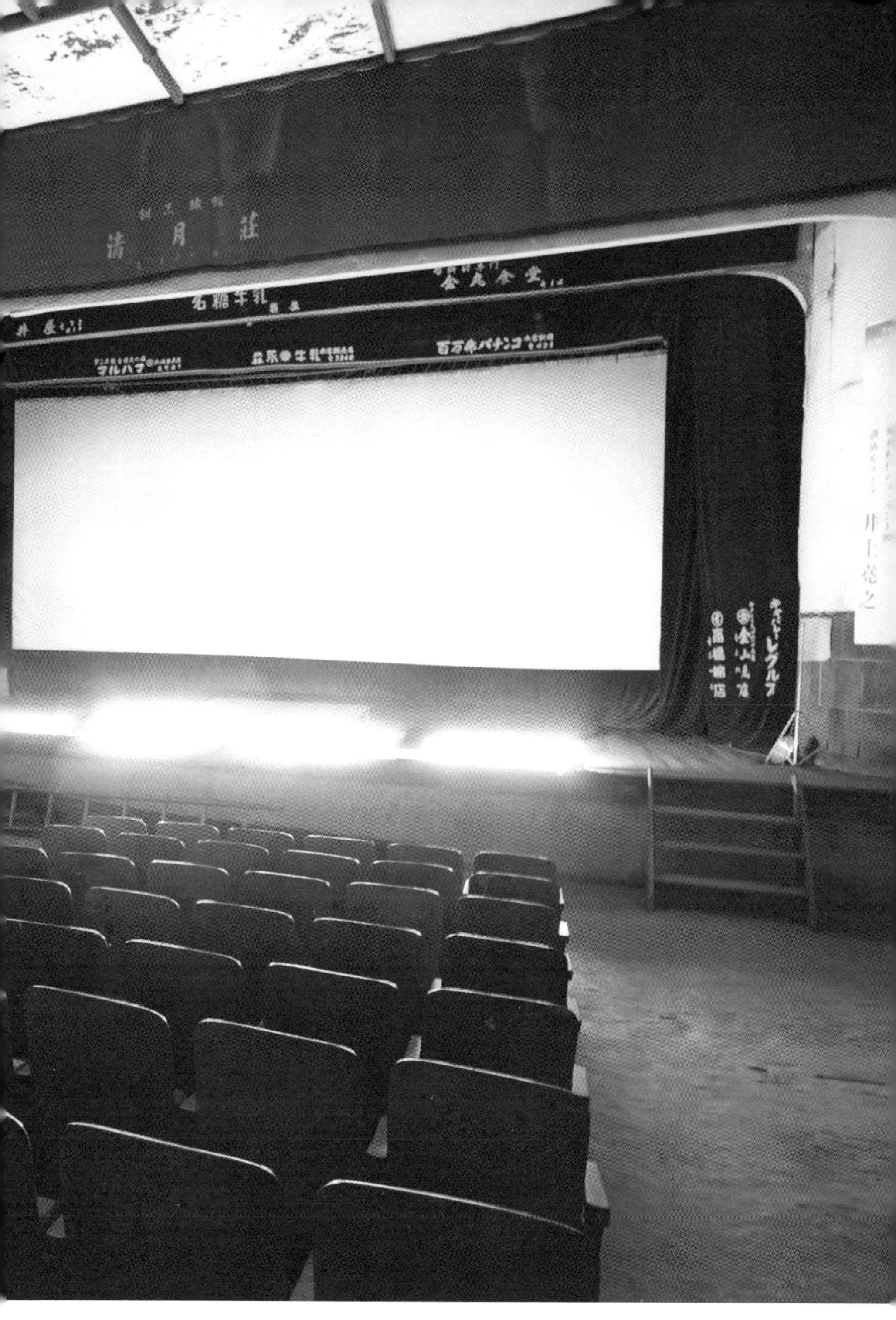
清 月 荘
名糖牛乳
マルハマ
牛乳
百万弗パチンコ
レクルブ
井上亮之

田村修司

他总是眺望着对面小巷深处的电影剧场。

　　这里原先是我们家做生意的地方，我上班工作以后就租给了超市。昭和 49 年（1974 年）店面空了下来，我就自己动手改建，有的时候把这里租给卖保健食品的人用作活动场所，有的时候我也会在这里打打乒乓球。住在附近的孩子们也常来玩。
　　我住在里面的房间，白天的时候，在这里整理整理胶片，或去（剧场）那里打扫打扫。我会从这里眺望剧场（笑）。大家会去剧场拍照。自从我的事情登上报纸，去拍照的人多了不少。在这之前没有一个人去那里拍照——直到五年前都是这样。现在有些拍照的人甚至专程跑来五六次，还是大热天。我去一探究竟，问他："怎么了吗？"对方说是从别的地方来的。我接着问要不要进去看看。对方想看，我就领着他进去了。

烟酒不沾的田村修司先生，他的每一天极其规律又简单。

　　我妻子去世已经差不多二十五年了。一开始的四五年我很孤单，后来就习惯了一个人生活，可以过得很优雅。早上差不多五点醒来，六点半吃早餐。八点左右就开始悠闲地消磨时间。九点看下时钟，如果股票看涨，我就开始上网，不过只有在我收听广播，觉得今天应该行情不错，或是发现纽约的（股市）行情上涨的时候。我当上班族的时候就开始炒股。现在亏得还不少（笑）。说到底，野田（佳彦）[1] 内阁毫无亮点，股市也不涨。
　　上完网，我就开车去购物。这附近大概有三家超市。如果步行去超市，就会散步很久（笑）。过了十点超市会降价，我就买下便宜的东西回家。

---

1　野田佳彦（1957—　），日本政治家。2011 年至 2012 年任日本第 95 任首相。

帮我的人一个也没有

◆ 机械室内部，用于驱动碳棒电影放映机的整流器。设备完好，运转正常。

◆ 在放映室里专心检查碳棒电影放映机的田村先生。

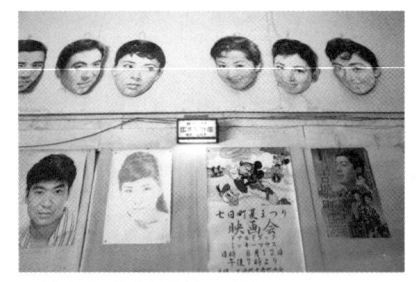

田村修司

◆ 墙上明星的剪纸画其乐融融。

◆ 时常举办浪曲大会等活动。

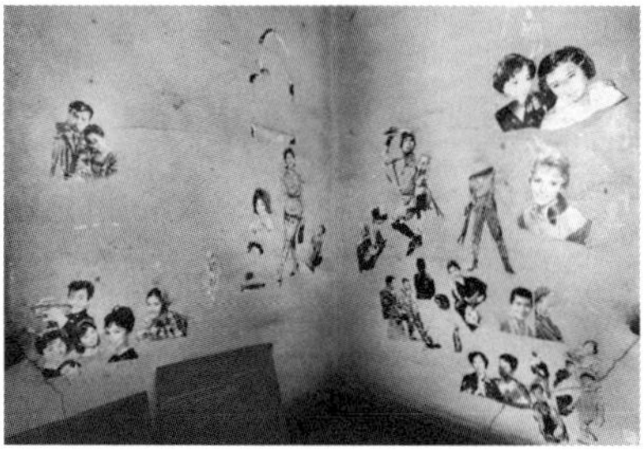

◆ 天花板也用心良苦让人惊艳。

◆ 名为"定舞台"的旋台现在仍然保留着。"因为之前的地震,稍微有点下沉。"

◆ 在二楼的两个角落还保留着贵宾室、电影放映师的休息室。技师们留下的剪报拼贴画、流行歌曲的歌词引人注目。

◆ 曾经是看台座位的二楼部分。

◆ 手工制作的剪辑机。在这里田村先生独自一人继续制作他的混剪节目。

十一点左右回到家，歇一歇抽根烟什么的。然后我会沿着后面的河散步个十来分钟。吃完午饭以后，休息个一小时。有兴致就修修胶片，或是抽空去一下剧场。偶尔得空的时候，我会洗车。洗车真是一项体力活儿。洗了车，打蜡再擦亮。我毕竟在汽车公司洗了四十年车了。下午有时会再出门买一次东西。到了下午四五点再休息一下。五点时，我会看新闻，六点前吃晚饭。晚饭后三个小时左右的时间，我就看着电视，发发呆，九点一到就躺下睡觉。

我不吃零食。我从去公司上班那会儿就决定了自己的生活方式，像这样过了四十年，最重要的一点就是有规律的生活。（我同辈的朋友）大家差不多一半都住院了，比我年轻的人也有去世的。我也没在吃药。每天早上就是纳豆、小鱼还有汤，仅此而已。肉类我一个月只会吃一两次。白天

田村修司

我吃得比较清淡，像是一些轻食，或是吃个面包、吃根香蕉。晚饭就是一块鱼、一份汤加上酱菜，仅此而已。还有就是一个鸡蛋，不放任何东西煎着吃。吃的都是粗茶淡饭。我也不会冒冒失失地去吃猪排饭、天妇罗、油炸食品这些我一概不碰。毕竟年过七十了，也要听医生的话了（笑）。

听田村先生讲了许多，他又给我们看了剧场营业时期的家庭相簿和宣传单。"其实我还留着这样的东西。"田村先生从里面拿出一捆杂志的合订本。那是《成人电影》，曾经在粉红电影院的窗口出售，如今很少有机会能看到，是非常珍贵的过期刊物。

这其实是一份由女性在新宿编辑的地下杂志。我觉得很有意思就全数买下了。放眼日本，像这样收集齐全的只有我一个人。现在的 DVD 光是便宜，内容完全不行。以前的粉红电影真的相当有趣，插入音乐的方式也不错，结构也很好。新东宝真的是有手艺好的能人在。

以前的粉红电影，只要情节进入酒店，画面就会变成彩色，其实是局部彩色（因为彩色胶片价格昂贵）。我只编辑整理其中彩

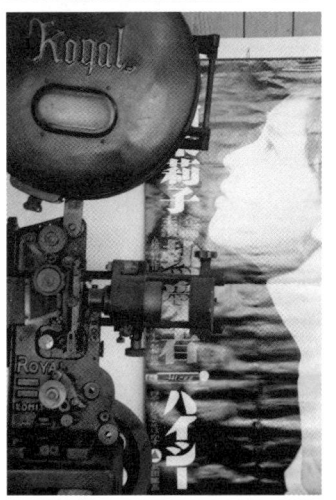

◆ 一边做汽车销售，一边不断买下电影胶片。除了故事影片，还有不少珍贵的新闻影片（上图）。有一些经营电影院的人通过报纸等渠道读到了田村先生的事迹，就带着旧式的放映机（下图）找上门来，说："我已经用不到（放映机）了，但又舍不得丢。"

150

色的部分,很厉害吧。我只编辑"好"的部分。当时的女演员,真的很会演戏,演技相当逼真,全靠面部表情。这也是乐趣所在。现在的DVD根本没法看,更让我觉得以前的片子真是厉害。

还有像是山本晋也导演的《女浴场》(女湯)系列,我全都编辑整理过,海报也都收集全了。不是有一部被禁止上映的电影《黑色的雪》(黒い雪)嘛。(1965年,导演武智铁二在"黑雪事件"中被控"公开展示淫秽书籍图画罪",此事广为人知。)那一部我也只挑了好的场景。也就是最后在美军基地裸身奔跑的场景[1]。武智导演曾被起诉,一度被判刑十年[2]。"就是这个!"我一遇见就连同海报一起买下了,然后就这样只把好的场景(笑)挑出来,把这些剪辑整理,做出一部电影。

---

1 剧中角色堀田静江从美军基地裸身逃跑。
2 1969年东京高等法院二审判决其无罪。

田村修司

◆《成人电影》杂志。

我不禁感叹在这样的地方,《天堂电影院》里的老放映师艾费多真的存在,而且他并不是剪辑吻戏[1],而是收藏粉红电影中的"好戏"!

从一开始田村先生就让人觉得充满活力,他一聊起粉红电影,更是仿佛动力全开。田村先生这番笑语也让我时而惊叹时而大笑,连忙拿出笔记本记录。其实与此同时,我的内心已经热泪涔涔。这样了不起的人物,在这样的地方,与电影院和堆积如山的胶片一同生活却这般鲜为人知。七十五岁的他仍然独自一人继续着拼接胶片的工作,却不见一人承认他所做的一切的真正价值。

我衷心祝愿,有朝一日、尽早在本宫电影剧场举办一场由田村先生操作碳棒电影放映机(那是在我出生的第二年——1957年制作完成的机械)播放的"粉红电影好戏精选"观影会。

虽然我知道自己一定会从头到尾痛哭不已……

本宫电影剧场 传单·藏品

在没有互联网的时代,曾有一段时期人们首要的消息来源是报纸中夹带的传单。田村先生手上保存着大量从自家电影剧场到别家影院——电影院时代大大小小各式各样的传单。从大片到成人电影,甚至还有"特别版脱衣舞表演"。另外,大张传单大量植入广告,听说是因为"电影胶片费用很高时,就会放很多广告"。在此附上这些手写设计时代的珍品收藏以飨读者。

---

1　意大利电影《天堂电影院》(*Nuovo Cinema Paradiso*,1988)中放映师艾费多曾被神父要求剪去影片中的吻戏。

洋画ファンに贈る豪華番組
7日～9日 ¥75 本宮映劇
CINEMASCOPE
悪の花園
モデルと写真家
ヌードはこうして写される！
ダダ博士の媚薬
遂に10日より13日ロードショウ
総天然色 文部省特選に輝く
野ばら
広場の天使
特別入場料金 ¥100 ¥75 ¥55
地獄
4日より6日 本宮映劇
17日～19日 本宮映劇の3本立
¥75
これが十代だ！
狂った欲望
女体の神秘
接吻の谷間
根岸時計店
めざめ
31日～2日 本宮映劇
処女の泉
特別ナイトショウ
性とヌードのデラックス版
性の神秘と官能の女体美
貴男の真夏の夜の夢
ストリップ・メケメケ百態
イーストマン総天然色
8月25日公開 本別座
20日より21日
本宮映劇
危険な関係
明日なき夜
アメリカの裏窓
1日より4日 本宮映劇
鉄十字軍
去年の夏突然に
20日～21日 本宮映劇
10日～12日 本宮映画劇場
誇りと情熱
ながれ者
16日より ¥100
わが愛・愛の夢
根岸時計店
人間の條件
キングショウ
この ヌードを
23日 夜7時半より 本宮映劇
ナイトショー
28日より29日
本宮映画劇場
総天然色
ヌード映画
女のメケメケ
未成年者お断り
ヌードはめぐるある夜の秘密
¥100
裸女の花園
11日より13日
本宮映劇
桃色太陽
青春は地獄へ行け
14日より
千両鴉
タムラの氷水
文化の日は40円の映画と30円タムラの焼そばを
3日～7日
本宮映画劇場
40円
抱いて頂戴
私は嘘は申しません
1日1回はタムラの焼そば・天婦羅
初夏の銘幕に贈る
松竹歌謡映画大会
10日～13日 本宮映劇
渡辺美容所
根岸時計店
島倉千代子
からたち日記
晴れて今宵は
女の決斗
セクシーヌード祭
上と下で泣いちっち！
ヌーベルバーグ
23日 本宮映劇
本宮映画劇場
23日～24日
反撃の銃弾
アダムとイヴ
25日～27日 お祭り映画
愛を誓いし君なれば
紀の國屋文左衛門

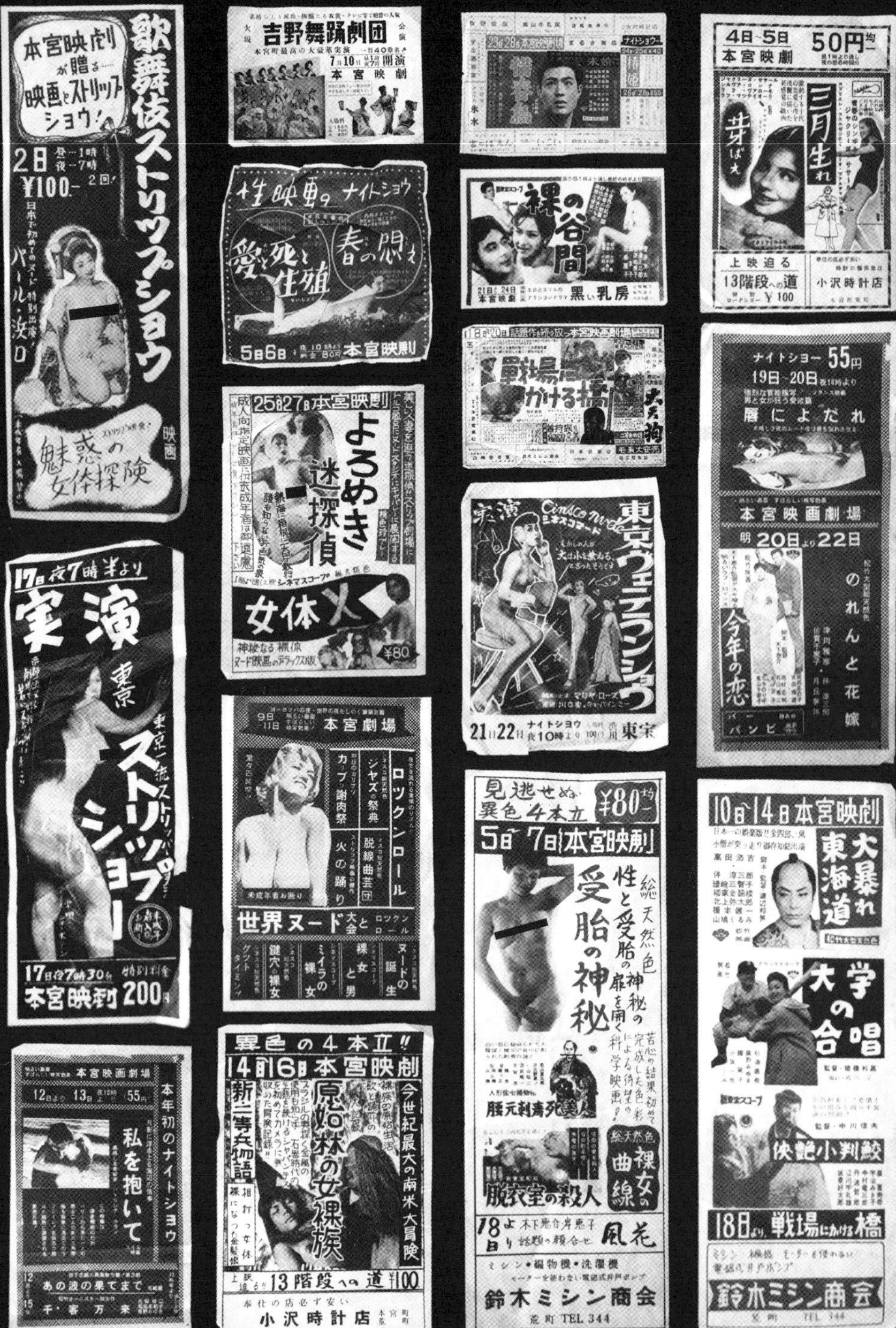
本宮映劇
が贈る……
映画とストリップショウ！
歌舞伎ストリップとショウ
2日 昼一1時 夜一7時 2回！
¥100.-
日本で初めてのヌード特別出演！
パール・浜口
ストリップ映画！
魅惑の女体探険
映画
吉野舞踊劇団
大阪
公演
本宮町最高の大豪華実演
本宮映劇
7月10日
開演
性映画のナイトショウ
愛と死と生殖
春の悶え
5日6日
本宮映劇
23日28日 本宮映劇
ナイトショウ
氷水
裸の谷間
21日 24日 本宮映劇
黒い乳房
18日20日
戦場にかける橋
大天狗
4日〜5日
本宮映劇
50円均一
芽ばえ
三月生れ
上映迫る
13階段への道
¥100
小沢時計店
ナイトショー 55円
19日ー20日 夜10時より
唇によだれ
本宮映画劇場
明20日より22日
今年の恋
のれんと花嫁
バンビ
17日夜7時半より
実演
東京
東京一流ストリッパー
ストリップショー
17日夜7時30分
特別料金
本宮映劇 200円
25日27日 本宮映劇
成人向指定映画に付未成年者は御遠慮下さい
よろめき迷探偵
シネマスコープ
女体X
神秘なる裸体
ヌード映画のデラックス版
¥80
実演
東京ヴェテランショウ
21日22日 ナイトショウ 夜10時より
東宝
9日11日
本宮劇場
ロックンロール
ジャズの祭典
カプリ謝肉祭
脱線曲芸団
火の踊り
未成年者お断り
世界ヌード大会と ロックンロール
ヌードの誕生
裸女と男
ミイラの裸女
鍵穴の裸女
グッドタイミング
見逃せぬ異色4本立
¥80均一
5日7日本宮映劇
総天然色
性と受胎の神秘の扉を開く
受胎の神秘
若心の結果初めて完成した色彩による待望の科学映画！
腰元刺青死美人
脱衣室の殺人
総天然色
裸女の曲線
18日より 木下恵介 高峰秀子 話題の顔合せ
風花
ミシン・編物機・洗濯機
モーターを使わない電磁式井戸ポンプ
鈴木ミシン商会
荒町 TEL 344
10日14日本宮映劇
大暴れ東海道
大学の合唱
侠艶小判鮫
18日より 戦場にかける橋
鈴木ミシン商会
本宮映画劇場
12日より13日まで
55円
本年初のナイトショウ
私を抱いて
あの波の果てまで
千客万来
異色の4本立!!
14日16日本宮映劇
新二等兵物語
原始林の女裸族
今世紀最大の南米大冒険
上映迫る!!
13階段への道 ¥100
奉仕の店必ず安い
小沢時計店

画家

# 户谷诚

画是一种病,就像不知不觉喝酒那样不知不觉作画

户谷诚

 

 

直到刚才一路的风景还保留着浓厚的下町风情，如今抬头排列的尽是一栋栋高层公寓、商办综合大楼，一番到处可见的郊外景象——这里是品川区西大井一带。我与两位主动承担今天导游任务的"畸人研究学会"的成员一起，从车站前走了一长串下坡路，去一处名叫"三间大街"的商店街。

街上不少店铺卷帘门紧闭十分显眼，同在一条街，这家写着"红叶堂"的药房想必已经歇业多时。在拉下的卷帘门前面放着一排盆栽，绕到建筑的侧面进入昏暗的店里，保留着药房风貌的室内，摊放着一幅又一幅画作，俨然如同一间工作室。

墙上、配药室的隔板上，都是成排的画作。之前可能用作堆放药品的玻璃柜里则放满了与美术相关的书籍……就在这家店的中央，一个人静静地坐在一幅尚未完成的画前——他就是户谷诚先生。

户谷先生1944年出生，今年（2012年）六十八岁，是一位画家。但他并不是一位当代美术作家，也不画古典派的传统绘画。将近五十年来，他一直画着属于自己风格的画,每隔几年仅在画廊举行一次小型的画展。

当然只靠这样是无法生活的。他从早上到中午做打扫大楼的工作赚取生活费,下午则是画画。如果没有心思画画,他就从开着三分之一的卷帘门,透过盆栽植物,观察路过行人中女性的丰臀美足,有时就手握着画笔酣然入睡。"至于为什么这样坚持下来,我自己也不清楚。我也并不觉得特别快乐,但是都坚持那么久了,多少还是快乐的吧……"他不忘强调自己偷懒的样子,但其实他每天都在画作前。

他没有动力扯上周遭的事情,没有野心,也没有企图。他画画不是为了表现某种概念,也不是为了宣泄愤怒或悲伤。不同于任何潮流、任何流派,他只身一人、默默无闻地坚持绘画超过半个世纪,过着孜孜不倦的人生。像这般与绘画相伴一路走来的人,我真的少有听闻。

户谷诚先生出生的1944年,也就是战争结束前一年。父亲从长野县松本市赤手空拳来到这里开起了红叶堂药房,他就是这家药房的长男。

◆ 在只见车流,不见人流的冷清的商店街上,歇业很久的红叶堂药房,店的周围成排摆放着一盆盆植物(右图),还可以见到露在外面的药房的旋转招牌(左图)。

## 户谷诚

> 这家药房是父亲开的,但是为什么开在这个地方,我完全不知道。父母说的话,当时也是左耳进右耳出忘得精光(笑)。从前这条商店街生机勃勃。那个时代的孩子们都要给家里的店帮忙。尤其是年末忙得很。唉,以前的孩子还是很累的。所以我完全不愿继承家业……

户谷先生从当地的高中毕业,1965 年,他二十一岁的时候进入多摩美术大学学习,专业是油画。

> 我并不是一定要成为画家,最多只是从小就喜欢信手涂鸦。高中二年级的时候有一场升学咨询,事后我就想要做一名画家。其实我是想逃避子承父业,不想继承药房吧。我当时想知道,除了药房之外会不会有别的什么有趣的事情。

说到 20 世纪 60 年代后期的多摩美术大学,教师队伍里斋藤义重、杉全直、东野芳明、中原佑介[1]等众星云集,曾是现代美术的一股重要力量。这股热烈的氛围席卷着校园,然而听说户谷先生只是一个人静静地找准自己的位置。

> 当时是多摩美术大学的鼎盛时期,也有不少老师大肆鼓动学生,反而我觉得自己画(所谓现代艺术风格的)那种画应该是白费力气。用那种风格作画的画家有一人足矣,不画属于自己的画终究没有意义。画那种"风格"的画,只要稍作改变,评论家们就点头称赞,到头来只能成为评论家

---

1 斋藤义重(1904—2001)和杉全直(1914—1994)为抽象主义、表现主义画家,东野芳明(1930—2005)和中原佑介(1931—2011)为推介现代艺术的美术评论家。

画是一种病，就像不知不觉喝酒那样不知不觉作画

们笔下的艺术分类。我才不喜欢那样。

户谷先生二十五岁从多摩美术大学毕业，他并没有像其他学生那样找工作，而是回到老家，一头栽进了绘画的生活里。

当时多摩美术大学也在上野毛地区，离这里还挺近的。回家的路上我在自由之丘站下车跑去喝酒，喝到八点左右。我真的不知道该如何是好。（毕业之后还）当一个画家，看上去就不像一个愉快的职业。

假如你属于一个什么团体，就得一边搞团内政治，一边绘画。当你后悔不能如愿作画时，往往为时已晚。想画而画不了，到头来全是白费工夫。另一方面，如果手头宽裕起来，人就会容易心满意足——我也害怕自己会这样。

再说，我横竖也进不了任何团体吧。要是进了一个团体，我也会受人排挤。我容易搞出乱子，又不考虑别人的想法，说话还太直。

户谷先生高中毕业的时候，他的父亲去世了。他接手红叶堂，雇起药剂师继续经营，自己则在药房的二楼作画。

不过，我基本上都睡到中午，因为喝酒或者看电视的关系。这样的生活，实在也有些吃不消（笑）。虽然画是一直在画的。我一度还打算等作品累积到一定数量就办场个展，可一拖再拖，三十岁、四十岁，一晃就过去了（笑）。

1970 年，二十六岁的他在如今已经不复存在的京都河原町的京都书院画廊举办了第一次个人作品展。之后户谷先生三十多岁的时候，每隔一两

户谷诚

年会在现代美术界的知名画廊——东京的真木画廊、村松画廊举办个展或参加群展。在此期间,1980 年,他又喜结良缘。

当时有一位学长说"在这种地方办展比较好"。"如果在普通的画廊办,你看上去就像普通的画家。你得找个像样的地方办展!"我就回答:"是!"(笑)只是即便照做了,也不见有什么反响(笑)。虽然也有人看了我的画说很有趣,但评论家之辈来了也只会说:"这是什么东西?"每个评论家都是这样。所以我不太会主动参与展览,基本上都是别人从我背后推了一把,大多是这种情况。

我的妻子是药剂师,她来到店里后,我的生活也发生了变化。我不可能使唤她在楼下工作,自己在楼上画画。如果这么做的话,会被她一巴掌扇倒吧(笑)。所以我自己也到店里帮忙,我是自愿这么做的。女人果真不简单。我们一起生活了差不多二十年。突然有一天,她坐车离家出走了(笑)。所以药房的生意也在那个时刻(结束了)……

将近六十岁时他把药房关了,第一次开始独自生活。面对突如其来的人生转折,户谷先生逐渐将生活的重心放在绘画上。

老婆离家出走后,一开始的两三年,我确实有一些沮丧,唉,不过心想也没办法,就专心画画。我画起画来反而更拼命了。我以前从来没有这么拼命地画画。

毕竟环境改变了,我变成一个人了。我有了很多画画的时间,再说我也没有别的兴趣。对……也许乍看之下,好像是把自己带入了可以好好作画的状态,可我觉得并非如此(笑)。但兴许事实真的是这样……

画是一种病，就像不知不觉喝酒那样不知不觉作画

◆ 店内物品照常使用——户谷诚的工作室。

一度中断了将近二十年的个展，也在他五十八岁时再次举办。据说现在他每个工作日上午打扫大楼，与此同时，每天的生活都"紧抱着"绘画不放。

  我现在是个清洁工老伯，去大楼清扫我负责的部分。因为是公司，周六周日休息。又是上午工作，所以时间上没有问题，但我们这个年纪就算多花时间也没什么进展（笑）。工作两个小时，休息一下，之后可能就这样不继续干了，有的时候也会吭哧吭哧再干一会儿。这段时间我开始觉得，并不是说只要花时间就一定会出结果。所谓状态好的时候，也不是常有的。
  我总是先把闹钟设在四点。闹钟响了，我磨磨蹭蹭拖一两个小时。五点半左右好不容易慢吞吞地走出家门。然后坐上六点五十六分的电车。

## 户谷诚

　　工作到中午结束，然后我就准备准备饭菜，运气好的话，就可以画个画（笑）。不过我真的提起画笔涂涂画画，差不多也就一两个小时的时间。这些日子其实我花在看的时间上更多。我只是盯着看，迟迟没能动笔。有的时候是自己没有足够的精力。

　　画画的人，偶尔也会重新拿出自己十年前的作品。但是如果盯着一部作品不放就有些太辛苦了。所以一幅作品我稍画几笔，放在一边，画不下去我就去画下一幅作品。总之十年里我都抱着这些没画完的画。一直盯着一幅画创作，真的不可能。

　　就算我不提笔作画，这里行人来来往往，汽车也常常经过，风景不会让人觉得腻。时而有女人经过，从这里正好可以看见腰的部分（笑）——好景常在。我有时也会画下来来往往等待红绿灯的行人的臀部。脸看不见（笑）。真是一件幸事。我也可能保持这个状态（手握画笔），一不小心睡一两个小时。我本没打算睡的，回过神才发现自己竟然睡着了。

言谈之间，户谷先生向我展示他手写在纸上的"履历表"。这两张 A4 大小的表格从十六岁高中入学开始，一直到 2022 年（平成 34 年[1]）七十八岁结束。我问他没有第三张了吗？他回答，"我写下这些的时候，觉得自己的寿命差不多就七十来岁。"

　　当时我觉得，我活到那个岁数就一命呜呼了。嗯……可能是酗酒身亡。不过，我最近滴酒不沾，之前明明不会喝酒还一个劲儿地给自己灌酒。我的身体会告诉我已经不能再喝了。如果去人多的派对，在那样的场合我会

---

1　户谷先生写下这份履历表的时候无法预测"平成"这一年号何时结束（2019 年）。按照现在日本的纪年方式，2022 年应是令和 4 年。

画是一种病，就像不知不觉喝酒那样不知不觉作画

◆ 充满怀旧感的昔日配药室的痕迹。

◆ 户谷先生绘画的时候，基本上都会放音乐。素描本堆在一起，旁边放着大量卡带（中图）。卡带中大多是广播节目的录音。像"童谣""民谣"等，饶有趣味。

◆ 曾经用来放药的陈列柜，现在成了书柜（左下图）。

◆ 工作室细节（右下图）。

户谷诚

◆ 还有一个架子——密密麻麻地摆放着收藏品。

◆ 手写履历表——从 1960 年到 2022 年。

画是一种病，就像不知不觉喝酒那样不知不觉作画

不知所措，我真的做不到主动与人搭话或是接别人的话题。我会把手伸向酒杯，喝个酩酊大醉，或是又会搞砸什么事情……这样的情况不断发生，渐渐也就没什么人理我了。就我一个人喝酒，久而久之我也就不喝了。不过这样对我而言再好不过。

我不是那种承担过多压力，搞得自己神经脆弱的人。该说我是很粗线条呢，还是不会考虑别人的想法呢，我真的只考虑自己的事情（笑）。可是我只要一喝了酒，就没时间画画了。喝酒的时候当然画不了画，喝完后的两三天也画不了。

我从年轻的时候，就一直不觉得以酒助兴能作好画。画不出来的时候，因为喝了酒，就一下子充满干劲下笔如有神——我应该没有这样的经历吧。画不出来就是画不出来。喝不喝酒，都画不出来。

听户谷先生说了好一会儿，也差不多拍完了他房间的照片。户谷先生邀请我"要不要也看一下二楼"。一楼是画室和厨房，二楼用来居住，但户

◆ 走上二楼，眼前突然出现这样一面墙——"这是我自己画的。"

◆ 面对街道，采光、通风俱佳的卧室。引人瞩目的是照明的顶灯被从天花板强行拉到枕边。

◆ 卧室的窗帘被卷了起来夹进壁橱里。

户谷诚

谷先生说小幅的作品也会在二楼创作。

因为以前户谷先生和家人一起住，上了二楼会经过好几个房间，进到最里面的画室，可以发现在桌子的旁边放着几卷圆筒状的物体。户谷先生随意拿起其中一卷，快速地把它在桌上展开。

这一幅长长的故事画卷，大胆地运用色彩、接连描绘出诙谐幽默却阴森恐怖的人物——让人联想到的不是日本而是墨西哥一带的幻想画。画的底部是卷障子纸[1]。宽约28厘米，长度无论是哪一卷都应该超过了20米。

户谷先生历经四十多年，画出了三十多卷像这样的大型长篇幻想画卷。其中只有一二卷在展览上出现过几次，大多卷都无人知晓。户谷先生本人也并不想让任何人知道。

"我想差不多了吧。"我刚要开口，就听见："再看最后一卷吧。"盛情难却，我看着画卷，脑海里浮现出终有一日"户谷诚·画卷展"对外开放的情形。画卷在美术馆的一面白色的大墙壁上，一边慢慢调整着高度，一边呈带状连绵不断地展开。欣赏时不是坐或站，而是像一部要边走边看的电影。观者被这些影像缠绕，一层层地深入户谷先生脑中的宇宙。

在一条冷清的商店街的深处，在一间没有冷气的房间里，他头上绑着毛巾不让汗水滴向画作，端坐在被阳光曝晒的榻榻米上，一心沉浸于眼前一点一点铺开又卷起的画卷中的图像——此时此刻正值盛夏午后。想到他在这间无人来访的房间，数十年如一日，在障子纸上描绘着只在自己脑海中展开的故事时，我突然语塞。对了，像这样的人，我只知道一位。在芝加哥一栋破公寓的房间里，一名老人长年默默无闻地画着美丽又残酷的画卷——他就是亨利·达尔格[2]。他也曾经做过医院的清洁工。

---

1　纸张的一种品类，障子纸常被用在和室的拉窗和拉门。
2　亨利·达尔格（Henry Joseph Darger, Jr., 1892—1973），一位与世隔绝的美国作家、艺术家。人们在他死后发现了15145页的幻想作品手稿及300多页的插画。

画是一种病，就像不知不觉喝酒那样不知不觉作画

◆ 里面的画室，似乎专用于创作画卷。

画不好卖，或者应该说不卖（户谷先生说"画卷是不卖的"）。他就这样不为人所知，勉勉强强地坚持走过半世纪的绘画人生。我最后问起他这么做的动力从何而来，户谷先生是这么告诉我的：

　　这应该是一种惰性，或者说应该是一种"病"吧，就像人不知不觉喝了酒，也不知不觉画了画（笑）。有了电视，不知不觉就会插上电源。不过我家里的电视（因为转数字信号）已经播放不出画面了，所以就拔了电源。让人开心的是，我和电视已经"切断联系"了。

但是，户谷先生和画却断不了联系。他说自己做的事情"就像随手涂鸦的逐步升级版"，不满也好，希望也罢，绝不会从户谷诚先生的口中听

## 户谷诚

到。他说自己最近一点一点试着做一些不同的事情。问到原因,他说:"要是每天都这么一成不变,一年很快就过去了,总有些怅然若失。"问起他在做什么不同的事情,他说:"回家的路上绕个远路,或是顺路去一家以前没有进去过的店。定睛一看是一家卖衣服的店。像是衬衫、鞋子,这些东西我到现在还没有自己买过,我只是去店里体验一番紧张激动的感觉。"

亨利·达尔格因为年老力衰从公寓搬到济贫院时,据说曾经拜托房东"把我画的作品全部烧毁"。正因为房东没有如他所愿,我们今天才能欣赏到他的作品。

因此,像我这般闯入户谷先生宁静的生活中,究竟是好是坏,我自己也无从得知。与达尔格不同,户谷先生是一名举办过个展的画家。不过,他最近一次举办个展是2006年,已经是六年前的事情了。问起近期有没有再举办个展的计划,他只是微微一笑:"如果我有决心又有机会的话……"

艺术家最终的目标究竟是什么?一幅画可以卖1亿日元?名扬世界?当美术大学的教授?抑或能够实现个人的表达?

也许户谷诚先生没有以上述任何一点为目标。他只是淡然地"像一种病一样,不知不觉"提起画笔,在画纸前静静地坐上一天又一天。

如果这种"得不到赞誉,也不以为苦"[1]的"不畏风雨"的画家真的存在,那么也许说的正是户谷诚先生吧。

---

1 出自日本著名作家宫泽贤治的诗《不畏风雨》。

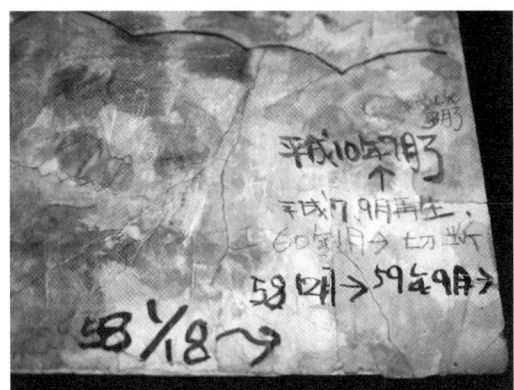

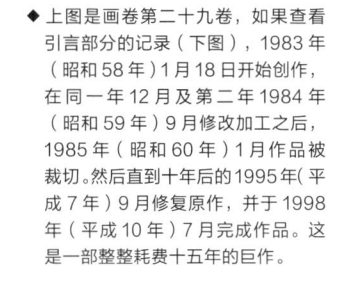

画是一种病，就像不知不觉喝酒那样不知不觉作画

◆ 上图是画卷第二十九卷，如果查看引言部分的记录（下图），1983年（昭和58年）1月18日开始创作，在同一年12月及第二年1984年（昭和59年）9月修改加工之后，1985年（昭和60年）1月作品被裁切。然后直到十年后的1995年(平成7年)9月修复原作，并于1998年（平成10年）7月完成作品。这是一部整整耗费十五年的巨作。

◆ 背面清晰地留下了画卷被大块裁切后又重新黏合复原的痕迹。其中到底有着怎样的心路历程？

169

户谷诚

◆ 将障子纸叠放在画好的草稿上。

◆ 摹画透过来的图案。

◆ 像这样给完成的线稿上色,是一种需要耐性的绘画方法。

# 达达贯

艺术家·偶发艺术表演者

如果可以什么都不做，那也不错

## 达达贯

从仙台站往南开车行驶只要十五分钟，直线延伸的南北新干线一旁有一栋小平房。附近就是一片广阔的临时住宅[1]群和一间好像全新的柏青哥[2]店。一片完全是钢筋水泥风格的郊区景致展现在眼前，唯独一栋年代久远的木结构住宅孤零零地留了下来。即便用"孤高"这样的词语也难以传达其分量，正可谓是活着的传奇。这里作为今年（2012年）九十二岁的前卫艺术家达达贯（糸井贯二）先生的住处，看起来再合适不过了。

1920年，糸井贯二先生出生于东京。他在太平洋战争中好不容易捡回性命，三十岁以后，以"艺术家·达达贯"的名义崭露头角。他没有留下像绘画、立体雕塑这类有形的作品，而是选择了用自己的肉体采取达达主

---

1  由于地震、台风等自然灾害，由各都道府县为灾民建设的应急临时住宅。
2  一种弹珠游戏机，弹珠如果落入指定位置就能获得奖励。

如果可以什么都不做，那也不错

◆ 达达贯的住所，据说是由从中国东北回到日本的建筑家设计而成。墙壁上的裂纹也独具风格。大地震前就是这样。

义[1]者的行动方式，实践了"全裸跑过城镇"这一偶发艺术。他作为日本，或许是全世界最强的偶发艺术家风靡一时。之后，从20世纪80年代开始，他将杂志等剪成阴茎的形状，连同信件一起寄出——他在生活中专注于这种"信件艺术"，已经三十多年了。

达达贯配合着东京奥运会[2]，全裸奔跑在银座四丁目的十字路口时，我还是一名小学生；大阪世博会他在太阳塔下全裸现身的时候，我是中学生，所以之前我无从得知这样一位人物的存在。

长大成人后，我对战后日本非同一般的前卫艺术产生了兴趣，也知道

---

[1] 达达主义（Dadaism）是第一次世界大战时期出现的一种艺术流派，它颠覆传统的文化和美学形式，拒绝既有的艺术标准，追求清醒的非理性，视机遇与偶然性为艺术创作的基础。
[2] 指1964年的第十八届夏季奥林匹克运动会。

达达贯

了达达贯的相关事迹，但是我当时做梦也没有想到这样一位传说般的人物竟然活跃于当下。大约五年前，我通过竹熊健太郎先生的著作《了不得的人们》（必读书！）了解到了达达贯先生的近况，并于第二年——2008年，在银座和东高圆寺两处会场举办的《米寿八十八岁纪念·达达贯2008 糸井贯二·人与作品鬼放展》上再次确认了这位传说人物的"现在式"。就在我想着有朝一日要与他见上一面的时候，我认识了几个崇拜达达贯的仙台年轻人，并在他们的带领下得以拜访了鬼放舍（达达贯的住处）。

据说达达贯先生已经许久不与媒体往来了，他邀我来的理由之一，照他的说法"因为'都筑'也是我第二任妻子的姓，我感到有些命中注定……"首先，我要感谢这次相遇。

先整理一下达达贯的简单履历，大致如下。

1920年（大正9年）出生于东京都新宿。三岁时经历关东大地震[1]。二十五岁在鹿儿岛县伊作山，接受用身体冲撞敌军战车的自爆特攻训练时，迎来日本战败。战后他曾参加了第一届国民体育大会、大分县民体育大会——作为体操选手活跃于各项赛事。

1951年（三十一岁）在第三届读卖独立展上首次展出作品。1957年于银座求龙堂举办首次个人作品展。（之后举办过十次个展。）1958年，于第十届读卖独立展上再次展出作品，之后，每年都有作品展出，成为在该展上展出作品的常客。

1962年（四十二岁），他参展的作品被第十四届读卖独立展拒绝展出并撤下。同年年底，他在九州派的"英雄们的大集会"及大阪市内接连展开偶发艺术活动。第二年，他又在独立展的会场——东京都美术馆前，与偶发

---

[1] 1923年9月1日发生在日本关东平原的强烈地震灾害，震级为8.1，造成十万余人罹难。

如果可以什么都不做，那也不错

艺术组织 UNBEAT 的中岛由夫[1]等人发起抗议展览的裸体偶发行为，被带到了（上野）公园派出所。在这以后，他陆续在室内外展开了多次过激的"裸体仪式"（偶发艺术）。

1964 年，达达贯在仙台独立展上展示作品并进行偶发艺术表演。同一年的 10 月因进行"庆祝东京奥运·银座裸奔"而被逮捕并送往练马精神病院封闭住院一年。1970 年（五十岁）再次因为"大阪世博会·太阳塔下裸奔"而被警察机动队逮捕。

1972 年他开始在宇治专心看护母亲。1979 年母亲 TOYO[2] 去世（八十五岁）后，他结束了七年的看护生活，回到了仙台自己的住处。

从 20 世纪 80 年代到 2008 年，他大声疾呼"反战、和平、废除核武器"，通过使用"纸阴茎"的信件艺术与朋友和社会进行沟通。另外他在仙台的住处——鬼放舍，继续为来访者私下表演着"裸体仪式"。

（摘自达达贯 2008 鬼放展作品目录）

达达贯是父亲糸井辰八郎、母亲 TOYO 的次子，出生于东京新宿的淀桥町柏木。以西新宿东京都副中心为起点的青梅街道北侧，就是柏木。现在，那一带是高楼大厦拔地而起的北新宿。

那里过去似乎是杜鹃花胜地。当时从新宿开始一路上都是长屋和一栋一栋的房子。经过我们的房子，再往里走几步，就是大杉荣[3]的住所。我三岁的时候，发生了关东大地震，地震的时候我走到外面，发现一个人穿着和服、瞪大着眼睛。直到后来当我看到大杉荣的照片时，才发现原来那时

---

1　中岛由夫（1940— ），日本前卫艺术画家。
2　母亲的名字中"豐"的日语发音。
3　大杉荣（1885—1923），日本无政府主义者，思想家、作家、社会运动家。

## 达达贯

候看见的就是他呀。震后没过多久,他就被甘粕(正彦)[1]大尉杀害了。

达达贯先生的父亲出生于大分县,曾是一名小学教师,后来早早地转入了实业界。他受到汤浅金物(现在的YUASA商事)的社长赏识,被提拔为秘书,后来在仙台开始经营工厂。母亲在料理好家事的同时,也是一位有着"丰女"俳号的女俳人[2]。1954年起,在仙台发行的俳句杂志《游》,刊登过署名糸井贯二的版画,同时也收录过数篇其母"丰女"的俳句作品。

父亲完全没有那方面的细胞,母亲则是热衷俳句。那时候像冈本加乃子[3]这样的女性作家并不少。当时还发生过母亲写下来并打算投稿的作品被父亲发现、付之一炬这样的事(笑)。

贯二八岁的时候,一家人从新宿搬到了大森。他从当地的"寻常小学校"[4]进入了成城中学,并加入了器械体操[5]部。这一成果在日后得以展现。从成城中学毕业后,他进入了东京高等工业学校(现为芝浦工业大学),二十一岁时退学。他在原籍的大分县接受征兵检查,因为痔疮被判定为乙种合格,又由于持有驾照,应征入伍成为坦克兵。但他免于参军,战争期间几乎都以公司职员的身份在京都度过。

---

1 甘粕正彦(1891—1945),曾任宪兵大尉,关东大地震后,杀害了日本无政府主义者大杉荣和他的妻子伊藤野枝。
2 作俳句的人。俳句是由17音组成的日本定型短诗。
3 冈本加乃子(1889—1939),日本大正、昭和年间的小说家、和歌诗人。
4 "寻常小学校"即普通小学。1896年根据小学校令设置的小学,对满六岁以上的儿童实施义务制初等普通教育,学制初为四年,1907年改为六年。1941年改称"国民学校初等科"。
5 使用单杠、鞍马、平衡木等固定器械的体操。

如果可以什么都不做，那也不错

我小的时候，是一位"向前向前向前"的军国少年，那时候大家都是。从中学的时候开始，就被严格管教，成城中学就像是一所军人学校，很多人毕业以后去了士官学校。后来我到了二十岁接受了兵役检查。在原籍的大分县的中津接受了检查，结果是第一预备兵。并没有成为现役三年的士兵。

后来在京都工作的时候，我成了西阵织[1]屋的上门女婿，结婚成家。那应该是昭和19年（1944年），那一年我的长子也出生了。但过了三年我就离婚了。我再婚之后也是过了差不多三年又离了，再往后我就打消了结婚的念头了。结婚差不多只能坚持个三年吧（笑）……我的前妻们都是很出色的人，是我这个人不行。

◆ 据说这幅是庆祝父亲辰八郎还历（六十岁）时，请肖像画家为父亲作的画。

◆ 被誉为"现代第一连句与俳石的机关杂志"的《游》的封面（左图，仙台文学馆藏）。所谓的俳石是指一种把捡来的石头比拟为其他事物的游戏。在《游》的第一页刊登了由糸井贯二作的俳石版画。这张版画与"破戒""寒风"等词语相映成趣，妙不可言（右图）。

◆ 保留在房间一角的素描本里的年轻时代的作品。典雅有致。

---

1 京都西阵出产的绫子、织锦缎、缎子等高级丝织品的总称。

达达贯

◆ 玄关旁的架子上点缀着俳石"单酒窝"。

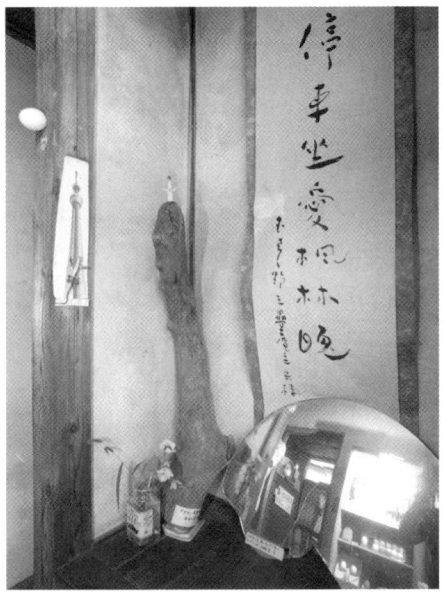

◆ 进入玄关后即是展示区。破损的镜子上留着"达达贯宅角的曲面镜偶发艺术 2008.2.1"字条。

◆ 室内各处都有这样的展示区或是"遗留品架"（上图）。蛋一直是达达贯作品中不可缺少的重要题材（中图）。往蛋壳里仔细瞧，竟然有裸体照的拼贴画（下图）。

◆ "洗手间"标识也是亲笔所写。

如果可以什么都不做，那也不错

战争结束的那年，1945 年，达达贯因为国民总动员令被征用为劳力，在九州筑丰的大峰煤矿（田川郡川崎町）从事煤炭劳动。因为前方战况恶化，他被重新召集并加入了熊本的坦克部队。

那个时候……我原本应该要去战场的。但是日本已经没有任何船只了。后来我们在鹿儿岛一处叫伊作峠的山中，在敌军可能登陆的国道旁的树丛中挖单人战壕。美军坦克一旦开上国道向鹿儿岛的市区进攻，我们就会从那些战壕里跳出来，把炸弹投进履带的下方……我们是敢死队。我们正在进行这一训练时，听到了玉音放送[1]。刚才耳边还是训练时的"给我抱着炸弹撞上去"。听完广播，我哭了。每个士兵都哭了。

九死一生的糸井青年，在战争刚结束的一片混乱之中，回到曾工作过的大峰煤矿再次工作。与此同时，他热衷于器械体操，还在战后的第一次国民体育大会上，作为体操项目的代表选手出场。

战争结束以后，找不到工作。挨饿也不是办法，我就开始练体操了。配给的物资不够用。说是如果去练体操，在那里可以吃到三合[2]的米饭。有的时候我也去煤矿干活儿。

1949 年，他从大分的煤矿回到东京，成为芝浦冷藏库的职员（在这里他也工作了差不多三年），当时他已经二十九岁了。

---

1　1945 年 8 月 15 日，昭和天皇亲自通过广播向全体国民发表战争结束的诏书，表明日本无条件投降。
2　日本度量衡制尺贯法中的体积单位，1 合是 1 升的十分之一。

**达达贯**

冷藏库的工作真的很辛苦。我和搬运工一起，把超过 60 千克的剑鱼一路扛到冷冻库，所以倒是锻炼了身体。不过，完工庆祝的时候，我总是被要求喝很多酒，因为很有兴致，我也就一饮而尽，长此以往有点伤肝。我觉得这样下去不行，于是就辞了工作。当时老爹在办工厂，好像问过我要不要来。我就来到了仙台，还再婚了。这下我稍微认真了起来（笑）。

从东京搬到仙台是 1952 年的事情。在此前一年，糸井贯二三十一岁的时候，第三届读卖独立展上展出了他的首件作品。这是艺术家·达达贯的首次亮相。展出的作品据说是一个彩色蛋的原物体艺术[1]作品。

当时在独立展上展出的就是蛋的作品，虽然没有留下照片。像读卖独立展是没有审查可以自由展出的，有名的作家或是学生都能展出……我也受到了启发。（当时）渐渐开始出现了该说是即兴表演或是……总之是一种使用身体的艺术表现形式。这个嘛，因为我是练体操的，总觉得挺适合我。

"我来仙台第一天，呼吸着这里的空气，就感觉与东京不同。"但是，这样的仙台生活，两年就落下了帷幕。达达贯一家人搬到了东京大森，第二年他与第二任妻子离婚，他一边抚养孩子，一边投身于（现在人们所说的）行为艺术活动。这一状态持续了十多年，一直到 1967 年（昭和 42 年）。这也是一趟漫长的偶发艺术之旅。

其实，我并不是因为想当画家而拼命努力的。至于达达主义，也是因

---

1　现代艺术手法之一，把日常用品、自然物等从其本来的功能和应有的场所分离出来，原封不动地作为独立作品进行展示，并赋予象征性的意义。

为我读了江原顺[1]先生翻译的《达达主义的冒险》（*L'Aventure Dada*，原著乔治·于涅[2]）这一绘本，而感触颇深。第一代达达主义者有好几位，他们性格各不相同。不仅有画家，还有摄影师、拳击手。我也受到了他们的影响。

年轻的达达贯几乎倾注了自己三十多岁的所有时光。昭和30年代（1955—1964）的日本美术界正值波普艺术登场的前夕。战后从前卫派到具象派，从非形象派到行动绘画等，涌现出一股股混沌的能量。达达贯不仅在读卖独立展上，也在东京的画廊里持续展出了实验性的作品，展开了一连串的活动。1962年的第十四届读卖独立展上，由于参展作品被认为太过难懂、庸俗，他遭遇了所有作品被拒绝展出的惨痛经验（此时他已经四十二岁了）。而他的这类过激行动达到顶峰的事件就是1964年10月的"东京奥运会'性火'[3]白面男子全裸奔跑"。

◆ 昭和30年代，在大森努力育儿的时候。

那个时候，我坐夜间列车到达东京。那是奥运圣火传递经过银座大街的前一天。于是我穿上了一条红色的兜裆布，披上一件外套，卷起报纸，拿在手里，站在十字路口。红绿灯一变成绿色，我就脱去外套从服部钟表店前跑了起来，又啪的一声解开兜裆布。然后我把兜裆布塞在报纸里，当作圣火（笑）……只听见一旁的女性哇的一声尖叫了起来。

---

1　江原顺（1927—2002），日本昭和、平成年间的美术评论家。
2　乔治·于涅（Georges Hugnet, 1906—1974），法国版画家、诗人、作家。
3　日语中"性"和圣火的"圣"发音相同。

达达贯

◆ 1971 年在《周刊少年 Sunday》的"怪异艺术专刊"上刊登的著名的"不要杀戮！"照片（当时这本漫画杂志做了很棒的专刊）。1967 年，在《华盛顿邮报》刊登的"给越南和平！市民联合"组织\*的反战意见广告中，有冈本太郎写的"不要杀戮！"字样。受此触动，达达贯在仙台街头进行了表演并被拍下。（摄影：羽永光利）

\*　日本激进组织，抗议越南战争期间日本对美国的援助。

◆ 仙台市内的即兴演出。1970 年前后。

◆ 向我们展示剪贴簿⋯⋯将旧照片和剪下的色情照片混合在一起，十分有趣。（达达贯的所有黑白照片均由羽永光利先生拍摄）

对面就是派出所。我被抓到派出所接受问讯,然后就被直接带到了筑地警察局。我那个时候的发型应该是莫西干头。在进行这样的"仪式"之前,我都会去理发店理一个莫西干头,那是模仿筱原有司男[1]。从那以后,我一直没有回家。

筑地警察局判断我的行为有些不正常,于是我就被带去了练马的精神病院。如果只是待一小段日子,我觉得会是很有趣的体验,谁知几乎整整一年我都没能出来。还有漫画家想听我的这段经历,特意带着自己画的书跑来见我。到最后我还是在拘留所里看的奥运开幕式。因为我是留着莫西干头进来的,大家都从栅门里对我喊:"圣火来啦,莫西干头!"(笑)

因为在精神病院里什么样的人都有,我受到了很大的影响。像他们那种单纯天真的人,该怎么说呢,绝对不会耍什么阴谋诡计。有的人默默地抄写报纸标题上的字,有的人对着书桌一针一针地拆开裤子,最后弃如敝屣。这就是那些人的工作。

我当时觉得没什么大不了的,差不多三个月就能出去,但是没有人来接我,一个也没有。说是与其放我在外裸奔,还不如把我送进这里比较好……在这期间,妹妹和妹夫觉得我怪可怜的。我的母亲也算是个艺术家,于是加上母亲和外婆一行差不多四人吧,过来把我接了出去。

告别了将近一年的住院生活,四十五岁从精神病院出院。达达贯立即回归到艺术活动中。1969年左右,育儿生活也告一段落,他开始一个人生活。如今,他独居已超过四十年。"乌鸦或毛虫之舞""细筒裤'黑人'健在

---

[1] 筱原有司男(1932— ),日本现代美术家。莫西干发型是一种剃光两侧只留下中间部分的发型,据说筱原是日本第一个留莫西干发型的人。

## 达达贯

问候仪式""追悼松江KAKU[1]自焚未遂之红裈之舞""格瓦拉风大腿斩《不要杀戮》仪式"……光是看着当时偶发艺术行为的标题就让人乐不可支。不过,在这些偶发艺术中,最具话题性的是1970年的"世博会全裸奔跑15米"。当时达达贯已经五十岁了。

全裸跑发生在大阪世博会开幕大概一个多月后——4月27日。此前一天——4月26日,一名头戴写着"赤军"[2]的头盔的男子(其实他和赤军无关),高喊着"粉碎世博会",爬上了太阳塔,坚守在太阳塔脸部的右眼处。他坚持了八天,直到5月3日,被人们称作"眼珠男"。就在这场大骚动期间,达达贯在太阳塔下全裸奔跑,很快就被警察机动队逮捕。

根据他本人的记录:"在大阪世博会的太阳塔下,被机动队制止并逮捕。在警备总部记录供词,四小时后被释放。调查官声称要拍下照片作为证据,让我再次全裸,并在众目睽睽之下拍下了照片。因为1964年至1965年我曾在东京练马的一家精神病院住院,他们几乎已经决定再把我送到精神病院,当时我之所以能够释放多亏住在大阪的弟弟为我拼命辩护。"(摘自2008年展览时上原诚一郎制作的年表)

两年后,1972年,达达贯的生活迎来了重大转折。母亲TOYO因为风湿病恶化入院。从那时开始,差不多七年的时间里,达达贯"封印"了几乎所有的艺术活动,悉心照料护理父母。

> 当时父母真的需要看护,我的兄弟都有固定的工作,两个妹妹也有各自的家庭。我正好闲着,就轮到我来负责。于是我在早饭前到达父母家,给他们吃完晚饭后,再返回自己的住处,像这样过了七年,直到母亲去世。

---

[1] 松江KAKU(松江カク,1935—1984),日本艺术家,是一个叫KUROHATA(クロハタ)的前卫美术团体的核心人物。

[2] 日本赤军是一个极左派武装组织,曾被美国国务院认定为国际恐怖组织之一。

如果可以什么都不做，那也不错

那段时间，我把自己仙台的住处上好锁，大概每三个月回来一次。只是因为有时候漏雨需要修理才回来。

虽然有人对我说这样很辛苦吧，但我并没有这么想，也没有什么不满。也有人邀请我："要不要做回达达贯？"但在那段时间的艺术活动我一概没有参加。我甚至没有给仙台的挚友写信。我这样做是为了弥补我长久以来的不孝（笑）。

◆ 大阪世博会·太阳塔下"全裸奔跑15米"事件。

1977年，父亲去世，1979年母亲离世，达达贯结束了七年的看护生活，回到了仙台自己的家。那一年虽然他也陆续展开了"仙台站前第一次偶发艺术：站前行人站台裸奔""仙台站前西武百货商店内，参观学习加入男根插画的服饰之偶发艺术"等活动，但转年——1980年，迎来六十岁生日的他，开始专注于用信件来进行艺术表达的"信件艺术"活动，同时为拜访自己住处的人们表演"裸体仪式"。

◆ 拜访达达贯的住处后，获赠的信件艺术！

所谓的信件艺术，是指在达达贯写下的信件中，同时附上包括从凹版杂志剪下的内容、剪成阴茎形状的报纸，一同寄给熟人、朋友等。之后也

达达贯

◆ 听说即便没有访客，每天也会做全裸倒立替代瑜伽。窗户上没有窗帘，从外面一览无余！

会收到他们的回信。而所谓的裸体仪式是指发挥自己以前擅长的器械体操的技巧，在客人面前，全裸登场，用头和两手三点为支撑完成精彩的倒立并开闭双腿的表演。像这样，达达贯在自己的住处展开着活动，至今已经三十多年，并依然静静地持续着。

初次相见，这位传说中的艺术家微笑着把我带进屋里，在一间对着院子的起居室，将他的前半生对我娓娓道来。"差不多该开始了吧。"之后，他留下这句话，就消失在里面的房间，然后又出现在玄关一旁的小房间，穿着一条画着蓝色大象的短裤粉墨登场。也许是为了计时，他上好八音盒的发条，迅速脱下短裤，在椅子上毫不费力地向我展示了头手倒立。

他缓缓地张开腿，又闭上腿。仔细一瞧，在阴茎的前端正好套着一颗上色的蛋。这颗蛋可能是黑色、白色或是水珠花纹，似乎全看当天的心情来替换。

到底过了多久呢，也许不到一分钟吧，这段时间好像特别漫长，但又让人觉得转瞬即逝。就这样，我仿佛还没有来得及细细品味眼前这位即将九十二岁的老人头手倒立的光景，他已经唰一下双腿着地，穿上短裤，双手合十深深鞠了一躬。裸体仪式顺利结束。

达达贯有兄弟姐妹、孩子、孙辈，现在连曾孙辈都有三人。然而自从独居以后，他的每一天过得比以前更简单、更从容。

◆ 九十一岁高龄真让人难以置信——看这精彩的开腿姿势！仔细一瞧，阴茎前端有一颗黑色的蛋。双腿伸得笔直，闭拢又张开。

达达贵

◆ 然后放下腿静静着地。

  我的习惯是早上天一亮就起床。然后早餐稍稍吃一些。因为有人送了我很多袋装粥。粥很不错。我今天也喝粥。然后到了午饭时间，我午饭的分量也少，不怎么多吃。我在屋里转来转去，差不多到四五点的时候肚子就饿了，这个时候我已经要吃晚饭了。如果放在睡前九点左右吃的话，会因为消化不良，无法熟睡。

  睡觉前，因为我喜欢晚上播的西方电影剧场，九点左右开始，如果有好片，我就会看，看到差不多十点半吧，然后就睡觉。到了那个点，已经没有什么好的节目。我睡得很早。

  营养这方面，我从以前开始就很注意。虽然只是粗茶淡饭，但我很注意让自己不要营养失调。开销也小，我买的都是最便宜的食材。鲜鱼什么的太贵，我就买鱼罐头，买的也是最便宜的像是沙丁鱼、鲭鱼什么的来补充蛋白质。还有就是鸡蛋了。鸡蛋可是我的命根子。现在鸡蛋够便宜，就吃鸡蛋，鸡蛋还能生吃。

而且蛋还不同于椭圆形，形状很不错。NHK 的广告什么的还大量使用了蛋形，LOGO 里 N、H、K 三个字母各自放进了蛋里。蛋形果然是一种自然的形状吧。并不是所谓的正椭圆形，这点很有趣。我从年轻的时候开始就不抽烟，要是我又抽烟又酗酒，现在早就不在人世了吧（笑）。

以往为了支持自己的艺术活动，达达贯时不时会干一些类似兼职的轻体力活儿，但他一次也没有从事过固定职业。从 20 世纪 80 年代开始做的"信件艺术"，他也一口咬定只是为了"消磨时间"。

我在这里，只是消磨时间而已。大家都觉得画画的人就是要画画嘛。我没有在画画，我在拼贴画。就把色情杂志剪剪贴贴，这些杂志也是不同的人寄给我的，我从来没自费买过一本。

我也没有考虑过发表我的作品，过去的作品都捐赠给了支持我的人。我手头上没有留下任何一件，我也没有什么执念。就算我自己留着最后也会不知所终，说不定什么时候又会遇上灾害。（让别人替我保管更）值得庆幸。

我和邻里之间也不来往。不是有社区传阅板吗，我也被免除这项任务了。我儿子偶尔会来这里留宿，但是我们互相还是会顾虑到对方的生活。儿子更在意这点，有时一大早就跑去柏青哥店了。

达达贯悠闲地把背靠在外廊与我交谈，他的左手一侧放着一个像是靠手的盒子。仔细一看，原来是装洗涤剂的塑料盒。"那个是什么？"我不禁问。

达达贯

◆ 在面对院子的起居室享受惬意时刻。火盆上的是电炉。

◆ 常年使用的厨房。

啊，这个是我的包。里面有手账、银行存折，放了各种各样的东西呢。现在上面的把手掉了，我之前还拎着这个去过东京。东京电车不是很拥挤嘛。这样把它放在地上还可以用来坐呢。

于是他向我展示了存折。存折上显示每两个月会有一笔46450日元的进款，每个月进账2万日元多一些。有时候扣去水费、电费、煤气费，余额只剩下几百日元。

是的，我就是靠这笔年金来过日子。这是我的全部财产。别的就是（20世纪）70年代反战运动的时候，我成了三菱重工一股的股东，股息差不多有个1到2日元（笑）。因为父母把这间房子留给了我，我才可以靠它生活下去。

如果非要说自己的特点的话，是"什么都不做也不在乎"这一点。达达贯说："我小的时候就听妈妈和附近的大婶聊天。大婶说这个孩子什么都不做也不在乎。我现在也是，什么都不做也不在乎。独居，不寂寞。"

因为是独居生活，达达贯有时不得不出去购物。这几年，他在外出途中曾倒下磕到头部或是中暑，好几次让周围的人为之担心。无论他自己再怎么在家闭门不出，来拜访达达贯的人也络绎不绝。但凡有客人来，他就与他们相谈甚欢，还会展示倒立，花了不少心思。"有很多优秀的人来，我也无法拒绝。所以，这次是最后一次了。"他笑着这么说，但或许如果又有人前来拜访，他也会像对我一样热情招待吧。

出色而纯粹的人生选择："我喜欢体操，所以选择了使用身体的艺术。"尽可能无所作为又平心静气的心性："工作很累人吧。"还有闪耀着光辉的温柔。这些全部集中在一起，创造出了如此难得的一人。

达达贯

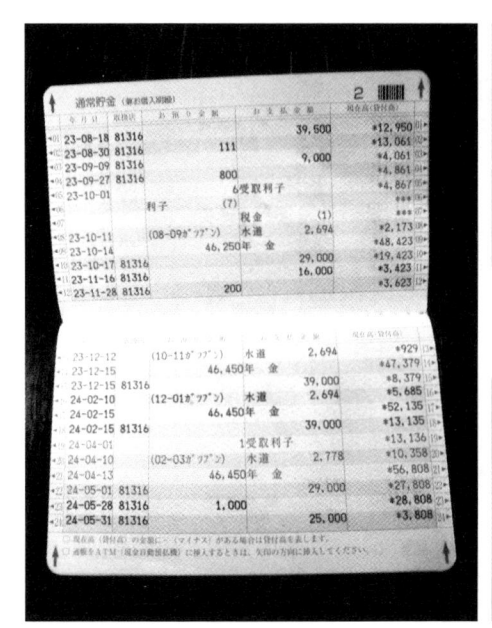

◆ 洗涤剂 Dash 的盒子，是达达贯的靠手也是他的包。打开盖子可以发现里面塞满了手账、笔记本。

◆ 他向我们展示了写得密密麻麻的备忘录（右）和银行存折（左）！收入之少令人吃惊，两页之间竟然横跨九个月，金额鲜少出入也让人惊叹。

如果可以什么都不做，那也不错

◆ 起居室的墙上，写满了来访客人的签名。

达达贯

牛心上校[1]不在加利福尼亚的沙漠,而是藏在仙台郊外的一间陋室中。他没有坐看世事变幻,而是以倒立之姿看颠倒中的世事流转——他是"Fool on the Hill[2](山丘上的傻瓜)"。

他不在意裸奔被捕,他不在意周围的人投以何种目光,他不在意辛苦做出的东西从自己手边消失。即便没有钱,吃的东西只有"院子里的蒲公英",他也毫不在意。

这般心境便是人们所说的"悟"吧。(采访合作人:小池浩一)

---

[1] 牛心上校(Captain Beefheart)是多恩·凡·弗利特(Don Van Vliet, 1941—2010)的艺名。美国歌手、词曲作者、视觉艺术家。
[2] 巴西音乐家塞吉欧·门德斯(Sérgio Mendes, 1941— )1968 年发行的音乐专辑中的一首歌。门德斯与 Brazil'66 组合曾在大阪世博会期间演出此曲。歌词中写道:"山丘上的傻瓜,注视着太阳落下,观察着世事流转。(...the fool on the hill, sees the sun going down, and the eyes in his head, see the world spinning around.)"

# 荻野由纪子

早稻田松竹电影剧场保洁员

不会觉得无聊，
因为头脑中没有一刻空闲

荻野由纪子

有好的二手书店、二手唱片店和"名画座"[1]——这是我长久以来深信的宜居街区的条件。

然而如今我已经鲜有时间亲手接触旧书或者旧唱片，也没有体力把身体靠在名画座的椅子上欣赏两三部中意的电影。即便如此，我走上街偶尔遇见以前常去的名画座，看见那里贴着正在上映和下周上映的影片海报，总是会潸然泪下。即便没有时间进场，也没有体力观看，我还是会尝试阅读电影介绍。

饭田桥银铃会馆、三轩茶屋中央剧场、银座 CINE PATHOS、浅草中映……以及位于高田马场的早稻田松竹电影剧场仍然努力经营着。几年前，这里进行过内部整修，听说现在座椅配置舒适，还带有杯托，然而昭和风格的外观——那种难以名状的起伏曲线，就和三十多年前我翘了高中和补

---

[1] 专指那些以放映日本及海外老电影为主的电影院。

习学校的课，泡在这里的时候一模一样。

从早稻田的学生到老牌铁粉，早稻田松竹电影剧场深受广大观众的喜爱。精良的节目自不用说，它还拥有一个其他电影院几乎看不到的特色——剧场入口、大厅的角落、厕所的架子上……稍稍留神就能发现一件件有趣又可爱的手工艺品。

放配菜用的食物托盘、上刺身时的塑料竹叶、牛奶盒、零食的附送品……仅仅用这些日常不用的材料堆放成妙趣横生的小型造景。虽然每件作品都很小，但如果仔细观察，脸上的神情会不由得轻松起来——有一种温馨的感觉。不仅如此，过一周再来，还会发现这里不露声色地换上了新作品。

这也被认为是早稻田松竹的隐藏人气点。制作这些工艺品的便是荻野由纪子女士。她是早稻田松竹最老资格的"教母"，然而她既不是电影剧场的放映员，也不属于管理部门。每天早上，她会把剧场的角角落落打扫干净——她是保洁阿姨。

据电影剧场的经理菊田真弓女士说——

> 荻野女士在我们职员当中也是最老资格的了。她在十年前剧场重开（2002年电影剧场一度闭馆，后因复馆运动在同一年再次开放）之前就在这里工作了。从那时候开始，她就一直把自己在家里完成的作品带到剧场来。
>
> 这些作品大多装饰在厕所，不过她也常常更换厕所里的作品。大概一周两次的样子。我觉得到现在已经有100件以上的作品了。更换作品的时候，她会把旧的作品带回家，也有可能到了第二年夏天，再把作品重新摆放出来。她还会根据时令摆放出正月版、七夕版的工艺品。在我们办公室里也摆放了不少，大概40件。
>
> 荻野女士早上五点就来这里了。不用说，她是最早出勤的。她坐首班

荻野由纪子

车过来，然后六点半左右回去。所以我几乎见不到她（笑）。她之前会工作到九点，差不多剧场开门的时候。最近因为身体不适，她自己也感到力有不逮，我就和她说，只要您觉得可以继续干，来一个小时也没关系。

我们的网站上甚至还开设了荻野女士的专栏。观众当中有许多荻野女士的粉丝，她在工作人员中也很受爱戴。她真的非常用心。你看，在垃圾箱里放着的塑料袋，外面露出的部分会被看见。荻野女士会说，像这样露出一点放的话看起来更漂亮。

剧场入口的玻璃门也是荻野女士负责的，她不让我们碰（笑）。她把玻璃门擦得亮堂堂的，没有一点模糊的地方。这是因为她把抹布浸在热水里用力拧，再用带着热水的抹布把玻璃擦拭干净。她不用玻璃清洁剂。她说如果用清洁剂擦，从玻璃侧面会看出彩虹。要擦出那样的透明感，用热水是最好的。她就是这么讲究。窗户是由其他工作人员负责的，但现在他们也效仿荻野女士，人人都用抹布浸热水擦了。

她坐首班列车来，把剧场内打扫得干干净净，其他工作人员来的时候她早已不见踪影。不过只要稍一留神就会发现摆上了新做的工艺品。这位神秘的"教母"从高田马场站坐西武新宿线直达上石神井站的住所——荻野女士就住在那里的都营小区。小区大概是昭和30年代建成的，她生活在一间都营住宅中非常少见的跃层公寓单元，听说已经四十多年了。

（行走在公寓前的庭院）这里面积很大吧。住着1000户家庭呢。听说我住的地方六年后会拆除，建一所幼儿园。这里的庭院和路边，拔除杂草都是我来做的。一直到对面的里面，全都是我拔的。因为已经杂草丛生又没有人管。你看，这是牵牛花，这株白色的是曼珠沙华。白色的曼珠沙华和红色的并排盛开时，会带上一些颜色哦。这里不是还有小花嘛，我会

不会觉得无聊，因为头脑中没有一刻空闲

◆ 名画座界的良心——早稻田松竹，还保留着昔日的外观。

◆ 往自助售票机旁的树丛定睛一看……

◆ "荻野女士专区"悄悄亮相。

◆ 素材多种多样，但都是废物利用。

◆ 公仔和其中的附言（"大家还好吗？"）让人喜上心米。

## 荻野由纪子

留下这种自然生长的花朵，然后拔掉其他杂草，只剩下苔藓。孩子们总想单脚嗵嗵嗵踩着这样的砖块走，如果有落差会很危险，我就从工地现场搬来土，把落差填平。

荻野由纪子女士1934年出生于保谷（现在的西东京市），今年（2012年）七十八岁了。

现在这里是西东京市泉町，以前是北多摩郡保谷町。周围都是田地，大家都是农家。我的父亲去豪雅玻璃有限公司上班，做的是照顾社长日常生活这样的工作。他并不是秘书，因为他完全不会读写。他做的是像擦桌子、跑腿这样的工作。所以我也曾在豪雅工作。玻璃在制作成眼镜之前，里面会有气泡。我要在玻璃上做一个圆形标记，剔除这个部分，尽量不让眼镜里混入气泡，我做的就是这样的工作。

以前，出于教育修身的需要，我被家人说："你去外面闯荡一下！"于是我就去外面做帮工。我在我们家五姐妹里排行老四，因为我这个人不怎么会说话，家人就说你去商店做生意试试。在我们那个时代，有的中学只教到二年级。我同一届的同学家里是做生意的，说我只要去那里的话，就会多少变得比较会说话。当时我的外号可是"地藏菩萨"（笑）。家里都是女生，又是五姐妹，我没有必要能说会道。

初中毕业以后，我被送到亲戚家一个做燃料相关的工作的地方帮工。后来，我和亲戚家那边一个男的在一起过日子了。我的丈夫有三任母亲，中间有各种原因，第三任母亲只爱她和现任丈夫的小孩。于是我丈夫成了性情乖僻的哥哥，后来被一个一脸粉白的女的[1]缠上了（笑），因此被逐出

---

1　这里指艺伎或做酒水生意的女性。

家门。我在自己家也不易,家人说只要我在家,妹妹也找不到好姻缘,便赶我出门。我就出去闯了。所以我和我丈夫两个人休息日在石神井公园散步,四目相对:"我们两个麻烦人物怎么在一起了?"(笑)

我们结婚的时候真的什么都没有。我们租了西大泉的农家的一间房。应该是我二十三四岁的时候。我丈夫做燃料相关的工作,我在豪雅就职,除非我们两个都工作,不然真的没饭吃。但是一间房实在太小了,我们就搬到了现在大家所说的 2DK(两居室带餐厅兼厨房)

◆ 从工地现场搬来土把路肩的高低落差填平,这样孩子们就可以安心地玩耍。

的房子。但是那里晒不到太阳,所以我的一个儿子得肺炎去世了。真的很可怜,死的时候才一岁。不过孩子去世的时候,我丈夫已经在外面有花头了(笑)。该说他是好女色吗?不过他内心也真的是很寂寞吧。你看,他从父母那里都没有得到什么疼爱。到最后,他还是被那种女人骗走了。他回到家的时候,(儿子)已经火化了,他的表情看起来怅然若失。

这之后,我更讨厌这种晒不到太阳的地方了。于是我每个月都会参加都营住宅的抽签。大概一年半后,抽中了。在参加都营住宅抽签的时候,听说这里的房子已经建好了。我就想,好嘛,下次我要抽中这里。这里在建的时候我就过来看了。一楼有虫子出没,我不喜欢,二楼的这块区域还不错。我就写下这里的号码 203,然后在心中祈愿(笑)。还真的抽中了!现在回想起来都觉得不可思议。

荻野由纪子

◆ 各个单元均为跃层式的都营住宅，十分少见（左图）。荻野女士所住的一栋楼前，花草树木郁郁葱葱。

◆ 遥控器上用不到的部分被贴上了胶带（左图）。这样更有效率！日常生活中遇到的零零碎碎的东西都被当作素材灵活运用（中图）。打开门，突然来迎接我们的是毛绒玩具的造景——"熊宝宝，肚子饿了，也不要吃我哦"（右图）。

◆ 跃层公寓的上层部分，光线极佳的寝室。

不会觉得无聊，因为头脑中没有一刻空闲

◆ 里面的房间，在纸板箱里还有收纳的作品。 　　◆ 作品装入箱内，套上塑料薄膜排成一行。

◆ 制作中的作品会附上制作记录。作品就是这样一步步完成的。

获野由纪子

在崭新的都营公寓里，获野女士一边抚养孩子一边为工作奔波的生活就这样开始了。

搬来这里以后，因为路程变远，我就辞了在豪雅的工作，但是我一天差不多要跑三个地方打工。女儿高中毕业之前，我早上送报纸，然后在家看着孩子出门以后，再去稻毛屋（超市）做三个小时工，在孩子快回家的时候赶回家。见到孩子以后，晚上我还要去拉面店打工。不这么做的话，根本没法生活。

我老公很早之前搞外遇离开了家。我像这样变得轻松起来还是从三年前开始的。三年前女儿结婚了。儿子就住在离这边很近的地方。男人嘛，不用管他就行（笑）。

这样勤劳的获野女士在早稻田松竹已经工作超过十八年了。

我在那里再工作一年半就满二十年了。我的目标其实是十五年。我在稻毛屋的时候也说干十五年就走。我从在稻毛屋工作的时候就开始做这个（工艺品）了，已经快三十年了。

一方面我本来就爱图画和手工，另一方面我父母常常教育我厕所要打扫得干干净净，所以我就想把这些放到厕所也许不失为一种乐趣。我在稻毛屋的时候就这样做过，孩子们很快就拿走了。如果拿走小心保管也就罢了，他们还没走100米，已经砰的一声丢在地上了。那时候我真的很失望，但是我想，既然做了就要做到底，所以一直在做。我到早稻田松竹之后，第一次有人和我说，"厕所里放的装饰品，客人们都很喜欢"。看来只要是人，总会有一个优点。即便我是"地藏菩萨"，不爱说话，在制作这些东西方面还是可以的（笑）。

至于材料，都是我用过的还有我捡来的东西。像是除臭剂盒、仙贝的包装袋，还有眼药水的盖子之类。我想留着这些日后会用，至于什么时候会用到就……我也会把娃娃开裂的地方补上，弄得漂漂亮亮的，将来会用得上。这些东西，大家都是随手就扔。空闲的时候，我就会思考该怎么制作这些东西，这个过程真的很幸福。

荻野女士会坐首班电车从上石神井站到高田马场站。从都营公寓出发到上石神井站，普通的成年人步行也需要二十分钟左右。荻野女士每天到底是怎么度过的呢？

我凌晨三点半起床，吃豆沙面包（笑）。要坐首班车，手脚不快可是赶不上的。上石神井站是四点三十五分发车。首班车人就挺多了，相当拥挤。所以我都是四点十分以前出门。以前就算踩着点出门也能赶得上，现在我已经没法快步跑了。我以前在车站的楼梯上摔倒过，啪的一下，瞬间无法动弹。你知道当时我被别人说了什么？"真碍事！"哈哈。

现在这个时代真的会听到这样的话，我也想回一句"你个混球"。但当时我起身一鼓作气冲上了电车，一坐上电车……真的感觉很疼。后来缝了两针，脸也撞到了，变得一片黑青。但我还是照样去工作，回家的时候是裹着毛巾回的。我还和车站前值班的巡警打趣："快看，我以后要变成黑帮老大了！"那时候，正好碰到一个人还不错的巡警。他竟然回："是吗，真厉害！你当上了老大，可要让我做你的人啊！"（笑）然后他认真起来说："要是受了这样的伤，记得给我打电话！"他还说会背着我到车站。然后我回了一句："我不要你背，抱着就好。"（笑）遇上好巡警，真好。

但是因为受了伤，没法弯下膝盖打扫，这让我很懊恼。在家我也没法爬到高处清扫灰尘了，以前我可是打扫得干干净净。虽然心里很不愿意，但想想还是身体更重要，有垃圾又怎么样，我又不会死（笑）。邻居的一位奶奶还说"荻野啊，蟑螂也挺可爱的"（笑）。说蟑螂会从橱柜的下面跑出来，又说什么碰了碰蟑螂的触须，这样做蟑螂会很开心（笑）。我想人上了年纪一个人生活，是不是都会这样。和蟑螂玩耍，我还是头一次听说（笑）。

所以比起我自己家，我还是会先考虑打扫工作的地方。因为我没法坐下来，也就没法好好打扫，就算不是这样，我年纪大了也容易累，打扫完回到家，已经什么都干不了了，不想干。从工作的地方回来，让身子休息到十点半左右，然后去买些明天用的东西，再回家吃个荞麦面什么的，也会吃点心，一直看着塔摩利[1]的节目，还会看小堺一机[2]的节目，还有人物剧情错综复杂的午间剧（笑）。这么看完，已经两点多了，该为明天做准备了。

荻野女士的跃层式公寓，上层和下层的房间放满了已经完成的立体工艺品、制作中的工艺品，以及之后可能会用到的素材。在早稻田松竹，架子上已经放满了作品，她的家里还有更多的作品"原地待命"。由此可见，她的创造力有多么旺盛。

制作一个新的作品，大概需要五个小时。我基本上已经不太制作新的作品了，只要把以前的作品拿出来（稍加修改）重复使用就好了。因为没有用到的公仔娃娃还有很多嘛，所以我想最后制作一个作品叫"没有父母孩子也会长大"，之后我就不做新的了。这些公仔娃娃都是被"父母"丢

---

1 塔摩利（1945— ），本名森田一义，日本著名搞笑艺人、广播电视节目主持人。与北野武和明石家秋刀鱼并称为日本搞笑艺人界的"三座大山"。
2 小堺一机(1956— )，日本搞笑艺人、演员。

弃的，我想表达的是：即便被父母抛弃，孩子们也会长大。

  我这样做的话，不会觉得无聊。头脑中也没有一刻空闲。随时会想下次要做什么呢。我已经做了一百多个了，没有考虑制作新的，而是想着怎么摆放它们，添加一些什么元素，能让它们有所不同，等等。

  在世人的眼里，荻野女士只是一位保洁阿姨。电影剧场的观众，甚至工作人员也很少能见到她的踪影，她几乎是透明的。荻野女士不会大张旗鼓地宣称自己做的东西是"艺术"，也绝不会说出自己是艺术家之类的话。也许可以称她为"圈外艺术家"，但我觉得这样的称呼与她非常不相称。荻野女士像这样用小工艺品为大家带来片刻温暖，已经有快二十年了。

  不是豪华气派的花束，也不是蝴蝶兰盆栽。就像路边的小花——清除杂草却未受人所托，一个人静静地播撒着小小的幸福。也许荻野女士正是这样的人。

◆ 早稻田松竹官方网站上"荻野女士的艺术剧场"
新作旧作各有许多，可以与工作人员充满爱心的评论一并欣赏！
http://www.wasedashochiku.co.jp/art_gekijo/art_top.html

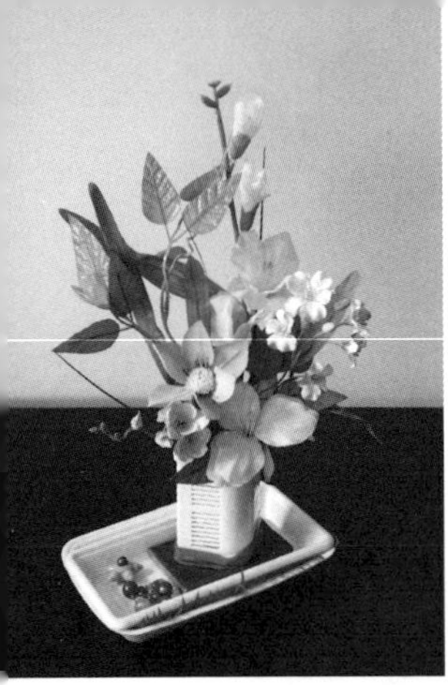
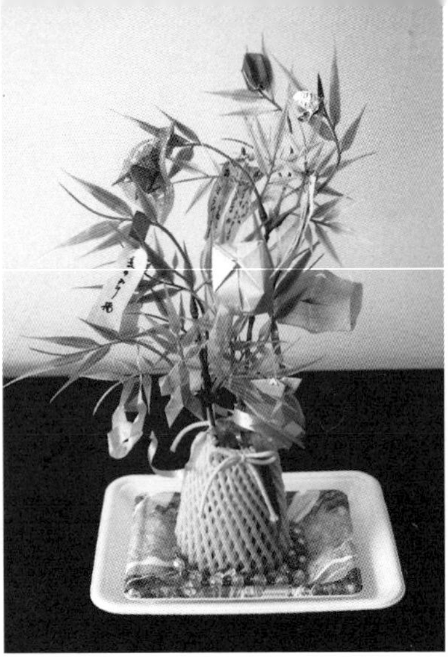
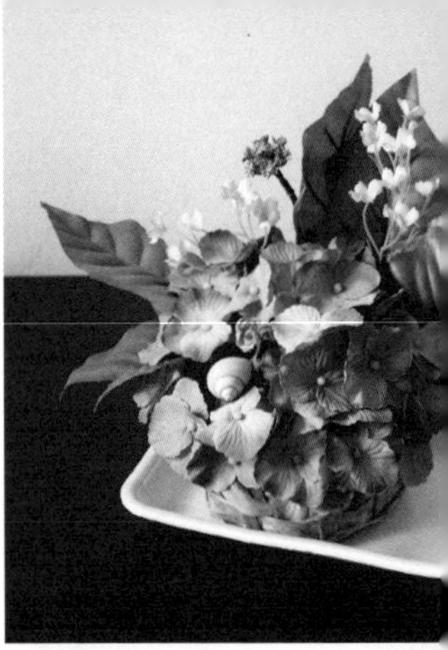
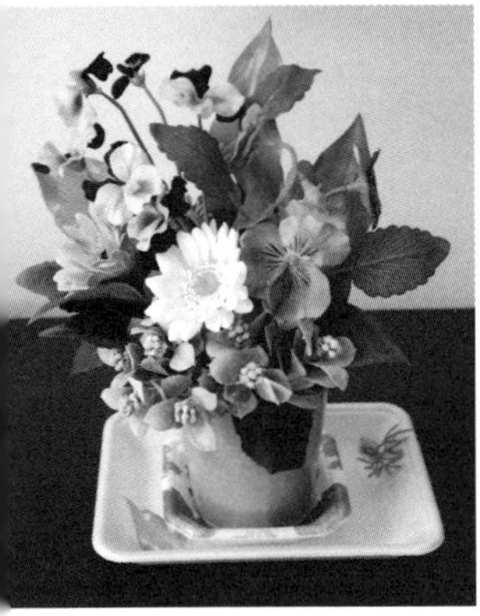
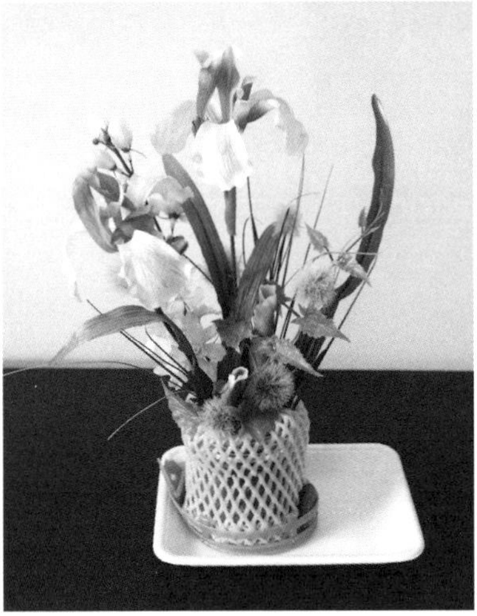
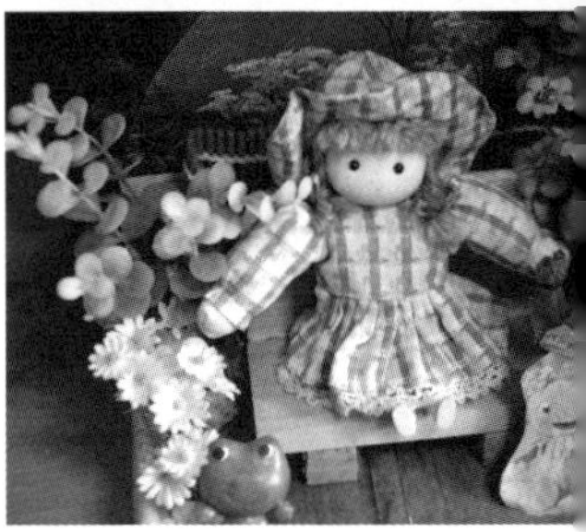
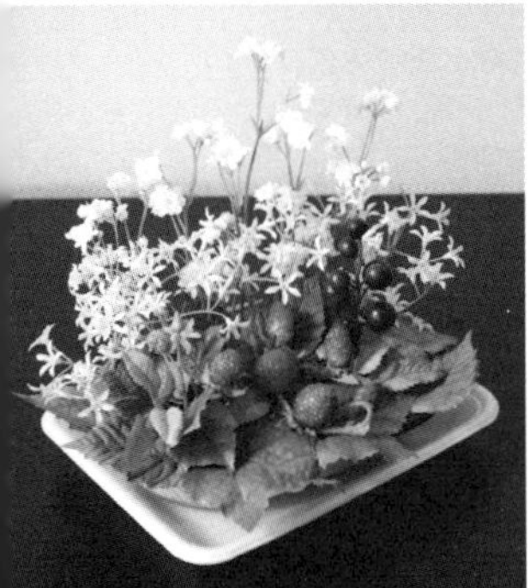
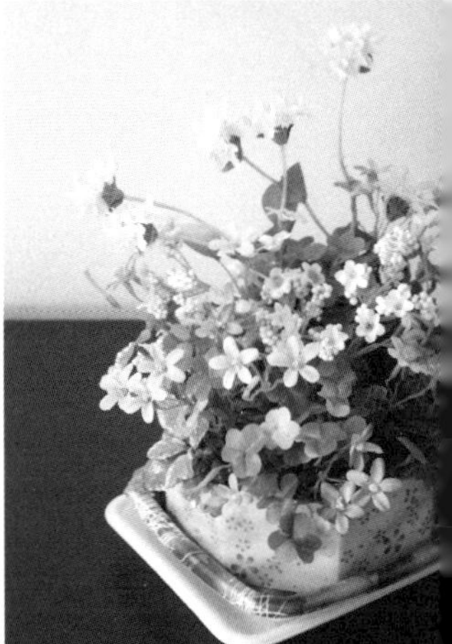
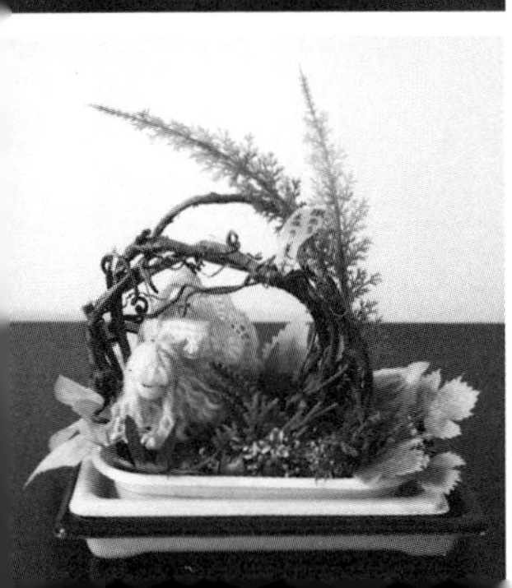
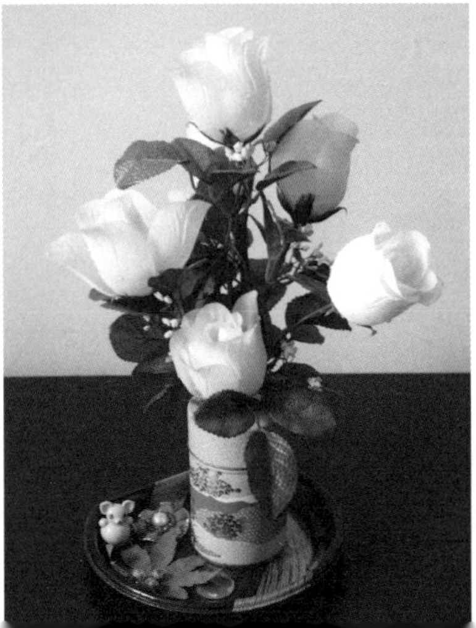
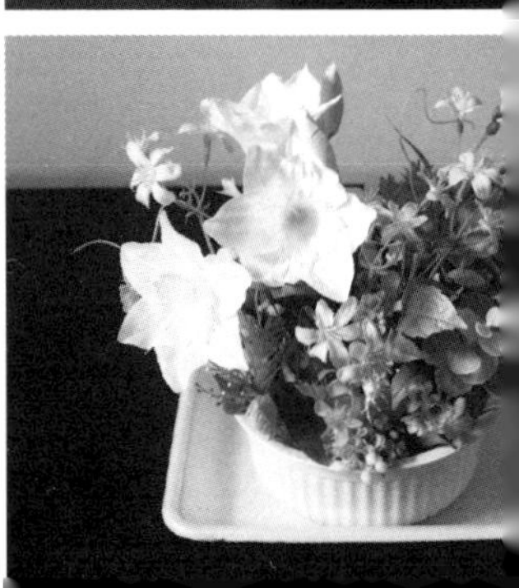

## 新太郎

那卡西

有别的本事的人都不干这行了，我没别的本事只能继续干，就这么简单

新太郎

在东京市中心，有一条难得保留着闲适风情的酒馆街，四谷·荒木町。石板巷纵横交错的风情比京都的先斗町更让人轻松惬意。这里不同于神乐坂，看不见手握美食杂志、旅行指南左顾右盼的游客。

日暮沉沉，华灯初上——饭馆的灯笼、小吃店的招牌都亮了起来，此时一名男子现身于小巷。无论是酷热的夏末，下雨的夜晚，还是落雪的冬天，他都神采奕奕，一身和服，手抱吉他亮相。他的盛名荒木町一带的酒客无人不知无人不晓——新太郎。

店里的常客都会亲切地叫他一声"那卡西[1]阿新"，新太郎先生是全日本仅存的十余位那卡西中的"现任大长老"。他的全名是平塚新太郎。人们说他当时在平塚待的时间略长，故得此名，放到现在应该叫"荒木町新

---

1 那卡西是日语"流し"的音译，是日本的一种卖唱模式。卖唱者如同水一般流动，在各个旅馆、餐厅、卡巴莱之间替客人伴奏，或接受客人点歌演唱。

> 有别的本事的人都不干这行了，我没别的本事只能继续干，就这么简单

太郎"。

在没有卡拉OK的年代，手抱吉他或手风琴，穿梭于一家又一家店，应客人所求，引吭高歌或为客人伴奏——那卡西曾经是酒馆街的明星。每条繁华的街道都曾有上百位那卡西艺人。时至今日，全国究竟有多少那卡西艺人出现在夜晚的街道，又消失不见了呢？知更鸟姐妹[1]、北岛三郎[2]、五木宏[3]、渥美二郎[4]……历经那卡西的艰辛，最终出道的歌手也不计其数。

有一次在酒席上，我唱歌，新太郎先生为我伴奏。因为与卡拉OK不同，没有原唱，看着点歌本里的歌词唱相当不易。还记得一曲唱完，我坦言"没唱好"，新太郎先生点拨我说："因为你太在意我的伴奏，所以没唱好。这不是卡拉OK，你放开唱就好，所谓那卡西就是要尽力配合你的歌声伴奏。"原来如此。

以前有一首歌叫《录影带杀死了广播明星》[5]。如今一个叫作"卡拉OK"的最强武器，已经把日本特有的传统艺术那卡西杀得片甲不留了吧。

　　肩上架着一把小吉他
　　今天也只身向四谷出发
　　众人轻言我做过时的买卖

---

1　并木荣子（1938— ）、并木叶子（1938— ）双胞胎姐妹，1951年姐妹俩手持三味线以那卡西的形式在浅草的饮食街表演。1959年以"浅草姐妹"之名出道，之后更名为"知更鸟姐妹"。1961年起连续七年参加NHK红白歌会。
2　北岛三郎（1936— ），日本演歌歌手、演员。1954年以涩谷为中心开展那卡西表演，1962年以歌手出道。2013年为止参加了五十次NHK红白歌会。
3　五木宏（1948— ），日本演歌歌手、作曲家、演员。
4　渥美二郎（1952— ），日本演歌歌手。1975年发布首张单曲。1979年于NHK红白歌会出场。
5　《录影带杀死了广播明星》（*Video Killed The Radio Star*），1979年9月英国组合The Buggles发行的歌曲。

新太郎

◆ 最近成为弟子的"唱歌的漫画家"千爱小姐。

奈何我身无他技可持家
我是荒木町 荒木町的新太郎

我生于千叶手贺沼
足迹遍及日本全岛
手抱吉他漂泊流浪
钟情的女郎也不少
赚来的铜板为她们花光
我是荒木町 荒木町的新太郎

深得店家客人爱
饮酒唱歌到天明
若能有幸回故里
母子相伴有所依
小小幸福胸中藏
我是荒木町 荒木町的新太郎

(《荒木町的新太郎》
作词：小串波夫、樱井良子；
作曲：今井岩)

新太郎先生1941年出生于千叶县印旛郡，太平洋战争就在那一年打响。

当时母亲去东京工作，想着可以带着我一起去，没想到我和母亲走散了。那时"二战"刚结束，我走投无路，便在上野的地下通道勉强度日。后来把我从那里带走的是黑帮成员。

**有别的本事的人都不干这行了,我没别的本事只能继续干,就这么简单**

  在黑帮出现前,也有其他人说要带我走,只是我没有跟着他们。我被带走后,机缘巧合成了那卡西艺人。被带走前,我还在饭馆吃过霸王餐,一顿狂吃后抛出一句"有种把我带去警察局"。这类事情我没少做,毕竟要填饱肚子嘛。我运过电影胶片到群马县的安中,搭便车去过大阪,也在街上故意撞车碰瓷过。就这样想方设法填饱肚子,一次刚在上野的地下通道睡下,被路过的一个黑帮成员带走收留了。唉……那个年代,在东京的人们不都是这样——或多或少经历过艰辛。

  成为那卡西艺人之前,我也做过各种事情,在东京的山谷[1]一带待过,还卖过血。当时大家都这么干,这是再平常不过的事情了,毕竟都要填饱肚子。我还谎报年龄在田端[2]的拉面店当过住宿店员,店里应该也知道我报的年龄有假,不过还是收留了我。我还从那里去横滨坐过达摩船[3],大概是十三岁的时候吧。我在横滨中华街送拉面外卖,因为个子太矮,送外卖时摔了个四脚朝天被开除了。不过这没关系。人活在世上就会遇到这样的事情。大家都是如此,这和现在的时代不同。

  把我带走的黑帮成员的事务所在板桥,那里还有"那卡西部",有那卡西的组合。后来在宴会上,我稍微唱了几句,有人就来问我:"你喜欢唱歌?"我说喜欢。对方又说:"我们那里有那卡西的组合,想不想去?"我就回答想去。我小时候就会拿着扫帚大喊一声:"这是吉他!"(笑)我是很喜欢唱歌的。

  快要十五岁的时候,我就和别人同居了(笑)。

  她十八岁,比我大三岁,是个职员,因为做那卡西,我和她相识了。

---

1 东京都台东区东北部的地名,现在的清川、日本堤、东浅草等地附近。战后一度是棚户区和劳动力聚集地。
2 东京都北区南部地名。田端车站是京滨东北线和山手线的换乘站。
3 达摩船是一种用于运输货物的较宽的木船,它作为在水上生活的人的住处而广为人知。(作者注)

## 新太郎

一次她大喊"救命"时,是我掩护她逃到了饭田桥那儿的厕所里。谁知我后来假借护花使者之名对她"意图不轨"(笑)。

她的兴趣是弹吉他。我嘛,虽然已经开始从事那卡西,但是对吉他一窍不通。她说如果我不好好学吉他,她就不会照顾我。因为吉他,我才能当小白脸(笑)。要是被她赶走,我就没饭吃了(笑)。没有别的办法,我只能拼命学习吉他。我和她是正儿八经结了婚的。因为我十五岁(太年轻),没法加入户籍,但婚礼是办了的。不过这段感情两三年就告吹了,幸好没有入户(笑)。

新太郎先生十五岁以那卡西的形式出道,在板桥的繁华街开启了自己超过五十五年的职业生涯。

当时流行的还是鹤田浩二[1]、法兰克永井[2]、三桥美智也[3]、春日八郎[4]……那是最好的时代。带我同行的人如果是春日八郎的粉丝,我就一定会知道春日八郎所有的歌;如果对方喜欢三桥美智也,我也会不由得记住他的歌。那卡西在以前就是两人一组走各地的。

从板桥往驹込、赤羽、十条一路走,当时光是在田端的老大的地盘,那卡西就有三百人。仅仅一个地方(就这么多)。因为争夺势力范围,那卡西之间还会打起来,里面还混着黑帮的人。当时就是那样的时代。所以我们要是不虚张声势,不在身上刺一些什么是会被人小看的。刺青有模有

---

[1] 鹤田浩二(1924—1987),本名小野荣一,日本演员、歌手,是昭和年间极具代表性的演员。
[2] 法兰克永井(1932—2008),本名永井清人,日本情境歌谣歌手,以独特的"魅惑低音"著称。
[3] 三桥美智也(1930—1996),本名北泽美智也,出道前曾用名金谷美智也,昵称 MICHI,日本著名演歌歌手。
[4] 春日八郎(1924—1991),本名渡部实,日本演歌歌手。

有别的本事的人都不干这行了，我没别的本事只能继续干，就这么简单

◆ 出车站走几步便到，可以俯视来来往往电车的公寓。左侧帘子里面是寝室。

◆ 每天早上两小时的练习必不可少。学会客人点的歌曲也是一项重要的工作。

新太郎

样,才好大摇大摆地行走江湖。所以十五岁时我不得已刺了刺青。

在新宿行走是我十六岁的时候,然后就在荒木町,之后是三业地[1]。以前三业地钱很好赚。怎么说呢,是因为小费给得很多。艺伎在二楼陪酒,听到我们在楼下唱起来,就唤我们"上楼吧"。

跟着前辈,一同行走,一边学习歌曲和乐器,博得当地人的喜爱,久居下去——这是那卡西典型的生活方式。然而新太郎不拘于一地,过着长期辗转于全国各地的生活,十分难能可贵。

从事那卡西,如果跟着某处的头领,就意味着不能去别处,要在那个地方工作。旅行是可以的。你身在组织,但可以出去旅行。头领会替你跟对方头领打好招呼,如此如此这般这般——有一位男性即将前来。这样打过招呼后,对方也会把你当座上客。但如果不那么做的话,不合人情,会遭众人围打。若是被扫地出门,即便你出行在外、云游全国也不受待见,因为开除令会传遍全国。

在过去,每个地方会有不少当地的歌曲。本来从事那卡西,不踏足当地,便唱不出当地的感觉。大家为了修行,也都来往多地。若你一直行走在日本各地,就会得到"一牒符"——"牒符"是代表你的技艺得到认可的称号。这样的话,你就可以带人一起行走江湖了。过去曾有这样的年代。

踏上旅途,你还能和头领一起吃饭,可以吃上美味佳肴,因为你被当作行路的客人对待。他们会给你好吃的,所以旅途让人难忘。就和"疯疯癫癫的阿寅[2]"差不多(笑)。

---

[1] 三业(地)指的是三种接客营业的场所"料理屋、艺者屋、情人茶屋"。
[2] 指电影《寅次郎的故事》中的主人公寅次郎。他热爱家乡却四处流浪。

有别的本事的人都不干这行了，我没别的本事只能继续干，就这么简单

虽然走遍全国各地，不过我不会去没有酒馆的地方。我会在电车里打听，这一带哪里有很多酒馆。也有人和我乱说一通。我下车才发现，这地方什么也没有。因为没有钱，我只能试着在农家唱歌——也有过这样的小插曲。

就这样我从北海道一路逛到九州。在电车里打听消息，一旦有意去那里，说走就走（笑）。这么一来到了晚上，在当地总会遇到一些奇怪的人。我就会问这里是哪条道上的，然后去打个招呼。在当地待上三天以内是被允许的，如果超过了三天，就必须多少给当地人付一些钱。如果你喜欢待在那个地方，就要去和他们交涉。

我偶尔也会回东京，然后再来往各处，因为我是一个很随性的人。如果问哪块土地让我印象很深，其实有很多。但一定要说的话，还属岐阜的柳濑，福井的敦贺，广岛，札幌，尾道，还有就是伊东了。

另外，北海道有一个叫静内的地方，以前牧场多，渔民也多，一度很繁荣，所以那里也有不少酒家。你问我为什么还记得那里？因为我差点在电车上冻死。

大概是9月吧，我去旅行。那里飘着雪，雪都飘进电车里了。当时我只觉得冷得不行，从静内站下车，就一头倒下了。后来大家把我带到火炉旁，擦拭我的身体帮我取暖。"啊，他活过来了！"大家都为我高兴。但是我大概有三天吃不下饭。身体刚恢复运作，就算硬吃也会吐出来。我有过这样的经历。

像这样在鬼门关上，我可是走了三回。我还被人用竹帘卷起来投到过水里（笑）。因为我去那里没有预先和他们打招呼，当时是在青森，我被人围殴。因为失去了意识，我反而得救了。要是呛了水，就死定了，因为没有呛水才侥幸得救。

我在一个地方一般不会待太久，但是在广岛待了一两年，在岐阜待得也很久，札幌大概半年吧，不过札幌很棒。走江湖的人踏上归程的时候，

新太郎

从头领到年轻的小兄弟都会拿着提灯，一路送行到火车上，非常拉风。所以旅途让人难忘。当时那卡西很受欢迎啊。现在虽然无人问津，但当时真的相当受欢迎。毕竟是一身帅气打扮行走江湖。如果去札幌这样的地方，大家路上都化妆，还会画眉毛。

新太郎先生这一路走来，经历好比电影甚至胜过电影。即便如今在荒木町的路上与新太郎先生相遇，仍然会因他成熟优雅的魅力怦然心动。当时，行走在全国各地，出没于夜晚的繁华街市，他这位豪侠之士散发出的危险的魅力，想必也吸引了不少女性吧。

最初介绍新太郎先生的是漫画家东阳片冈先生。在 2010 年出版的《Let's Go!! O-Snack》（青林工艺舍出版）中刊登了东阳先生与新太郎先生的对谈，其中有一段"不受欢迎那卡西就做不了买卖"——新太郎先生谈女人。我们得到了东阳先生的许可在此引用一小部分。

新太郎：做那卡西，不受女性欢迎是不行的。店里的女性如果对客人说"为我点一曲吧"，男客们无不为之着迷，就会一口答应"好吧"，然后向我点歌。所以做那卡西这一行如果没有得到老板娘和店里工作的女性的照顾是做不下去的。

东阳：新太郎先生那时候受欢迎吗？

新太郎：是的，很受欢迎，年轻的时候是的（笑）。我当时还被起了一个叫 NAMESAKU[1] 的外号（笑）。

东阳：NAMESAKU 这个名字太厉害了（笑）。

---

[1] NAMESAKU 的 NAME 源于日语的舐める（舔），SAKU（作）过去常用作日本男性名字中的最后一个字。

有别的本事的人都不干这行了，我没别的本事只能继续干，就这么简单

新太郎：简言之就是我很喜欢舔，很讨女人高兴。

东阳：给你起名字的是店里的老板娘吧。

新太郎：是的，是头领的夫人。"因为你喜欢舔，就叫你NAMESAKU吧"，开玩笑地给我起了外号。后来就说"NAMESAKU，我们今天吃烤肉去"之类，对我颇为照顾。不过那个老板娘，我可没有舔，因为我怕她（笑）。

东阳：不过，因为你那么受欢迎，也遇到了不少好事情吧。

新太郎：的确。一位放弃银座而在驹达开店的老板娘特别疼我。让我洗牛奶浴，帮我舔，还"弟弟[1]、弟弟"这么叫我，温柔备至让我招架不住（笑）。我住在练马的时候，还趁着房东太太的丈夫不在，偷偷与她温存。这位太太也是做酒水生意的人，在银座工作。还有港町也很不错。渔夫远洋捕鱼时，留下妻子独自一人，所以做酒水生意的母亲很多。港口的女性感情深、口风紧，再棒不过了。

新太郎先生就这样四处漂泊、行走歌唱，他在东京安顿下来是这十几年的事情。

毕竟我年纪大了，而且旅馆也贵了。以前是一晚300日元、500日元就可以住上"木赁宿"[2]。现在可不得了。胶囊旅馆一晚也要3000到5000日元吧。而且到了十点，就不能再住了，这样你就没法在房间里待下去，如果再去打个柏青哥，就会身无分文。以前的店，钥匙会妥善保管在一个地方，你可以任何时候去那里使用钥匙进入旅店休息，早上还会照常呈上茶水和湿手巾。这样的商贩旅店，现在已经没有了，所以出门旅行已经不

---

1　日语原文"坊や"是对男孩或者年轻男子的称呼。
2　指旅客带米自炊的小旅店。

新太郎

◆ 沉稳素雅的和服是工作服。

◆ 穿和服演出其实是这几年才开始的,听说之前表演都是穿着西装。

◆ "每天不吃这么多药不行。"

有别的本事的人都不干这行了，我没别的本事只能继续干，就这么简单

可能了。

　　住在这样的旅店，会遇到形形色色的人，有江湖摊贩，也有卖药的。各类人相聚于此，能够交换消息。像是那里的头领为人不错；又像是对面的街道现在有"失闪"（故意把"闪失"说成"失闪"），如果听到去过的人说很危险，就不会去那里；再像是听到那里吵得正凶，不要去之类。就像这样，以前可以交换消息。

虽然也曾住过新宿和北千住，不过在新太郎先生的口中，荒木町人情味最浓、最适合居住。如今在东京都内只有寥寥数人从事那卡西，他在其中是最年长的老前辈。问起他坚持这么久的原因，他是这么回答的。

　　现在别说是东京，在全国我也是最老的（笑）。有别的本事的人都不干这行了，我做不了别的学问。不擅长算数，又不会写写字看看书，所以就继续干这行了。如果撒手不干，别的工作我什么也干不了。我也做不了土木类的体力活儿，因为我个子太小了。我唯一能做的就是这一行。

"没个至少3000首（拿手曲目），真的做不了这行。"那卡西这份工作日复一日，比想象中更严苛。而且喝不了酒就做不了生意——从事那卡西的人之中，也有许多因为喝酒喝坏了身子。

　　现在到了傍晚，我先填饱肚子，同时喝上一杯啤酒，剩下就只喝烧酒了。我以前喝得很凶，不喝没法做生意。你和一个客人喝两杯，要是有十个客人，就真够你受的了。但如果你说自己身体状况不好不喝酒，就做不成生意了。大家都想灌酒灌死你（笑），所以许多人因为喝酒把身体搞坏了。我也是糖尿病、高血压、痛风、前列腺的毛病，样样都有。

## 新太郎

虽然工作时间在晚上，但新太郎先生早上起得很早。听说他在离西日暮里步行一两分钟、铁路沿线的一间公寓住了十多年，每天十点前起床。练歌、练吉他两个小时，雷打不动。吃午饭、吃药以后，午睡一两个小时。然后趁着还没人的时候，去澡堂泡澡，准备一下就往荒木町出发。六点过后到达，在一家熟悉的店里喝上一杯后，就抱着吉他漫步。

虽说是那卡西，但并不意味着可以随随便便推开每家店的门。有的店家欢迎那卡西，也有的店家不欢迎。新太郎先生每晚会在选定的十二三家店里轮流出现，一直表演到勉强赶上最后一班电车。此外，现在，新太郎先生白天还有一份工作。他负责开发和销售备有二氧化碳气瓶、可以瞬间充气膨胀保护头部的防灾安全气囊。

以前，我路过岐阜的时候，碰到台风来袭。台风造成了长良川的堤防决口，台风冲垮堤防的部分恰好是没有住户的地方，然而情况还是很糟糕。猪啊牛啊被冲走……即便有救生圈，一蹭到圆木什么的，就会破洞。就算是人，要是被湍急的水流冲走，也绝对没法在水里游，根本游不了。

后来奥尻也发生了（大海啸），还有阪神（大地震），我开始觉得一旦发生灾害，自己非得做些什么才行。于是我就开始制作这些东西。我觉得可以帮助别人。

我试着做了才发现，没有比防灾更难的东西了。我卖防灾产品，越卖越会遇到一些和我较劲的人。毕竟国家的制度在眼前，消防部门负责所有防灾用品的生产。另外，我还卖一些不着调的东西。像那种银色的背包，谁都不会拿出来用吧，就算是地震来了。

我自己就算做出了好的东西，政府机关也不会认可。因为我已经被这

有别的本事的人都不干这行了,我没别的本事只能继续干,就这么简单

些公家部门讨厌了(笑)。至于吵架嘛,还是和大点的部门吵更好。小的部门吵起来也无趣。胜利的滋味也不同。斗争胜利的时候,会有幸福感嘛。所以要彻底地斗争(笑)。不这么做,又有什么活着的价值?这样你才能精神抖擞下去。人要是能做到这点,就不会一命呜呼(笑)。不过怎么说呢,什么事情都要长时间坚持下去——这是我的职责,所以那卡西和防灾两样我都干。

如果今晚去荒木町,新太郎先生会在那里。(只有星期天因为店家都休息,新太郎先生也休息。)最近新太郎先生大概一周有三天,会带着机缘巧合收下的弟子——可爱的"唱歌的漫画家"千爱同行。别的日子,和往常一样,他独自一人与一把吉他相伴。

在小巷里一家小店的柜台,一边夹着老板娘快速呈上的下酒菜,一边喝着酒,只听见门呼啦一声打开,一身和服的新太郎先生现身⋯⋯拨弄琴

◆ 原创的《防灾音头》。

◆ 最近的新产品——从轮椅上跌倒也不用担心的安全气囊。

新太郎

弦,吉他声响起,当他邀你"来一曲如何"时,只觉忽然穿越回了昭和年间。他哗啦哗啦翻开厚厚的歌本,你可以挑自己喜欢的歌曲试唱,也可以点歌,让新太郎先生或者千爱小姐唱。三首歌收 1000 日元。如果你玩得开心,也可以稍微多给一些。

在东京都中心区域的一角,有一个人可以让你如此享受夜晚的片刻时光,有一条夜晚的街道接纳了这样的人物。没有必要大肆宣传,也没有必要每晚光顾,光是意识到这一点,疲于工作的心灵和身体会不会感到些许温暖?

◆ 新太郎先生和千爱小姐。千爱小姐还会向唱歌的客人赠送她画的肖像画。

# 矶村逊彦

洋酒居酒屋『矶村』主人

24小时全部只为自己使用

矶村逊彦

如果从四条通沿着花见小路向北稍稍走一段，然后往东，左手边有一栋两层的小建筑。与其说是大楼，更像是把大型公寓改换装潢用于餐饮业，俨然散发出昭和年代的气氛。泡沫经济时期，这条街钢筋混凝土大楼林立，如今，在祇园的一角，仿佛只有这幢楼的时间停止了。

踏着嘎吱作响的楼梯上二楼，在最里面有一块"洋酒居酒屋矶村"的看板，就是这家店。轻轻推开门。"啊，欢迎光临！"传来阿矶的声音。仅仅几位客人，店里已经满满当当——其实在祇园，"矶村"可谓无人不知无人不晓的名店中的名店。从在太秦摄影棚拍摄的演员，到在附近的南座[1]演出的歌舞伎演员，只要来到京都"无论如何都要来这家店转一下"——这里是夜间祇园的中心。

京都真正好的店家似乎都深藏不露，"矶村"也一样，只有店主知道的

---

[1] 位于京都市四条的歌舞伎剧场。源于江户时代初期，目前由松竹经营。

人才能进入这里。

在"矶村"饮酒的乐趣,一部分是在舒适的吧台享用洋酒,但最棒的款待莫过于推杯换盏、酒醉时分倾听阿矶谈论电影、演艺和旧时京都的故事。我这么说,对他本人也许有些失礼。

京都生京都长,今年(2012年)七十八岁的阿矶一直是一个单身的自由人。上午他一定会去健身房或电影院,傍晚开店,如果有意,关店之后他会去喝一杯。这种一成不变的生活方式,自"矶村"开业以来,他持续了整整四十七年,实在是非同一般。

阿矶也是我遇到的京都人中,京都话讲得最悦耳的。在一个秋日的傍晚,我隔着吧台采访了他。下面,我将尽可能还原他的口吻,以便大家细细品味当时的情景。

一个人的生活真的非常理想,哈哈哈。做自己喜欢的事情。可以把时间都用在自己身上。孩子啊,老婆啊,不用把时间花在他们身上。24小时的时间,只为了自己使用。

拿我来说,假设工作从晚上六点做到凌晨两点,然后从凌晨两点开始睡六小时或者八小时,也就是把一天一分为三。两点到八点是睡觉时间,从上午八点到傍晚六点左右都空着。每八小时分成一段,工作八小时、睡觉八小时、自由时间八小时。每天不用被老婆和孩子占去时间比什么都好。平常有工作的人也会在工作前后分配一些自由时间——像是上午留一些时间,工作结束后到睡觉前留一些时间。虽然我只在睡觉和工作之间有自由时间,但还是会分成三段。二十五岁的时候,我差不多就按照这个时间表行动了,保持这种平衡。

其实我现在周一、周三、周五上午去健身房,剩下是自由时间。周二、周四、周六看电影,剩下是自由时间。所以我早上去咖啡馆是倒推好电影

矶村逊彦

◆ "矶村"位于祇园的一角、一栋静静伫立在大楼之间的二层建筑的二楼。这栋叫作 Kokki 会馆的建筑,名字和外观都很有昭和风味。因为它最初兼作餐厅和住宅,建筑内部构造深具京都风格。

◆ 把送来的冰块切开,正在准备营业的阿矶。

什么时候开始再去的。咖啡馆我每天早上会去，常去的那家咖啡馆周三不营业，我只有在周三去别家咖啡馆。

我在休息日、周日或者公休日，会去别的什么地方看戏，东京、博多，哪里都行。只要周一早上回来就行了。去东京的话，我会上午回京都。

去健身房锻炼，我是从三十八岁开始的，已经四十年了，没有间断过。那时候我体重82公斤。当时高仓健先生在东映办了一家健身房，北大路欣也[1]和田中邦卫[2]先生也会在那里锻炼。

我听说在河原町[3]荒神口有可以健身的地方，就想一探究竟。田中邦卫先生和我一起去了那里。他对我说，阿矶啊，健不健身到了五十岁差别就出来了。他比我大两岁，却可以啪的一下劈开两腿，又噗的一下将胸脯贴到地板上，还能助跑在护垫上空翻。我被健身教练压着，身体离地板还有三十厘米，嘴里就喊着"好疼，好疼"了。后来第二天我就加入会员了，开始常去那里健身。

去健身最大的原因是那一阵子我开始练习狂言[4]，三十八岁那时。然后我第一次站着练习的时候，膝盖就摇摇晃晃的，我觉得那样真的不行，那样是站不上舞台的。那时候正好听说那家健身房的事情，我就觉得应该要健身，所以就去那里了。为了让自己屈着膝盖也能站稳，我加油训练，真的很努力。如果因为膝盖不稳而放弃狂言，我会觉得自己很逊。

我现在去的健身房在河原町六角，从家步行十分钟就可以到。至于坚

---

1　北大路欣也（1943—　），日本演员，出生于京都。1956年在处女作《父子鹰》中出演少年时的胜海舟。之后出演了多部历史剧。
2　田中邦卫（1932—　），日本演员，出生于岐阜县。1957年出演首部电影《纯爱物语》。
3　京都地名。京都贺茂川的四条河原，近世多在此演戏剧。
4　日本的传统艺术之一，产生于室町时代。大致区分为独立演出的本狂言和在能乐曲中插演的间狂言。

持的秘诀是，把自己去健身房的事情和身边的人大肆宣扬。这样要是以后有人问我，你已经不去健身了吗？我面子挂不住。大肆宣扬会对我的偷懒起到"刹车"的作用。要是我不那么做，自己一个人悄悄地去健身，指不定哪天就放弃了。

我在健身房做的项目，四十岁怎么做的，现在仍然保持怎么做。项目没有增加，重量也没有增加。我四十岁可以做到的，现在也可以做到。锻炼腹肌的项目，我现在只做和四十岁时相同的次数。我不想变得更强。只要能一直坚持下去，就算上了年纪，也可以保持这个状态。

在健身房运动后，血压会下降15左右。我的血压经常是120/80，健身完，做完伸展测一下血压，高压已经降到了105，因为血管扩张的关系。如果做了会让血压上升的运动，会对心脏造成负担。所以我有时候会看看表测脉搏。这样看一下十秒跳几下，十秒跳20下的话，一分钟就是120跳。脉搏差不多到这个数的时候我就要停下来，不然一定会使身体过于疲劳。

至于电影，从小时候我就一直在看了。"二战"前，有三四个手艺人住在我们家帮工。他们在每个月1号和15号休息的日子，会问我要不要去看电影。我就说"带我去"。带我去的话，他们还能得到很多零用钱。于是喜欢看电影的手艺人每个月会带我去看电影，一直到我上小学。

像是阪东妻三郎[1]和大河内传次郎[2]的作品，我都有好好地欣赏过。看了电影里的武打戏回来，我也在东本愿寺的钓钟堂把附近的孩子们都叫来聚在一起，一起演武打戏。"你给我藏在那里，等我过来的时候嘭地现身"之类。哈哈哈。我们在本愿寺的佛堂周围一个劲地演武打戏。

我小时候，上小学时，没有零用钱去看电影，就走在一个成年人的身

---

1　阪东妻三郎（1901—1953），日本时代剧的明星级演员。出演过大量日式武侠剧和历史剧。
2　大河内传次郎（1898—1962），日本著名时代剧影星。

旁，一经过检票员身前，就拔腿跑进影院（笑）。因为检票的阿姨还要检下一个客人的票，所以不会来追我。然后到电影换场的休息时间，检票员会入场。因为票也检完了，就进场来找我啦。如果我坐在观众席，很容易暴露，那样可不行。我会把入场处的幕布裹在身上，就在开门的地方。因为没人留意脚下，检票的人就会去别处找。我很机智（笑）。我当时是这么想的：不论我看不看，放电影的成本都是一样的。等我长大了会掏钱买票的，现在让我看一下也无妨。当时我就是那么自以为是（笑）。

还有就是，到了晚上很晚，开始放映最后一场电影的时候，已经看不到检票的人了。最后一场放映了三十分钟的时候，入口已经一个人也没有了。售票处也关了，所以可以免费进场。我中学的时候，经常借着去朋友家的名义跑去电影院，去看自己想看的、喜欢的电影的最后场景，而且不花钱。像是詹姆斯·卡格尼[1]最后与对手互相射击的场面。

还有一件有趣的事情。在我当学徒的时候，星期天我会在早上决定当天要看的三部电影。那个时候正好有早场，中午前进场的话，有早场优惠，早晨播放的电影会打折。100 日元的电影票会卖 80 日元之类。

所以我赶个大早去看电影，买好三场份的票就一部接一部地看。我拿着 80 日元的票，看完第一场以后，会配合下一场想看的电影的时间，如果下一场还没有开始，就继续在那里看。过了十二点，我再拿着 80 日元的票进场看的话，会被说"这是早场票，不能进"，我就解释我买了票以后正好有别的事所以只能现在来，对方就让我进场了。像这样看三场电影，我就赚了 60 日元。这些钱差不多可以当饭钱。60 日元可以在 STAR 食堂[2]点一份午餐 B 套餐。到了傍晚，还拿着早晨的票进场，对方一定会一通抱

---

1 詹姆斯·卡格尼（James Cagney，1899—1986），美国演员。凭借电影《胜利之歌》（*Yankee Doodle Dandy*，1942）获得第 15 届奥斯卡最佳男主角奖。

2 1925 年于京都开店的餐厅。创始人为西村寅太郎。

怨。不过如果你说自己买了票因为有事早上来不了，对方还是会让你进的。

从昭和25年（1950年）我十六岁开始，到昭和50年（1975年），二十五年间，我每年看的电影都不下200部。后来，电影院的数量开始减少，继而越来越少，但我还是保持着每年看170部电影的节奏。

现在每部电影都有"映伦"[1]的编号，已经到了45600多号。从差不多昭和25年映伦成立以来，在日本上映的每一部电影都有编号。在这45600多部电影里，我觉得自己看过的有差不多7000部。如果我留着这些电影票所有的副券，那该多有意思。可惜我都没留下。

如果我听到艺伎或者舞伎说想看哪部电影，无论什么时候我都会带她们去。有的时候，我会在路上遇到没有来过我店里的舞伎，对我说"老爹，带我去看电影吧"。原来她是听人说只要拜托我这个大叔，就能进去电影院。她们在艺伎屋说阿矶会带你去看，快去找他吧，他那人是张安全牌。

后来我和一个二十五岁上下的艺伎一起去的时候，还用了夫妻优惠价。哈哈哈。那时只要夫妻任何一方超过五十岁，两个人看电影一共只需2000日元。因为我看起来不像五十岁以下的，就算是带着二十五岁的艺伎一起看，也OK！反正也不会让我出示居民卡。

早上矶村先生都在咖啡馆吃早餐套餐，到了傍晚，他在店里吃买来的东西。在家里"只是煮茶而已"，自己不做饭，家里也不放酒，都是在外面吃。烟每天抽一包，不过他身体健康，体检都是"血液检查一切正常"。在家里"真的就是泡个澡睡觉而已"，看书也是在店里的吧台。所以书店即图书室，矶村先生说"河原町和京极[2]都像我的家一样"。他还笑称"我

---

[1] "映画伦理机构"的简称，最初设立于1949年，主要对日本国内公开放映的电影进行内容审查、分级，现为一般财团法人。
[2] 京都市新京极的通称。

只能待在京都了"。能够把居住城市的设施运用得如此自如的人,已经少之又少了吧。兴许他便是所谓"都市型独居"最好的实例。

这间"洋酒居酒屋矶村"的常客,儿子会接替父亲、孙子会接替儿子,"只有这家店,会有常客的曾孙前来"。它的主人,被熟客们亲切热情地称为"阿矶"的矶村逊彦先生,于1934年9月9日出生在京都。他的老家是东本愿寺前的"矶村才治郎商店",现在仍开店经营,制造神社佛阁的金属饰件。

我们家本来是做神社佛阁的金属饰件的。战争结束时,因为没有制作金属饰件的订单,就在东本愿寺前开了一家佛具的零售店。伊势神宫、南座的活动,我们家都有参与,前一阵去世的哥哥,经手过三次(伊势神宫)将神体从旧殿迁移到新殿的"式年迁宫"。分别是昭和28年(1953年)、昭和48年(1973年)和平成5年(1993年)。

南座的装修,我们家也参与过。我是矶村家看戏看得最多的人,所以家人让我也去打钉子,我没辙就打了,只打了两根。因为我害怕爬到高的地方,当时有些畏畏缩缩(笑)。说起来,之前勘九郎(勘三郎)[1]在松本表演的时候,松本城黑门上的金属饰件,应该是我在昭和31年(1956年)的时候打出来的。时隔数十年,我又去了那里,还拍了照片。

我在家里是第五个儿子,上面有四个哥哥。我俨然是个累赘(笑)。战争期间,昭和20年(1945年)的3月开始,我有一个学期被疏散到了母亲的老家,去了乡下。只有那段时间我没有看电影,从3月到9月。因为昭和20年3月到9月,我人在没有电影院的乡下。

京都其实遭遇过空袭。大概死了100个人。在西阵还有马町,在那家

---

1 指歌舞伎演员第十八代中村勘三郎(1955—2012),曾袭用艺名"中村勘九郎(第五代)"。

矶村逊彦

博物馆[1]稍微东边一点的两个地方。有一种说法是飞机在福井还是别的什么地方轰炸完回程的时候,把剩下的炸弹也丢了下去。因为回程的时候太重了,就全都往下丢。投弹时未指定任何特定目标,谁想只有民宅遭殃。死者人数西阵、马町大约各 50 人。

"二战"结束的时候,我读小学五年级。昭和 16 年(1941 年)入学,昭和 22 年(1947 年)年毕业,只有这六年读的是国民学校[2]。在我之前的人读小学的地方叫"寻常小学校",在我之后的人读小学的地方就叫"小学校"了。只有我的年龄正好是国民学校入学,国民学校毕业。

昭和 20 年(1945 年),"二战"刚结束,我目睹了进驻日本的联合国军进入京都的瞬间。战车轰隆隆地绕过七条乌丸,然后星条旗在四条乌丸倏然立了起来。从四条乌丸往北,曾经有乌丸剧场,现在那里已经变成了银行。我从东本愿寺前步行经过那里去看电影的时候,大家都走在东边的路上,因为人们害怕走在美国宪兵的前面。而我却大摇大摆地走在他们前面,一个美国宪兵还笑了出来,他一边手撑着腰,一边哧哧地笑,放下了手枪。

在战争期间也有一些斗志昂扬的电影,战争结束后都是一些小制作、巡回演出的戏,在京极演出,我当时看的都是那些。像是辻野良一(战前花月剧场的人气明星)的《鼠小僧次郎吉[3]》。当时辻野良一一登场,就有人喊"日本第一",我目睹此情此景,以为看戏一定要那么喊才行。哈哈哈,我小时候真这么想。

当时有流动演出的草台班子,也有影剧联演的连锁剧。所谓连锁剧,就是电影和舞台戏剧同时上演,在舞台上无法演出的场景通过电影展现。

---

1　应指 1992 年开设的立命馆大学国际和平博物馆。
2　"国民学校"是从 1941 年到 1947 年间日本初等普通教育机构的名称。
3　日本江户幕府晚期有名的盗贼。

24 小时全部只为自己使用

◆ 全家人都在东本愿寺前的店门口。前排最左边是少年逊彦。

◆ 1943 年，上小学四年级。前排左起第三位。

矶村逊彦

像是在山里被追赶的场景，就是通过电影来表现的。随后电影画面到山顶时忽然一变，电影中止，而在山顶上出现了舞台，女子一声尖叫向舞台逃跑，电影中出现的演员就在舞台上登场了。这就是连锁剧。对了，"演员节"（俳優祭）的时候，仁左卫门[1]、勘三郎、八十助[2]他们那时是干事，我说起了连锁剧的事情，才得知之前还上演过一部模仿《歌剧魅影》、名为《歌舞伎魅影》的连锁剧。在舞台底下发生的情景用影像表现，而影像中的人物本人突然又在花道[3]上登场。

日本上下因战争失败而悲伤，但对未来又满怀希望——在这样动荡不定的日子里，少年逊彦茁壮成长，升入初中后不久，他在十三岁的时候遭遇了一次交通事故。我们不妨引用一篇记录了当时回忆的文章。

我难以忘记昭和22年（1947年）4月17日的事情。店里的掌柜骑着自行车，我坐后面，我们在去帮忙大扫除的路上被进驻军的卡车撞倒。年纪轻轻才二十三岁的掌柜当场死亡。据说我连续三天昏迷不醒，被抬进了红十字医院，脸上已经裹着纱布，双手被粗绳绑着。哥哥和常来我家的医生闻讯赶来，脱口而出"他还有呼吸"，于是乘出租车载我回家，在路上为我做了心肺复苏，还注射了强心针，总算保住了我一条性命。我重伤休养了三个月。

疗养了一阵子，谁曾想有一天美国宪兵来到了我家，他是为了调查事故而来。宪兵没脱鞋就莽莽撞撞地闯进别屋，走到我的枕边。负责口译的日本人都拦不住他。爷爷说"因为日本战败，我们才会这么受欺负"，他悔恨不已。

出自《诸君！》平成12年（2000年）7月号

---

1　应指歌舞伎演员第十五代片冈仁左卫门（1944— ）。
2　应指歌舞伎演员第五代坂东八十助（1956—2015），后袭名坂东三津五郎（第十代）。
3　歌舞伎剧场中，贯穿观众席通向舞台的通道。

在这样的逆境中，少年逊彦顺利地恢复过来，据说他在高中时热衷于水球和戏剧。

我打水球，也就是 Water Polo，那是一种小众的运动，和做土木工一样累人。我就算去参加比赛，最多也就是替补选手，根本没人会来看比赛。不过我去山城高中比赛的时候，阪神队的吉田教练[1]当时还在山城高中的棒球部，他比我高一年级。我看到他时还和别人议论那个人是吉田，他在京都很出名。

我高中读的是洛阳高中，现在已经变成工业高中了。在我们那个时候也有普通课程，那是在综合高中上的。第一届的毕业生里有大岛渚[2]。大岛渚曾是我们演剧部的第一代老大。我高中三年级参加校内演剧大赛时，大岛作为审查委员会委员长来到学校，我们当时选的是《修禅寺物语》[3]，表演了歌舞伎。

校内演剧大赛，是以班级对战的形式，在两天内上演十四出戏，也就是历时两天的演剧节。我有一个喜欢歌舞伎的朋友，提议说我们就演《修禅寺物语》吧。因为大家几乎没有真的看过歌舞伎，所以不知道怎么说台词，我就去二手唱片店找了左团次[4]的《修禅寺物语》唱片，这个戏的

---

1 吉田义男（1933— ），出生于京都的原职业棒球选手、教练、解说。曾三度担任阪神老虎队的教练。
2 大岛渚（1932—2013），日本导演，作品以另类、前卫著称，主要作品有《青春残酷物语》《日本的夜与雾》《感官世界》《御法度》《圣诞快乐，劳伦斯先生》等。
3 由剧本作家冈本绮堂创作的戏剧，1911 年发表，同年首次上演。
4 第二代市川左团次（1880—1940），歌舞伎演员，出演过冈本绮堂创作的《修禅寺物语》《鸟边山情死》等剧目。

矶村逊彦

　　SP 标准唱片[1] 店里就剩下那一张了。歌舞伎表演时台词的处理方法，不听唱片是不会知道的。

　　我们的表演相当受欢迎，我觉得我们可以拿下第一，但最后拿了第二。于是我问大岛为什么我们的戏那么受欢迎却没拿第一，他回答"感觉不像是高中生会选的题材"（笑）。

　　高中毕业后，我不打算去大学，一心想早点成为生意人。我才不想变成上班族，每天穿着那种西服上下班。高中毕业后，差不多昭和 28 年（1953 年）到 31 年（1956 年），我在京都室町的布庄当学徒，我觉得在布庄做学徒可以了解做生意的门道。当学徒期间，店里打烊以后，晚上我还是会去看电影。

　　后来我辞去了在布庄的学徒工作，二十一岁到二十五岁的时候处于失业状态。我时不时会给家里打个下手，讨些零用钱。

　　其实那时候我一度想当漫才师[2]，当时上方演艺股份公司还在。去上方演艺前，我去见了秋田 B 助[3]，那是他在南座登场的时候。

　　他对我说，现在没有入室弟子，让我寄明信片给公司试试。为了不让家人知道这件事情，我寄出明信片后每天都偷偷查看信箱，要是上方演艺寄来东西，我非得第一个拿到才行。后来真的寄来了。明信片上说演艺课长要与我面谈，让我过去。我就去了，他说现在正好有人和搭档拆伙了，在找新的搭档，让我不妨与对方见面聊一下，和他组对子。

　　那时候我都不知道剧本是漫才师自己写的。不过我们俩的本子我完全

---

1　SP 即 Standard Playing，指每分钟 78 转的粗纹唱片，每面约能录 3 分钟的内容。《修禅寺物语》的 SP 唱片由哥伦比亚公司于 1931 年发行。
2　表演漫才的演员。漫才是由两个人以滑稽的问答为主表演的曲艺节目。
3　文中指第二代秋田 B 助，本名北端和夫（1926—2016），漫才师，与秋田 A 助（山口敬一，1922—2015）搭档表演。

是交给搭档来写，他自由发挥。练习的房间里，差不多每两张榻榻米大小的空间用帘子隔开，到处都是排练的人，练得热火朝天。后来我们觉得还要做些别的准备，就起了"浪花春夫""浪花秋夫"这两个名字。

◆ 二十三岁时。

我是秋夫。搭档要我站在右侧。他还让我无论是在路上走，还是坐电车，都往右站。

我当时正失业，有六个月的失业保险，所以我也没有向老爸要什么电车费，自己就去了。但是公司提出一旦结成组合，需要得到父母的许可。

于是我就和父母说了，我老爸做过家长教师联合会的会长，他叫来我中学时候的校长，劝我打消这个念头。

即便如此我还是想当漫才师，但是我妹妹对我说，有漫才师哥哥，会妨碍她的亲事，被人说三道四。我这才答应放弃这个念头。要是给兄弟姐妹添了麻烦，那可不行。后来我去曲艺场的时候，演艺课长还过来对我说："矶村啊，你从观众席这边看表演很轻松吧。要是你到我们这儿，走上舞台表演，可有你累的了。"哈哈哈。

那时候民营广播刚刚兴起。电视上也需要曲艺表演，需要制作节目上电视，不过能播放的数量还是不够。

那时秋田 A 助和 B 助搭档，横山 Knock[1] 和 O 助[2] 搭档，成为 O 助和 K 助的组合。横山是在我之前拜师的，作为 B 助的弟子。O 助、K 助因争一

---

1　横山 Knock（横山ノック，1932—2007），漫才师，一度以秋田 K 助的名义与秋田 O 助搭档。
2　这里指一度以秋田 O 助的名义与秋田 K 助（横山 Knock）搭档表演的漫才师第三代平和日佐丸（1933—1968），本名沟畑勋。

名女子而吵架散伙，然后 K 助另找他人搭档组成一个叫 Knock Out [1]（K.O.）的组合。后来 K.O. 好像也不行了，就组了一个三人组合叫 Knock-hook-punch[2]。横山作为 K 助与 O 助一起搭档的时候，我一度是他的师弟。

在那段失业的日子里，我过得随心所欲。每天一早就去看电影、去咖啡馆，当时出现了香颂[3]咖啡馆。于是香颂咖啡馆成了我的根据地，我常待在那里。在这期间，我创立了京都香颂协会。在锦乌丸东边的入口处，一家叫 French Cancan 的店里。虽然是一家小店，但店里摆着桌子，还放了七十来把椅子。高英男[4]在那里举办过迷你独唱会，那时他刚从法国回来，我还当了主持人呢。

当时我在大阪的一家叫 Spañola 的香颂咖啡馆听了岸洋子[5]的现场，真的很棒。我觉得她和越路吹雪[6]的实力不相上下，非要请她来开一场独唱会不可，我就和关西电视台做主持人的朋友一起请她来表演。不过办这场活动让我入不敷出，所以我二十五岁的时候就当起了住店服务生，进了酒水生意这一行。如果岸洋子当时就很红，事情就不会变成那样了。以上就是我二十五岁的时光。

那时香颂正在日本流行，一杯咖啡 60 日元，而一张 LP 唱片[7]要 2800 日元。京都大学法语系的桑原武夫[8]还带着研修的学生，来我这里听香颂表演。

---

1　该组合名的字面意思是击倒、击败。
2　该组合名的字面意思是击倒、勾拳、挥拳。
3　香颂（chanson），法国大众歌曲。该词在法语中是歌曲的总称，但在日本通常指法国现代通俗歌曲。
4　高英男（1918—2009），日本歌手、演员。在日本普及法国香颂的第一人。
5　岸洋子（1935—1992），日本香颂歌手、那不勒斯民谣歌手。
6　越路吹雪（1924—1980），日本香颂歌手、舞台演员。
7　LP 即 Long Playing，指每分钟约 33 转的密纹唱片，每面约能录 23 分钟的内容。
8　桑原武夫（1904—1988），日本法国文学、文化研究者，评论家，日本文化勋章获得者。

24 小时全部只为自己使用

◆ 京都香颂协会时期及刚开始做酒水生意时期的名片都精心地保存着。已经是五十年前的名片了。右侧的两张是成立了京都香颂协会、举办岸洋子的独唱会的时候。"叫大森制作公司,但留的是我的地址和电话号码。因为岸洋子的经纪人姓大森,就擅自取了大森制作这个名字。"

后来我做起了住店服务生,在一家叫"洋酒咖啡 COMPA[1]"的店,那里现在成了酒店,就是位于四条的京都中心旅馆,在高岛屋的斜前方。

京都这家 COMPA,服务生和调酒师一共三十五人左右。因为是 COMPA,所以调酒师都是男性。据说客人都是在卡巴莱[2]表演的"姐姐"。

当时在四条街有很多类似"京都小姐"的店。有卡巴莱,还有"副业沙龙"[3]。所以很多人来我们店喝酒。

不过我只在那里待了一年。至于原因,是因为收到我当学徒时去的那家布庄的社长的邀请。社长对一名祇园的艺伎爱护有加,她那时以祇园艺伎的身份开了自己的首家酒吧,正在找调酒师。我之前做服务生的时候,想让更多客人来店里,就打电话给我的前辈后辈什么的,所以社长便得知我在做酒水生意。他就和艺伎说,有个以前在我店里当学徒的小伙子,正

---

1 COMPA(コンパ)是在昭和 40 年代(1965—1975)非常流行的一种酒吧。特点是没有包厢,为了迎合年轻人定价便宜,并且调酒师都是年轻男子,女性常常为了调酒师专程光顾。
2 日语为キャバレー(cabaret),有舞台、舞厅、表演精彩节目娱乐客人的酒馆。
3 副业沙龙,日语是アルサロ,全称是アルバイトサロン。指雇用女学生做业余服务员的酒吧。

矶村逊彦

在酒吧做，让他来如何。于是他们二人就一起过来找我。

他们想来我这边，我还想这该如何是好，可不得了了。我做这行才不到一年，这位大有来头的祗园客人要上门，这可不得了。我想如果把薪水往高里说，对方应该就会放弃。那时候，我一个月只领 4500 日元，我就脱口说要 3 万日元一个月。

我想这样她绝对会放弃，没想到她说没问题。我又说自己没有住的地方，她说她那里有房间，就在店面的二楼。住宿免费，还能拿 3 万日元，这下不得了。后来我一打听，京都一家最高档的酒吧里，一位五十几岁的首席调酒师一个月才拿 3 万日元。

因为这件事非同小可，我跑去丸善书店买了《萨沃伊鸡尾酒书》[1]，那本书要 7500 日元。当时 1 美元换 360 日元，价格真是高得离谱。店名虽然叫丸善[2]，但也不全行善事啊。

不过那本全英语的鸡尾酒书，初中毕业生也差不多能看明白。因为只写了酒的名称，以及是用摇壶混合还是搅拌这些信息。老实说，有足够的知识就可以做到。我觉得只要扩充知识量，就能做好一名调酒师。客人会点的鸡尾酒最多也就十种。即便有客人是从海外回国的，曾在国外的酒店喝过酒，想必了解的品种也有限。

这是一家名为"米"、读作"yone"的酒吧。因为是祗园的艺伎开的酒吧，只要是从祗园的茶馆来的客人，她一看脸就知道是谁、算日本的哪号人物。吧台差不多可以坐七个人，包厢只有一个。但因为这是第一家祗园艺伎开的酒吧，所以算是高档店。

然后同行们就议论调酒师是哪里来的，没人知道。问了名字，也没有

---

1 *The Savoy Cocktail Book*，第一版为 1930 年出版。作者是伦敦萨沃伊酒店的著名调酒师哈里·克拉多克（Harry Craddock，1876—1963）。

2 丸善书店名中的"丸"（まる）在日语有整个、完全的意思。

◆1979年，在观世会馆公开表演狂言《武恶》。　◆四十岁左右，在表千家（茶道）认真学艺了十年。

人知道我是谁。毕竟我在洋酒咖啡 COMPA 才待了一年不到。后来一个顶级的调酒师和客人一起来看我。

我觉得来看我的这位调酒师大叔不像是会去丸善买书、读英语原著的人。我就说我调的酒是正规的，没有道理被说三道四。虽然我没有秃头，但是看起来不像二十五岁（笑）。后来这位京都有名的调酒师待我很好。我也开始去这位高级酒吧调酒师工作的地方，我已经可以带着祇园年轻的艺伎一起去了。我把那份高薪全数用在喝酒上了，喝光用光。

我在那家店一直待到差不多二十八岁，心想如果自己立马开店的话，会让老板娘很不高兴吧。于是我就在有女招待的酒吧，还有牛排餐馆的吧台稍微工作了一阵子。以前，如果没有事先找好厨师的话，是开不了经营到深夜的咖啡馆的。我为了找到可以雇用的年轻厨师，就去了牛排餐馆

矶村逊彦

工作。找到之后我就对他说等我开店了，你要过来啊。我在这里开店是三十一岁时，昭和40年（1965年）。在这之后一直持续了四十七年，哈哈哈。

当时，这一带还有三家情人旅馆，只剩三家，但人们已经不去那里了。（由于《卖春防止法》生效）那里已经没有妓女了，不过花街柳巷还是有的。在还有妓院的时代，妓院里有送西餐外卖的店，叫Grill Kokki，就在一层，所以这幢楼叫Kokki会馆。这一带之前是红灯区，虽然也有茶馆，但绝大多数是妓院。

这里是我在洋酒咖啡馆工作时和我住一个房间的家伙告诉我的。他之前就住在一楼的Grill Kokki。后来这幢两层的建筑，原封不动被整幢租出了。所以至今这里仍然保持原样。在战前，还有红灯区时期，这里一度经营着西餐厅。

我开店的第五年，1970年3月8日，发生了火灾。正好在世博会开始前的一个星期，火从隔壁二层烧了起来，这里的屋顶和天花板都没了。没了天花板，露出了天空。

没了屋顶，这下谁也做不了生意了。所以不得不集众人之力重建。房东拿出了保险金，不够的部分四家店均摊出钱，完成重建。4月15日重新营业。

火灾发生的时候是凌晨两点左右。我两点关店和客人相约去别家店喝酒，出了门。还没喝完一杯，就看到消防车呼啸驶过，听到有人喊，阿矶的店着火啦。我还想，说什么胡话，刚才我还在店里。我回来的时候，我的店里还没着火，但隔壁已经是熊熊大火了。那正好是淀号劫机事件[1]发生的那段时间，我在自家电视上完整地看了事件的经过……就因为这场大火，店没了。

---

[1] 1970年3月31日，日本共产主义者同盟赤军派对日本航空351号航班发起的劫机事件。

就像我一开始说的一样，"矶村"这家店谢绝生客。"我的店不需要什么入会金。只要是在我脑海中留下印象的人，就成了会员。我也不会说'趁我还没忘记你，记得要常来哦'。"虽然这么说，但是在"矶村"喝酒，你真的会发现各类人物现身露脸。从被阿矶称呼为"欣也酱"的北大路欣也，到胜新太郎[1]。在这个吧台尽情喝、尽情玩的名人数不胜数。

我的客人，有一开始我在"米"工作时的客人，祇园的茶馆、花街的人很多，还有我在布庄当学徒时候的同行。我喜欢电影，客人里有电影制片人，后来导演、演员也会来我的店。歌舞伎演员听艺伎说我从小就喜欢尾上松绿，第二代松绿[2]，还看过相关的歌舞伎表演，等等。然后，他们在茶馆告诉了第二代松绿先生，松绿先生说那我们就去吧，就真的来我店里了。后来歌舞伎演员也常光顾我的店。

我没有结过婚。虽然有过想结婚的对象，但后来没成。我不会因为和那个人没有成，就对别人说，我接下来要和你在一起，那样太失礼了，场面也尴尬（笑）。

嗯……我三十多岁的时候，在火灾发生前，曾有一个让我稍稍燃起爱意的人。发生火灾的时候，我在想之后能不能和她一起走下去，当时我的确面临了人生的分岔口。说不定火灾以后，店也不会再有了，合适的老婆也不会再出现了。当时我心想，大不了再去别的地方工作。话虽这么说，作为一个男人还是挺丢面子的。哈哈哈。

话是这么说，那些美酒不离手、美女不离身的人，好多都垮了。真的是这样。有饮酒过度伤了身体的人，也有因为女人腿都站不稳的人。

---

1 胜新太郎（1931—1997），日本演员、歌手、编剧、电影导演。
2 指第二代尾上松绿（1913—1989），日本歌舞伎演员，本名藤间丰。1972年获"人间国宝"的称号。

矶村逊彦

◆ 与舞伎一起拍的大头贴。　　◆ 对于祇园的舞伎、艺伎们来说，阿矶可是个重要的"老爹"。

24 小时全部只为自己使用

◆ 扫一眼漫不经心挂在墙上的东西，客人的级别一目了然。左边木制的牌子是勘三郎继承艺名的纪念。一旁的照片是北大路欣也饰演《空海》的剧照。

如果我在这里和这位客人喝了酒，自然拒绝不了和下一位客人喝，这样每天我就得和每个客人喝酒。所以我从在外面工作的时候开始，就以"自己在吧台内不喝酒"为原则。工作期间绝对不喝酒。要是被人说"那家伙在外面的店工作时不喝，自己做生意时却喝个不停"，那我也太没面子了。

做酒水生意的人往往能说会道，各种话题信手拈来。因为他们通常会尽力迎合客人。明明很困，还要陪客人聊高尔夫，明明没有兴趣，还要读《日经新闻》。

不过，阿矶却不同，"我亲眼看到的东西才会想玩"，正如他所说的那样，他只坚持做自己真正喜欢的事情。他对生活的态度数十年如一日，从未动摇。

### 矶村逊彦

　　我爱看热闹。要是发生了什么事情,只要时间允许,能看就先一看究竟。

　　他爱烟也爱酒,但在家里他绝对不抽烟,早上在咖啡馆抽上一支。酒既不放在家里,也不在自己的店里喝,店关门以后,在外面喝。三餐都在外头解决。以前他号称"大胃王",现在他睡觉之前不会再吃东西。于是乎在京都这个独一无二的地方,他贯彻着只有在这里才能实现的生活方式。不迎合任何人,也不向任何人炫耀。

　　所以只要在"矶村"喝酒,虽然也会酩酊大醉,但总能变得特别有活力。我不禁想,原来世间还有这种体验。

　　男女老少,各式各样的客人坐在"矶村"的吧台,然而声音最洪亮、背挺得最直、最麻利、最有精神的,无论何时都是七十八岁的阿矶,一定是他。

漫画家

# 川崎行雄

电子书就像蔬菜直销一样，
虽然讨巧但卖得好

川崎行雄

　　我和《猎奇王》到底是什么时候相遇的呢？当我还是一名高中生，爱读的漫画杂志从"Sunday"[1]"Magazine"[2]变成《GARO》[3]的时候，我遇见了川崎行雄先生的《猎奇王》系列。

　　当时，在具有强大封面和内容的《GARO》杂志中，《猎奇王》的存在别具一格。绘画并不出众，甚至不是形拙实巧的作品。故事的发展也不是十分清晰，甚至有时会有些不知所云。没有爆笑的桥段，也没有情欲的

---

1　指《周刊少年Sunday》(週刊少年サンデー)，是日本小学馆出版的综合性少年漫画杂志，创刊于1959年，刊载知名作品有《名侦探柯南》《乱马1/2》《犬夜叉》《H2》《弥留之国的爱丽丝》等。

2　指《周刊少年Magazine》(週刊少年マガジン)，是日本讲谈社出版的少年漫画杂志，创刊于1959年，刊载知名作品如《巨人之星》《金田一少年事件簿》《中华小当家》《炎炎消防队》《致不灭的你》等。

3　《GARO》(ガロ)，日本青林堂出版的漫画月刊，1964年创刊，广受成年读者的支持，2002年停刊，刊载知名作品有《卡姆依传》《寺岛町奇谭》《少女椿》《阿南的小情人》《四丁目的夕阳》等。

◆《猎奇王百鬼夜跑》

场面。《猎奇王》印刷在不光滑的杂志版面上，展现出其他作品所没有的某种异样的存在感。而且这部作品里 100% 地道的关西腔，也让东京生东京长的我第一次感受到大阪的真实氛围。

川崎行雄先生当时住在大阪，现在也是。从梅田坐阪急[1]电车，很快就到了塚口站，那里是他的主场。站前环岛、超市以及商店街。周围是随处可见的郊外风景，他时而去咖啡馆坐坐，然后去散步，返回咖啡馆，而后再去散步，有时拍些照片。回到家，在电脑前画画漫画、玩玩游戏，就这样静静地过着每一天。

把 1951 年 3 月出生，才六十一岁的川崎先生称为老人实在有些失礼，他堪称"市井的贤者"，他非凡的日常生活状态已经达到了作为独居老人的"小涅槃"，一举一动流露出豁达和解脱。虽觉失礼，但这次还是有幸让他带我去了他中意的咖啡馆，之后在人行道上边散步，边聆听他的故事。

**都筑：** 川崎先生是 1951 年出生的吧。

---

[1] 阪急电铁股份有限公司，简称阪急电铁或阪急。运营连接大阪梅田、神户、宝塚、京都的铁路路线。

川崎：是的。3月31日。稍早于婴儿潮时代。我出生的地方是伊丹市。伊丹和尼崎很近，坐电车来这里也很快。

都筑：这一带，因为世博会还是变了不少吧。

川崎：嗯……因为世博会新铺了路。不过哪里都一样吧。车站前建了大楼，这里倒是没有建。大荣公司建的大楼拔地而起，车站附近都是这样。

都筑：川崎先生，您的父母有没有从事和美术或者漫画相关的工作？

川崎：嗯……应该没有。我父亲是普通的职员。祖父好像是一个书法家。我小的时候，他好像还开过学校。这种很常见吧，在町内办小学生的书法教室之类，应该就是那类学校。但是我不是很了解，因为祖父很早就过世了。

都筑：您的父亲没有子承父业吗？

川崎：没有，不过他常写字，有时一直在写字，不是写文章。他好像很能静得下来。

都筑：这一带以前也是农地吗？

川崎：对，还有军工厂。因为有三菱、住友等大公司的工厂。虽然没有造飞机，但造了新干线。在塚口、尼崎等地。大家觉得比起在乡下种地，不如出去干。

都筑：在那个环境中，您给人的感觉像是个漫画少年吗？

川崎：完全不是，就和其他人一样，和人赛赛跑、玩玩捉迷藏、比比相扑。就像是昭和30年代会发生的事情，那样的情况比比皆是。真的是稀松平常又让人怀念的风景。就和《三丁目的夕阳》[1]如出一辙。

有的地区村子还存在，但村里的田已经成了住宅区。稍微往山

---

[1] 由西岸良平创作的漫画作品，1974年开始在小学馆杂志《BIG COMIC ORIGINAL》（ビッグコミックオリジナル）连载至今，最初以昭和30年代为背景，讲述一个架空街区"夕日町三丁目"发生的市井故事，曾被改编成动画和电影。

里走一些，那里有很多这样的地方。新住宅区那时差不多刚建好。附近有村里的孩子，也有町里的孩子。村里的孩子生于此长于此，有归属感，而町里的孩子人生地不熟，就在住宅区里玩。

不过村里和町里的孩子也有一起玩耍的时候。村里孩子虽然外表脏兮兮，町里的孩子被带到他们家里的时候，发现那简直是豪宅（笑）。以前的农家，大门气派得很，但是他们样子还是很穷。

**都筑：** 这样啊。听说您是在当地从小学读到初中？

**川崎：** 对，就读附近的，最近的地方。

**都筑：** 当时您还没有想要当漫画家吧。那时您有没有考虑将来的事情呢？

**川崎：** 因为我住的町好像住着不少上班族，按理说我也会成为一名上班族。势必会变成那样。四邻也都是如此。我也会变成上班族吧，但是我不想（笑）。我真的不想。虽然这么说，但我并没有刻意抗拒，只是心有不甘……心想我真能当好一个上班族吗？我们口中的"做一个成年人"，有自己的家庭，有收入，服装也慢慢地……必须要穿西装，还要劳心费神。这些总觉得是刻意而为之。

**都筑：** 从这个意义上讲，您是矢志不渝吧。

**川崎：** 只有对酬劳是这样（笑）。我并不期望这样。因为我不想去公司，就要考虑有什么生活下去的方法，有什么有趣的工作。

**都筑：** 您大概是什么时候开始这么考虑的？

**川崎：** 上初中那会儿……差不多初中、高中那会儿吧。我高中读了商业科，在茨木市。离家相当远，坐电车差不多要一个半小时的样子。我成绩差嘛，只能去偏远的学校，没得选。进私立差不多行。初中成绩靠后的学生大多都去私立。附近的孩子，有伊丹市立的高中可以上。进不了的孩子，只能去遥远的私立高中（笑）。就像被流放荒岛。

**都筑：** 那您也不太喜欢学习吧？

**川崎：** 因为我成绩差不多是倒数几名。不过我在高中成绩是靠前的。我高中一开始进的班是前段班。高中前还是倒数几名，高中就变成正数几名了。

**都筑：** 换了地方嘛（笑）。上了商业高中，并不意味着您想做生意吧？

**川崎：** 没错。做生意要比当上班族更赚一些，像是做零售、做小买卖、摆摊儿，那样来钱更多……但总觉得那好像有一点点黑暗（笑），不够正派，那条路就算了吧。

**都筑：** 您的出道作品是二十岁左右画的吧？

**川崎：** 对，是十九岁还是十八岁的时候。画的时候是十八岁吧。从高中毕业后，我工作过一次。大概因为我很优秀吧（笑），一个在学校图书馆工作的人，问我"要不要去书店干"，为我介绍了书店的工作。

　　因为是在梅田的书店，挨着报社和百货店什么的。我在那里负责书的配送。因此，我会经常进出报社，现在是进不去了，当时我一个人一个人地为客人配送书。

**都筑：** 这份工作从早到晚应该也很累人，您做了多长时间呢？

**川崎：** 应该有三个月左右（笑）。准确讲是过了黄金周就不做了。我差不多一过黄金周就辞职了。虽说我去做这份工作的时候干劲十足，一旦停下来，也就结束了（笑）。一旦不做了，就又回到了平常的生活（笑）。

**都筑：** （笑）其中最辛苦的是什么呢？

**川崎：** 嗯……工作倒是没有什么辛苦的事情，就是配送书……我都想变成书本了。一本书被那么小心翼翼地对待，又有商品价值，领到书的一方也是小心翼翼地收下它。让我觉得书被人爱护着（笑）。

**都筑：** 那时您开始画漫画了吗？

**川崎：** 稍微开始画一些了。高中的时候，我就明白必须要找个地方工作，但我又在想有没有什么退路。最理想的方法就是绘画或者画漫画之类，直接以个人的方式工作。所以漫画这一选择就渐渐浮出水面了。

**都筑：** 在这之前您完全没有画过吧？

**川崎：** 没有画过。

**都筑：** 突然开始，从无到有真的很厉害。

**川崎：** 从一开始，我就没有这种才能。于是我就在没有才能的状态下作画，我觉得其他人是绝对做不到的。有绘画才能的人自然会作画，没有绘画才能的人从一开始就画不了。明知没有才能还去作画的人，会被当傻瓜看（笑）。

**都筑：** 不会、不会。不过您还是觉得自己有能力做到吧。您的身边有画画的朋友之类吗？

**川崎：** 没有，一个也没有。不过有画漫画的伙伴。像是会员招募、书信往来什么的，这些会出现在"Sunday""Magazine"等杂志上。我们还会自己办漫画同好会、同人志活动什么的。也会有书信交流，就像是月度报告一样与成员通信。

**都筑：** 那也是突然开始的吧？

**川崎：** 因为门槛低。只要向"Sunday""Magazine"之类的寄信就可以了。因为有"招募"这个专栏，大概会登十个读者的作品。上那个专栏很容易。也就是说一开始的时候门槛很低。因为还没有发生金钱关系，画漫画从别人那里收钱，这种状态门槛是很高的。在画同人志的阶段还没有关系。

**都筑：** 那段时期，您会不会反复阅读其他漫画？

**川崎：** 差不多是《GARO》杂志连载《卡姆依传》[1]的时候……在这之前我一直走的是标准路线。"Magazine""Sunday"之类，当时有一股周刊杂志热。后来"Jump"[2]也创刊了，就是那样一个时代。30日元、40日元就可以买一本杂志。像《伊贺的影丸》[3]等作品也就应运而生。

**都筑：** 从那之后您就突然转向了《GARO》了吗？

**川崎：** 那是因为塚口的关系，我读高中的时候有一次在塚口下车，那里有一家租书店。我觉得买周刊杂志有点太浪费了，借着看比较便宜。我去租书店的时候，正好有《GARO》。仔细一看，青林堂的书也都整齐地排成一列。青林堂成立之前，出版过面向租书店的单行本，

---

[1] 日本漫画家白土三平（1932— ）1964年至1971年于《GARO》连载的长篇漫画，以江户时代的虚构藩为背景，描写围绕忍者、农民、武士、商人各阶层展开的群像历史故事。

[2] 指《周刊少年Jump》（週刊少年ジャンプ），是日本集英社发行的少年漫画杂志，创刊于1968年，刊载知名作品有《灌篮高手》《龙珠》《乔乔的奇妙冒险》《海贼王》《银魂》《鬼灭之刃》等。

[3] 日本漫画家横山光辉（1934—2004）1961年至1966年在《周刊少年Sunday》上连载的作品，主人公是伊贺的忍者，主要描写他与德川幕府的敌人作战的故事。

当时这些书也都放在店里。有长井胜一[1]先生做编辑时期的作品，像白土三平、水木茂等人的作品。

读了之后我惊呼："原来还有这样的作品！"我之前读的少年杂志上画的都是商业化的、精美的画。像是手冢治虫[2]这类的画。这样的画，我画不出来。无论怎样我都画不出来。但是如果画《GARO》上的这类漫画，我真的可以！（笑）所以门槛一下子就降了下来。

◆《弹珠汽水的弹珠》

都筑：当时读了《GARO》之后，这么想的人也许很多吧（笑）。您在书店工作了一段时间，然后在黄金周后辞职了，在那之后您就想靠画漫画走下去了吧？

川崎：想是这么想的。在稿纸上画上漫画，画完带去之后，作品被采用，自己拿到稿费后心想，来钱真快。

都筑：还是当日付您现金（笑）。当时您的父母没有反对吗？

川崎：没有。虽然他们对我说还是当个上班族比较好，但他们并没有大张旗鼓地反对我。

都筑：看来他们也没招吧。顺便问一句，您有兄弟姐妹吗？

川崎：我们家是三个孩子，我上面有两个。长子和长女。

都筑：这两位当时已经工作了吧？

川崎：是的，只有老三用来做试验了（笑）。

---

1 长井胜一（1921—1996），日本编辑、实业家。青林堂的创建者，也是《GARO》的第一代主编。
2 手冢治虫（1928—1989），本名手冢治，日本漫画家、动画制作人、医学博士，同时是现代日本动画的创立者之一。知名作品有《火鸟》《森林大帝》《铁臂阿童木》《多罗罗》等。

川崎行雄

◆《情侣的森林》

◆《海之家》

都筑：一般情况下，要当一个漫画家，会考虑很多步骤，像是先成为某人的助手之类。您当时没有这么考虑过吗？

川崎：有一次，我对青林堂的长井先生说自己想成为水木茂先生的助手，请他帮我写一封介绍信。长井先生连连说不行，说主要因为水木先生现在很忙，这样一口拒绝了我。我想明明很忙才需要人帮忙嘛（笑）。我虽然抱着成为助手的想法，但是已经给对方造成麻烦了。

都筑：于是，您想不经过助手的阶段，直接作为漫画家出道？

川崎：是的。那是我的作品第一次登在《GARO》之后的事情了。出道之前，我根本没有考虑什么明天的事情。因为我知道如果没有画画的才能，是不行的。如果不能画得比其他漫画家更好，也是不行的。

都筑：知道自己不是那种人，从结果来看这样也不错吧。您出道的作品是您的处女作吗？

川崎：我在同人志上也画过一些，我还有当时投稿过的原稿。那些是为了迎合商业志[1]作的画。我觉得自己画的不会被登，但还是投稿了，最

---

[1] 以盈利为目的发行、销售的杂志。与免费杂志和同人志相对的说法。

后都没了下文。这样的结果也是理所当然的,因为当时正值剧画[1]的全盛期。像是斋藤隆夫[2]等,写实的画风。

**都筑:** 那是截然不同的画风吧。

**川崎:** 没错。

**都筑:** 不过您的作品一举登上《GARO》杂志,也开启了您的漫画生涯。从出道来说,算是很幸运,应该说是很早吧。

**川崎:** 是有点早,我大概投稿也才投了一年吧。一开始的时候,长井先生曾指点我原稿应该这样做或那样做,或让我在某些方面再稍加用心。他会为我这样一个还没入选的人出谋划策。到了我画第二、第三部作品的时候吧,来了一封明信片,好像写着"您的作品已入选"。

**都筑:** 也就是说,您的作品被杂志刊登了?

**川崎:** 刊登的是之前的作品。我也以为入选的是这次的作品,结果是之前画的入选了。那是一部叫《萧瑟夜风》的作品。我在作品的封面上,用笔写着"入选作品"。是那部作品被登了,我写的字没有被擦。

**都筑:** 欸?也就是说"入选作品"这几个字是川崎先生您自己写的吗(笑)?好厉害!这已经是四十年前的事情了吧。

**川崎:** 它就像是一纸军令状一样。当时我还不知道会为此吃苦受累。

**都筑:** 不过您二十岁的时候作品就一举登上杂志,拿到了稿费,您也会想一鼓作气再接再厉吧。

**川崎:** 哈哈……

**都筑:** 在那之后,您都是在高强度地开展工作吗?

**川崎:** 对。该怎么说呢,我也有些忘了。画好后就把画完的部分送过去,

---

1 20世纪50—70年代在日本流行的一种黑白写实漫画。
2 斋藤隆夫(1936—2021),日本漫画家,确立剧画概念的漫画家之一,代表作为《骷髅13》。

川崎行雄

◆《萧瑟夜风》

作品越积越多。

**都筑：** 就给《GARO》一本杂志画吗？

**川崎：** 还有一些三流漫画杂志。像是《Erogenica》[1]，《官能剧画》[2]之类。其实有很多人在做这些杂志。应该在东京的水道桥吧，那一带有很多这类杂志。高取英先生当时正在办《Erogenica》，他邀我帮他的杂志作画。当时有很多相当优秀的人，他们想自己领衔创办杂志。所以我也想分一杯羹赚些钱。不过，画官能题材相当难（笑）。

**都筑：** 我想，在那个时代，您在各处发表作品，也有收入。但您还是一直住在老家吗？

**川崎：** 是的，没错。我大概三十岁之前都没有钱，自然也就动弹不得，根本没法搬家。大概是首次出版单行本的时候吧。版税得了一大笔钱。也不算是一大笔，但确实数目不菲。我就把这笔钱用来做租房的押金。那是我快要三十岁的时候。

**都筑：** 您搬去哪里住了呢？

**川崎：** 嗯……一开始搬到阪急的稻野站附近的公寓。房东是我一个画漫画的朋友的父亲，我朋友也成了公寓的管理人，我觉得总有办法解决。

**都筑：** 二十多岁正是您精力旺盛的时候，您当时是过着怎样的生活？一头沉浸在漫画里？

**川崎：** ……我当时在做什么呢。应该是和办同人志的朋友一起玩吧。去山

---

1 一度引起三流剧画热潮的杂志，日语名为"エロジェニカ"。第三任主编是日本剧作家、漫画评论家高取英（1952—2018）。

2 情色漫画杂志。

电子书就像蔬菜直销一样，虽然讨巧但卖得好

　　　　上或者去集会之类，例如漫画的集会。

都筑：欸？去山上会做什么？

川崎：修行。

都筑：修行？

川崎：比如增强体力……和那些际遇不顺的朋友在一起反而能安心，因为我们境遇相似。画了漫画却火不了。

都筑：您当时打过工吗？

川崎：三十岁前，我送过牛奶，还在老家的时候。大概从高中毕业以后，一直送到二十六岁左右。因为没有现金收入，我连烟都买不起，咖啡馆也去不了。后来有了三流杂志的活儿，终于有了现金收入。

都筑：您在老家有没有觉得面子挂不住？

川崎：真是面子挂不住啊。怎么说呢，当时我没有活儿干，没工作。

◆《近郊流浪歌》　　　　　　　　◆《傻瓜哀歌》

**都筑：** 所以有一段时间您通过送牛奶获取收入，您租了公寓之后又是怎么生活的呢？

**川崎：** 当时大阪的出版社给了我不少活儿，比如插图，杂志的插图。还有一些采访什么的。走上街头，写报道，有文章、照片还有画。

**都筑：** 拍照也是从那个时候开始的吧？

**川崎：** 是的，拍照是从我在老家的时候开始的，还找了一间暗室。

**都筑：** 欸？那样看来是动真格的。您身边有人喜欢拍照吗？

**川崎：** 不，倒也没有。（拍照的话）不用动笔画，我想我应该可以做到（笑）。就像做豆腐一样，（把底片）放在水里，只有单色。

**都筑：** 那是在您开始画漫画之前吗？

**川崎：** 不，在我开始画漫画之后。我拍了照片，但我发现印照片的费用比买胶卷贵，底片稍稍放大一下，费用就更贵。还是自己冲印照片省钱。我拍照是为了用作漫画的背景。不是作为艺术，而是作为资料。

**都筑：** 那么，您并没有想过要当一名摄影师吧？

**川崎：** 没有。

**都筑：** 您会作画、拍照、写文章，岂不是各种工作手到擒来？这样一来，采访的工作也有不少吧？

**川崎：** 对。我的收入来源更多是这一方面的工作，而不是漫画。

**都筑**：大阪以前也有不少有趣的杂志吧，像是《Play Guide Journal》[1]。

**川崎**：啊，就是那本杂志！我第一次出单行本就是在大阪的《Play Guide Journal》，不是在青林堂，也不是在《GARO》。当时正值泡沫经济崩溃之前，有预算，也有宣传费之类的。

**都筑**：也就是说，即便不打工，也可以生活下去吧？

**川崎**：是的，是的。三下两下画一张（原稿），就有几万日元，当时是泡沫经济嘛。

**都筑**：原来是这样啊。

**川崎**：画起来的话，差不多三十张左右，唰唰唰地画。我心知肚明，那个时候，要是没有人要求或委托你，已经做不了画漫画这一行了。有活儿来就画，但已经没法毛遂自荐说由我来画。

当时我已经积累了不少漫画的素材，也开始有一些自己想画的东西，我想先画单行本一册的量，画自己的新作品。然后再画个三四册的量。因为没有出版社的委托，就自己随意画……

那是从我三十来岁开始的。与《GARO》的作品同时进行……因为我想尝试画长一些的作品。我在《GARO》上如果不是连载，最长也就画个三十张、四十张到顶了。以前画贷本漫画[2]的作家，画一册赚一册的钱，他们一年画个一两册，差不多就可以过日子。我也是听别人这么说的。他们进度这么慢……

**都筑**：泡沫经济说来也已经是二十多年前的事情了，在那个时期之前您一直是比较忙碌的工作节奏吧？

**川崎**：没有忙到非用助手不可的程度。不过我自己还是忙这忙那的，还擅

---

1 1971年至1987年在日本大阪发行的介绍近畿地区的信息杂志，日语名为"プレイガイドジャーナル"。
2 专门为租书店出租而创作的漫画作品。

川崎行雄

自创作了新的作品。

**都筑**：川崎先生您的作品，也不是用了助手就可以轻松搞定的那种漫画。您好像很早就开始使用个人电脑、网络这些工具了，就是从那个时期开始的吗？

**川崎**：那是从接到采访的工作开始的。我买了专门的文字处理机，像是 Canoword、Typewriter 之类。一行一行地打，用那个写原稿就行了。

**都筑**：当时的机器只能一次打一行吧？

**川崎**：我用那种机器反而写得更好。我得记住自己写了什么。我会问自己，那个我已经写了吧，那个我确实写了吧……

**都筑**：毕竟当时还没有网络，也没有个人电脑。

**川崎**：从文字处理机到个人电脑，我都是很快上手的。像是 NEC 啦，爱普生啦，花了我 30 万、50 万日元。

◆《伊丹地下城》

◆《黄金寓言》

都筑：这可能和漫画的世界不太一样，是不是您开始做采访的工作之后，才不断接触到这些呢？

川崎：做采访的工作成了买这些"玩具"的借口。我心想那是为了工作！也许其实我只是想要那些机器。

都筑：像这样又画漫画、又做采访，这种忙碌的生活持续了多久？

川崎：差不多到四十岁吧。我三字头的整整十年差不多都这样。从四十多岁开始，世界变得安静下来。

都筑：泡沫经济破灭以后，川崎先生您的工作也发生了很大的变化吗？

川崎：是的。不太有人请我画漫画了。杂志的采访工作还是很多的，采访、插图之类，在别人的文章里加入插图，也就是插画家的工作。这些活儿基本上都是靠人脉。某人指名让我画，或是某位读者成为编辑，那个人请你画。那样的人现在已经成了很了不起的人。所以当时我没有怎么画漫画。

都筑：川崎先生当时有没有因为画漫画的工作减少而心生挫败感？

川崎：没有，这还不至于。画漫画还是很累人的，是最累人的事情。可能的话，我还是不想画。

川崎行雄

都筑：欸？还是画插图比较好吗？

川崎：因为快。三两下就可以画完，不用费心劳神。一张画完就可以想法子糊弄交差，也不需要有故事情节。

都筑：那段时间，您是住在最初的公寓吗？杂志的工作也渐渐变少了吧？

川崎：对。不久就是网络时代了。那是1995年左右吧。互联网已经比较普及了。在这之前，我也试过个人电脑通信。我一开始就尝试了，当时企业也想在网上放置内容。他们就来找我商量。

都筑：那么您也接了不少网上的工作吧，内容是电子漫画吗？

川崎：有漫画，我还制作了游戏，我一个人做的。

都筑：啊？真的吗！游戏是指早期的RPG[1]那种？

川崎：对。像是战斗、逃跑、敌人出现之类。《勇者斗恶龙》[2]那样的世界。我一个人做，没有用编程，只用标示和选项。

都筑：这也太厉害了！在没学习编程的情况下！顺便问一下是什么游戏？

川崎：《伊丹地下城》。

都筑：伊丹地下城？（笑）

川崎：这不是什么秘密，游戏的所有者是白雪，日本酒的厂商。

都筑：制作那个游戏用来做什么呢？

川崎：用于伊丹市地震[3]后的振兴。虽然有复兴伊丹的预算，但是轮不到用来做这个游戏，后来，就由白雪出资了。

都筑：所以那时候您制作游戏，也做采访的工作，有时候还会画画漫画，大概是这样的状态吧。

川崎：但工作逐渐减少了。差不多从我四十岁开始逐渐减少，后来就慢慢

---

1　角色扮演游戏。
2　由堀井雄二及其工作室Armor Project开发的RPG系列游戏，第一作发行于1986年。
3　指1995年1月17日发生的阪神大地震。

没有了。到五十岁左右采访的工作一下子几乎都没了。至于原因，要么是因为出版社或是项目没了，要么就是由于世代交替。

**都筑：** 那是一个杂志渐渐活力不再的时期吧？

**川崎：** 是的。曾经引领业界的人也都年事渐高，年轻人开始创作新的东西，不同的人开始引领时代。老人渐渐退出了……

**都筑：** 这大概是距今十年前，您的生活也因此发生了很大的变化吧？

**川崎：** 是的。漫画几乎不画了，除非有人请你画。所以固定收入减少了，活儿也渐渐没有了。我过得相当辛苦，真的是处在一个艰苦的状态。

**都筑：** 您是怎么生活的呢？

**川崎：** 靠着父母的遗产，也就是受老家照顾。

**都筑：** 您也没有特意去打工什么的？

**川崎：** 没有，我差不多就靠遗产生活。还是从家里拿"工资"来得快（笑）。

**都筑：** 妙极了（笑）。您现在仍然是这样的状态吗？

**川崎：** 现在我也是这样的状态。计算一下这笔钱差不多能用到我可以领年金的时候。我现在还没开始领年金，没法大手大脚，省着点还是能过日子的。可能因为我的作品从来没有大红大紫过，所以即便日子不如从前我也能悠闲自在（笑）。

**都筑：** 您现在也不用为了生计而工作吧？

**川崎：** 是的。话虽如此，我还是想要零用钱。比如想要数码相机啦，想要个人电脑啦。那些我都用卡买，通过长期贷款的方式。金额差不多1万、2万日元的东西。个人电脑的话，有个3万日元就可以买了。我一边买这些东西，一边凑合着过日子。

**都筑：** 用长期贷款的话，总会有办法解决吧。

**川崎：** 化整为零，细水长流嘛（笑）。

**都筑：** 每个月差不多付1000日元的样子吧。这样一来，应该也不用受累去打工，您的日常生活是怎样的呢？

**川崎：** 什么都没做的时候很多（笑）。就……玩玩游戏什么的。这个叫自由职业者或者啃老族[1]吧（笑）。我有时一整天玩游戏，或是连着去好几家咖啡馆，又或是去散散步什么的。

**都筑：** 起床和就寝时间也是不固定的吗？

**川崎：** 最近起床时间差不多在九点到十一点这个区间。睡觉的话，差不多凌晨一两点吧。自然入睡。

**都筑：** 我拜读了您的博客，您好像会去咖啡馆吃早餐。一起床就去咖啡馆。

**川崎：** 对。然后回到家，吃午饭。我自己做，像是蒸红薯这些简单的东西。再待上一会儿，又去咖啡馆。咖啡馆虽然不是我的工作场所，但我会在那里写写文章。拍照的话也是在家和咖啡馆之间的路上。仔细看的话，路边什么都有。我就算不去京都，这里路边也有一个小庭园。（是在哪里拍的？）躲起来拍呗，躲起来拍就行（笑）。

**都筑：** 我很明白你说的。也就是说，散步对您而言是重要的时间？

**川崎：** 是重要的采风。那是在我散步途中。我从来没有抱着采风或者摄影的目的，去某个地方拍照，这样压力会太大。我常常是在回家的时候，在回家路上拍拍照。因为这些地方我常来常看，"这里有这个！"我熟悉得很，也能发现其中变化。

**都筑：** 即便是您每天经过的地方有时也会有所不同吧。漫画是在哪里创作的呢？

**川崎：** 我用个人电脑画漫画。

**都筑：** 那就是在家？

**川崎：** 是的。不过玩游戏的时候倒是比画漫画更多些（笑）。

---

1　日语原文是ニート（NEET），指不工作、不学习也不接受职业培训的年轻人。

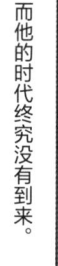

电子书就像蔬菜直销一样,虽然讨巧但卖得好

◆《猎奇王国》

269

川崎行雄

**都筑：** 您用个人电脑画漫画，已经很久了吧？

**川崎：** 是的，机器可以用来画画，很久以前就可以了。文字处理机一定程度上也能画一些。十年前，NEC 的个人电脑差不多用 30 万、40 万日元可以买下的时候，当时有绘图软件可以用。即便不用 Mac，我也可以用商业用的软件画漫画。用那个也可以画出锯齿状的线。然后我用打印机打印，再通过传真机发送。不过现在，我是用平板电脑画。

**都筑：** 当时您已经从最初住的公寓搬出来了吧？

**川崎：** 因为最初住的地方要拆除，所以我必须搬出来。我搬到了附近的新伊丹。那里和老家不一样。后来那里成了我的第二个工作场所。我稍微住了一段时间，后来我没有钱了。我现在住的这栋老家的房子，当时被家人说房子太旧了，很危险。他们搬到了附近的地方住，（老家的房子）不就空出来了嘛，还不用交房租。我就又在老家的房子安顿下来，有四五年了。因为那是我出生长大的地方。（我在公寓）自己做饭的时候，也几乎每天回老家。

**都筑：** 这样啊？也就是您一开始租了一个地方，因为那里要拆除，您又租了在新伊丹的别的公寓。再然后，因为老家的房子旧了，就又搬家了对吧？

**川崎：** 对。我现在住的地方（老家的房子），当时老家的人都说危险，他们就把房子空置着，在附近买了个公寓啥的住了进去。

**都筑：** 那么，现在您是一个人在老家的房子生活吧？

**川崎：** 我就是在那里的一个四个半榻榻米大的房间出生的。产婆来家里接生，那里是我出生的地方，与医院不一样。

**都筑：** 这就是所谓的熟悉感吧。

**川崎：** 有熟悉感（笑）。老家的房子好像空置了一段时间。因为家里没有人，

270

无人看管很危险，我过来正合适。但是在町内会觉得受拘束不自由，因为身边都是认识的人。大家都是从小就认识的，知根知底。"啊，你是那家的孩子吧"之类。我在搬过去住之前，偶尔也会回老家吃饭，衣服洗好晒好再都收回来。

**都筑**：如此说来，您一直是一个人吗？有没有考虑过结婚什么的？

**川崎**：最重要的原因是不能养家糊口。

**都筑**：您曾经有打算结婚吗？

**川崎**：有，应该有吧。在我年轻的时候，大概二十多岁的时候吧。

**都筑**：但是您一直都是一个人？

**川崎**：我一个人就不用被叽里咕噜发牢骚。我可以买数码相机，不用遮遮掩掩的。买了个人电脑，不会被问"你买了啥"。也不会被唠叨"明明有两辆自行车了，为什么还买第三辆"，我讨厌被问这问那。

**都筑**：您一开始就没有组成家庭的愿望吗？

**川崎**：没有，因为我的哥哥和姐姐这点都做得很好，就靠他们了。二十多岁、三十多岁的时候也许还有戏，过了四十岁，"才这么点收入！"被对方来这么一句就彻底没戏了。到了这个岁数的人，收入应该很可观才对。被别人这么说我可不干。

**都筑**：不过川崎先生不是有铁杆粉丝吗？

**川崎**：是的。

**都筑**：在这些人里面应该也有女性吧？

**川崎**：也有女性粉丝，但是都不怎么好看。人也有些奇奇怪怪，她们都是因为《GARO》聚到一起的。

**都筑**：欸？（笑）真的吗？

**川崎**：男性也是这样，总觉得有点病态。

**都筑**：就川崎先生而言，虽然画的是猎奇的东西，但您本人却很"健康"？

◆《仲夏夜之梦》

◆《夕阳下的少女》

**川崎：** 看判断的标准吧。我感觉还是做一个上班族更好（笑）。我觉得自己上了年纪说不定会想和谁一起住。

**都筑：** 目前的状态，对您来说很好吗？

**川崎：** 我还是……没觉得好吧。我不认为这是最好的状态。因为，我想要零花钱（笑）。就像孩子一样，想买点心之类。我不需要什么大的东西，偶尔也想出去吃一顿什么的。

**都筑：** 您还没有到想要伴侣或者想要孩子的这个程度吧？

**川崎：** 这么大动静……这种大的决定还是太累人了。

**都筑：** 您这种自然的状态，是从很久以前开始的吗？

**川崎：** 怎么说呢，也许是因为我一个人什么事情都可以处理，所以我并不会觉得寂寞。一个人也可以过得有模有样。买自己想买的东西，"我想买这个！"（就买下来）。我觉得无论发生什么我都能靠自己的方法来治愈自己。像是一个人去寺庙转转，不知不觉就被治愈了。

**都筑：** 您常常旅行吗？

**川崎：** 不常吧。如果可以免费旅行我是会去的。有人说现在是旅行最好的时候，如果有机会我会去，如果我的状态允许。

都筑：不过也并不是出门远行就会有素材吧。只要有一双善于发现的眼睛，即便是经常去的地方，也可能每天会发现不一样的东西。

川崎：是的，因日子而不同，又因心情而不同。

都筑：您经常去咖啡馆，究竟是为什么呢？

川崎：嗯……那是因为我喜欢人来人往。我喜欢有人的感觉。话虽如此，我不会在那里和人交流。人以群居嘛（笑）。因为是人类，没有成群结伴还是挺寂寞的。

都筑：那您就自己在人群的角落里（笑）。您喝酒吗？

川崎：不，完全不喝。

都筑：您没有喝酒与人聊过天，那您有一整天没和一个人说过话吗？

川崎：有。我有过好几次一整天一言不发，不说话不是什么寂寞的事情。

都筑：那么夜晚基本上您也是一个人在家吗？晚上的时间，您会想不断地画更多的漫画吗？

川崎：原本我是不画好不行。现在我是随时待命的状态。活儿什么时候来我就什么时候画。

都筑：您也有在写小说吗？

川崎：那是因为我得找些工作来做，或者把它当作工作来做。我还是爱折腾静不下来吧。想要向人们公开展示我的作品。不管是漫画还是照片。照片的话，我每天都会拍。

都筑：您更新博客的频率也很高。电子书您也是很早之前就开始做了，读者的数量也增加了吧？

川崎：没有。自从电子化之后，几乎没有人买了。之前，我的漫画在网上可以付费阅读。我把以前画的画全都扫描了……也许还不到十年，但感觉是挺久之前了，那时候读者蜂拥而来，当时的收入也更多。

都筑：您写的文章也都已经出 Kindle 版的了，让我大吃一惊。

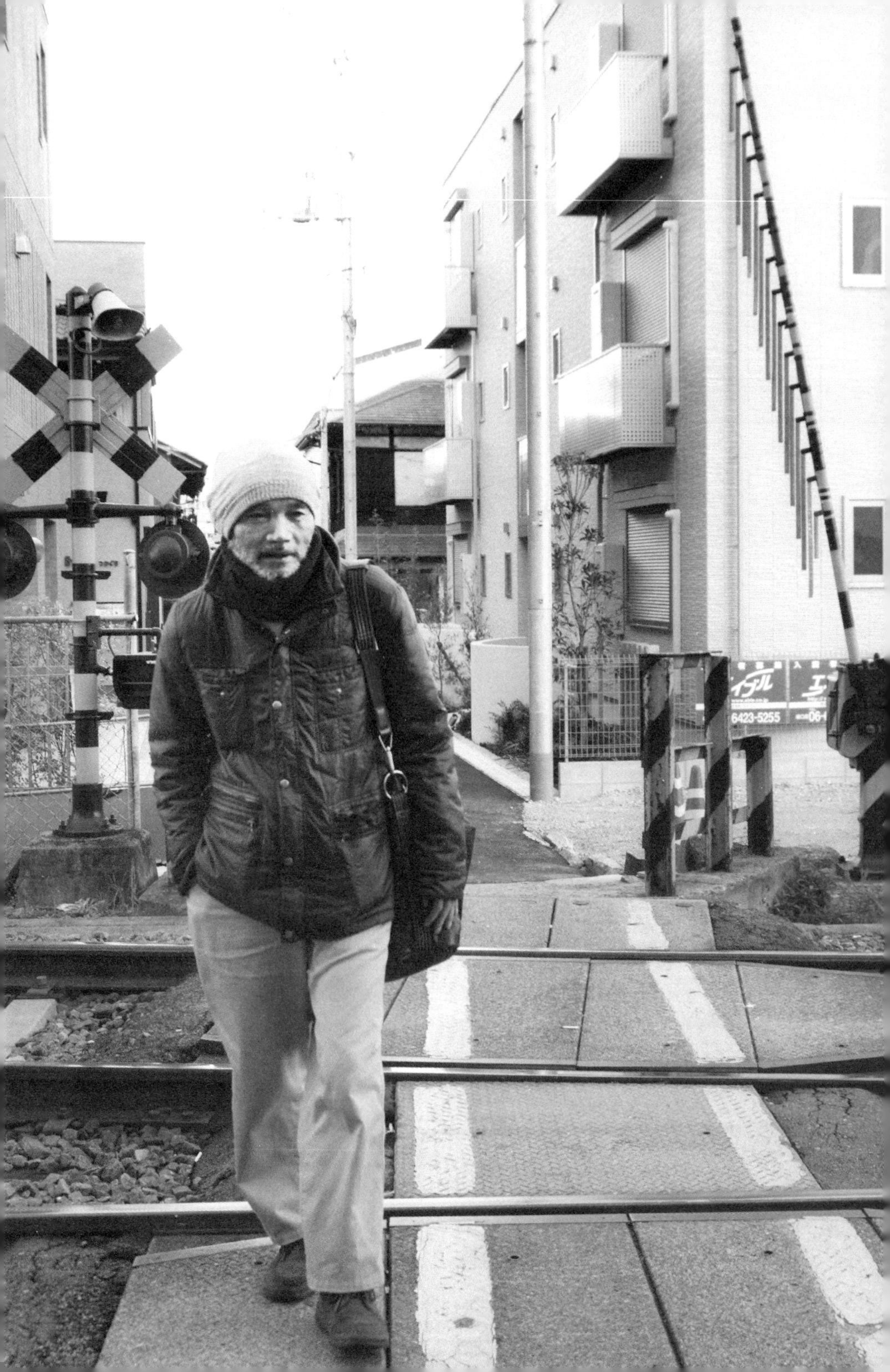
6423-5255

川崎：是的。我的作品在网上公开以后，一家小出版社为我出了书。所以我想我还是会继续。一想到我画的东西会被编册成书，我也能更快地画出来吧（笑）。不过我的书不畅销。

都筑：在（买电子书的）这些人中我想也有不少是很久以前就支持你的粉丝吧，他们大概是多大年纪呢？

川崎：三十多岁吧，男性居多。那些人就算聚在一起的话也就一百个人左右吧。

都筑：应该不至于就这些吧（笑）。

川崎：最多也就一百个人左右。不过网上，我已经经营了很长时间。以前有线下见面会，也有线上的交流。现在交流的形式渐渐稳定了一下。现在都是用Facebook、Twitter这些，像那样在一个平台下……先有一个人组织，然后大家一个人一个人加入，聚在一起……

都筑：原来是这样。因为社交媒体的出现，线下见面会渐渐没有了吧？

川崎：这是因为慢慢不再有这是我的客人这样的概念，也就是说"常客"的这种所属关系渐渐消失了。现在每个人都是我的生活我做主，在人际网络这层含义上，个人成了中心。

都筑：每个人都是一个小小的中心哪。不过也有很多人一篇不落地阅读川崎先生的博客吧？

川崎：是的，所以一想到有人阅读我的博客，就觉得很开心。不过我在博客上不会跟别人有什么交流。就算有的时候什么人在我的博客上留言，我也不会做任何回复。算所谓的单向输出吧。我更愿意像这样，有些许反应就行。让我知道原来这篇反响很大，原来大家喜欢这样的。

都筑：您是不是觉得像这种清汤寡水式的交流，更符合您的心意？

川崎：是的，淡淡的关系就好。

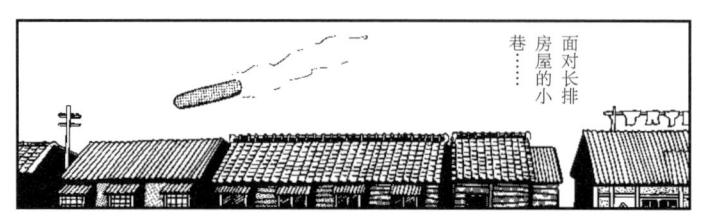

◆《小巷之谜》

**都筑**：线下见面也会比较麻烦。现在的网络也成全了您这种淡淡的关系吧。

**川崎**：对。

**都筑**：顺便问一下，您抽烟一般抽多少？

**川崎**：差不多一天两盒吧。我之前抽 Cherry 牌的，它涨价之后，我就换抽 Echo 牌的了。抽烟的钱、去咖啡馆的钱——如果身上一直有这两样的话，总能生活下去。毕竟我只想要这些小钱。我也会自己做一些电子书什么的，放在 Amazon 上。虽然完全卖不动，但是说不定什么时候就火了呢。我第二天一看，还是只有这一点销量。总之我先做好卖家该做的，然后心怀大卖的希望——这一点很有趣。

**都筑**：尽量抽掉中间环节——川崎先生您很早就开始这么做了吧？

**川崎**：就像蔬菜直销一样，虽然讨巧，但是卖得好。

**都筑**：不过那是在田地旁贩卖吧，这一点很重要。您从很早就开始这么做了吧。现在有不少方法可以做到，但一开始很不容易吧？

**川崎**：如果没有密码，就没法进行那个步骤。我把付款密码告诉对方之后对方才能支付。一开始的时候，这样的一个门槛很难。现在已经很容易就可以实现了，因为已经有了成套的工具。

**都筑**：当时应该很累人吧，应该有很多人因此而灰心失望过。

**川崎**：个人做电子书，累人的地方是定价 100 日元、200 日元的话，汇款费很高，一个人赔本赚吆喝。如果电子书定价 3000 日元以上，倒

电子书就像蔬菜直销一样，虽然讨巧但卖得好

是可以做下去。现在有银行卡转账，以前几乎都是手工操作的。一旦（读者）申请购买，我就对对方说，你自己来申请，写上名字，写上汇款信息（笑）。这些信息送到了之后，我确认完再把内容发送给对方。也就是读者以本人的名义买。因为要通过银行，所以用的是本名。用读者的个人信息，实名购买，证明"我已经买了哦"。这样，陆陆续续开始有人购买。

如果顺利的话，早上起床在电脑前一坐，小额的钱就会哗哗地流入我的账户。想变成那样呢（笑）。感觉以前就像那样，现在的话，只要告诉对方密码，就可以汇款了。对方只要（在邮件中）操作回复就可以了。之前都是手工操作。

**都筑：** 这些事情您不是向熟悉操作的朋友请教，而是一个人完成的，真的很厉害。某种意义上，您的探索精神实在惊人。

**川崎：** 我会考虑有没有什么有意思的机关。摸索门道的时候，也会发现一些线索。我会阅读一些做这些事情的人的经验之谈什么的。

**都筑：** 邮件杂志[1]，您也几乎每天都有发送吧。

**川崎：** 通过邮件发送到自己的地址，这样比较好。我不喜欢自己搜索进入界面，那真的很累人。虽然进入网页的收藏夹也可以登录，但会有精神上的距离，单击鼠标的距离。收到邮件的话，会觉得不打开不行。每天在电脑前这么来一下，收到邮件就得打开。不过这还是杂志。它不是邮件，是杂志。是一个集合体。

**都筑：** 这么说来，您的生活因为网络而改变了吗？

**川崎：** 是的，我发现原来也有这样的世界。网络世界当中，也存在真实的情况。虽然这只是一台显示器，但实际上我正在上面做着一些事情。真实的事情。

　　正如刚才对话中所提到的，川崎先生目前的大多数活动都在线上进行。在一个名为"川崎 Site"的门户网站上，有"日志""小说""漫画""随笔""摄影日志""电子书"等多个板块，每个板块里收录了数量庞大的漫画、照片和文章。

　　本文中引用的漫画作品在"漫画 Library"这一栏里。只需在网站上一次性支付 3000 日元（不需要支付年费！）即可阅读到目前为止川崎先生几乎所有的作品。有 PDF 版本的"电子书直销所"，也有一个名为"千字一话物语"的邮件杂志的申请页面，杂志几乎每天都更新，而且免费订阅！如此精力旺盛，从互联网时代早期就持续发布内容的漫画家，除了他还有别人吗？

---

[1] 利用电子邮件，定期向订阅者提供信息内容的一种电子杂志。

电子书就像蔬菜直销一样，虽然讨巧但卖得好

◆《雨知道》

每天，去三四次咖啡馆加上散步，如此往复也不会厌倦。仿佛连呼吸都悠闲自得的慢节奏，和以网络为舞台发布信息时的超快节奏。他比任何隐退隐居的人都熟悉隐退隐居的生活，却又比任何畅销作家热衷于信息传播。这种不可思议的不平衡的共存，是川崎行雄这一罕见人物的核心所在。毋庸置疑，支撑起这种奇迹般的日子的生活方式，正是自在不逞强的独居。

◆ 川崎行雄个人网站 http://kawasakiyukio.com/

# 别卓林

小丑

步行的『步』就是说
『止』步的时候很『少』

别卓林

我从浅草车站走上地面（明明有那么多上了年纪的人，为什么一直都没有配备自动扶梯呢），因为仲见世通商店街总是很拥挤，便沿着靠里的一条大街向浅草寺的方向走（为什么都是人力车？），我能听到从远处传来咚咚咚的太鼓声。啊，是别卓林。他今天也那么精神，令我平添了几分安心、几分怆然。

外形与卓别林如出一辙，一边敲打着东西屋[1]式的太鼓，一边行走在浅草小巷的别卓林。他与即便不说话依然搞笑至极的卓别林形成鲜明对比，他从一家店到另一家店高声重复着"店面自发宣传"，他自己也心知肚明所做的并不有趣，有时还会腼腆一笑。与磨炼出一身技艺全身散发着严肃感的卓别林正好相反，别卓林全身散发着温柔与腼腆。就好比说着"您先请"，礼让了他人，回过神来才发现唯独自己没有座位。对我而言，这样

---

1 是一种经过精心打扮的街头音乐家，受委托为所在地区的商品或商店打广告。

的别卓林渐渐与流行脱节，不知不觉中，只剩他一人被远远甩在了后面，仿佛"独一无二"的浅草本身。

说起别卓林的职业，应该是所谓的歌舞杂耍表演者。当然，仅靠这个，是填不饱肚子的，他也做出租车司机。虽然他在埼玉县外租着一个月4万日元的独幢楼房，也在福岛的喜多方市租了一个月才5000日元（！）的破房子，不过他通常都住在浅草寺旁炸串店的大楼里，享受免费住房，作为回报，他每天在店门前一边嘶喊"真的很好吃哦，请拿折扣券"，一边"咚咚"敲击着太鼓。

如果称此为小丑的悲哀，有些太过夸张。如果形容他像（在浅草这个小犬舍）被链条拴住的日本犬一般英雄无用武之地，则太过失礼。只能说别卓林被一种难以名状的欢乐又哀愁的气氛包裹，而这个叫浅草的地方，没有把这么惹人爱的怪人轰走，也没有对他一通胡乱吹捧，让他可以像这样落脚。别卓林就像浅草自身一般。

别卓林1950年出生于福冈的久留米市。他上有哥哥，下有妹妹和弟弟，是四个孩子里的次子。家里的两间房，一间四个半榻榻米大小、一间三个榻榻米大小，一共生活着六口人。这是一个贫穷又热闹的家庭。

> 我父亲曾开过照相馆，后来又当了做家具的师傅。他做修补椅垫的工作，把道具堆在自行车上，一直在外面跑，一个月差不多只回家一次（笑）。他会从很远的地方寄现金回来。另外，我妈妈做和服裁缝。这便是我们家的收入来源。
> 
> 我们家当时只有一台收音机。水池子也只有一个水管。自己起灶做饭。冬天天气寒冷时，我们把被褥并排一摊、腿靠在一起睡觉。我们这一家就是这样。
> 
> 我小时候就很害羞，或者说是一个乖小孩。一有什么事情，耳朵就呼

◆ 享受免费住房，作为交换，他每天中午在店门前努力招揽客人。

步行的"步"就是说"止"步的时候很"少"

一下热了起来,脸也唰一下红起来。就算是现在我也会这样……所以当时我做梦都没想过做艺人。

初中、高中的时候,我学习可拼命了(笑)。我虽然也想过上大学、之后去商社工作,但是父亲年龄大了,家里又没有钱,就放弃了上大学。后来我就去了自卫队,因为会发钱。

我进的是航空自卫队。我在山口县的防府市接受了三个月的训练,后来分配到了名古屋附近的小牧基地。我隶属于飞行管理部门,那是一个将气象等信息发给管制人员的部门。

◆ 放优惠券的小桶由塑料瓶改造而成,挂在脖子上。

我在小牧基地只待了三个月就去了茨城的百里基地,困难的事情很多(笑)。虽然不是什么艰辛的事情,但我在值班机库(备有可紧急起飞的战斗机的飞机库)之类的地方工作时,一遇上"叮叮哗哗"铃声大作,心脏就跳得很快。那还是冷战时代。所以我就觉得这个工作还是不适合我吧,也觉得要是有份快乐的工作该多好。差不多又工作了十个月,我就辞职了(笑)。当时应该是十九岁左右吧。如果继续当时的状态,我应该就会正常结婚,有自己的小家庭,也许也有了孩子。也许那样更好吧(笑)。

离开待了一年多一点的自卫队,十九岁的别卓林从此辗转一个又一个城镇,换了一份又一份工作。他开始了这样的生活。

辞了自卫队的工作后,我去了东京品川一个叫立会川的地方的送报站。

285

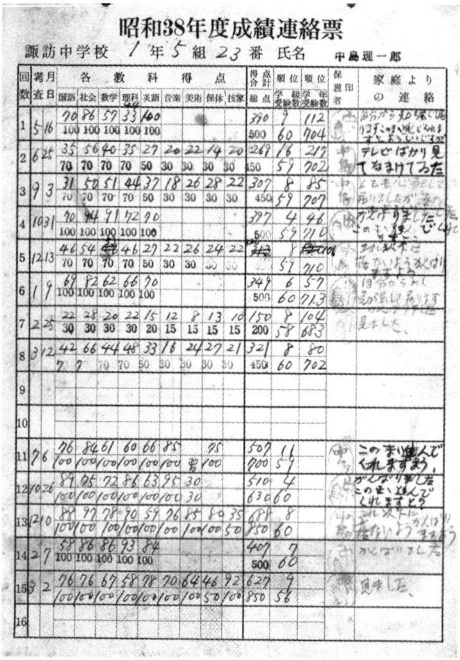

别卓林

◆ 初中的成绩单。"家庭反馈"一览，写着"努力了"的月份很多。

◆ 和哥哥一起。

◆ 和妈妈及兄弟姐妹一起。右起第二位是别卓林。

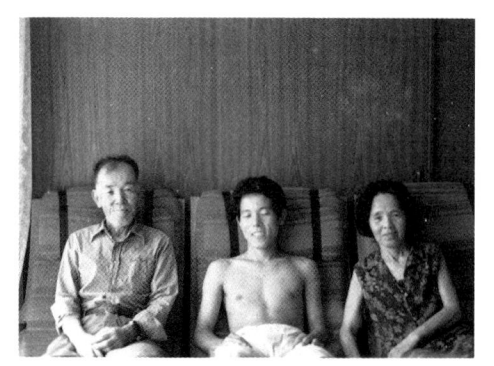

◆ 与父母。

本来我弟弟在那里工作，因为他回了老家，腾出的岗位就让我占了（笑）。虽然床只有一张榻榻米的大小，但是提供住的地方还附带伙食，我就觉得这个还不错。

不过呢，工作的地方，车多人也多，空气也不干净，让我心生厌倦。碰巧和我一起工作的一个人，是（鹿儿岛的）指宿出身。他告诉我"有个叫指宿观光酒店的好地方哟"，我就想要不我也去那里吧。送报纸的工作我做了四个月就辞职了。

我在指宿的酒店受雇，做着 Page boy[1] 的工作，也就是开门、为客人带路。对来店的每一位客人微笑以对，这让我觉得很愉快。而且那里还有温泉，感觉真不赖。还有夏威夷主题的表演。我看了表演之后，开始羡慕起站在舞台上的人，"感觉真棒啊"。后来我读《周刊平凡》[2]之类的杂志，看到上面登了很多电视演员训练班这类的广告，我心想还是回东京吧（笑）。当时，我看到电视剧《到时间了》[3]里的**堺正章**[4]，就憧憬自己可以在娱乐圈出演那样的滑稽角色。

于是我回到了东京，这次是在牛奶店工作。店就在原宿的竹下通附近，我的工作是送牛奶。我一边工作，一边前后上了差不多三家艺人训练班。初试通过后要交钱，二试过了还是要交钱，三试过了也是……光一个劲儿地被人收钱。到头来，娱乐圈在哪儿我都摸不着头脑（笑）。别说门路了，我什么都没有。

与此同时，这期间我在牛奶店的宿舍，下梯子的时候脚一滑，撞到了鼻子，划伤了。伤势很重，住院住了差不多一个月。然后我看着镜子里的

---

1 指未成年的男性侍者。
2 1959 年至 1987 年曾在日本出版的周刊杂志。
3 1965 年至 1990 年 TBS 电视台播放的电视连续剧。
4 堺正章（1946— ），日本歌手、演员、主持人。

自己想，这下我当不了演员了吧。于是我又回到了乡下。

久留米是产茶地，产一种名叫"八女茶"的茶叶。回到乡下后，我进了一个卖茶的公司，在超市的茶店里揽客："您买来尝尝吧。"我本来是个腼腆的人（笑）。高中三年级的时候，我当过啦啦队的队长。因为当时没有一个人举手，"混蛋，没有人要当吗？！"我听到这句，心生叛逆，就举了手。所以后来我慢慢觉得在人前大声说话时心情还真自在。

不过在这家茶店做了才一年半左右，公司就破产了。公司快不行的时候，我心想"我才不想就这样结束人生"，就又去了东京……我真是个傻瓜吧。后来我寄住在朋友家，看到报纸的工作机会栏里出现了"牧伸二[1]·招募跟班"的消息。于是我连忙报名应征，后来我一打听，说我"因为看上去不像是奸诈狡猾的人"所以就被录取了，我当上了跟班。

别卓林当时二十三岁。这一瞬间，娱乐圈的大门终于在他眼前打开。

三波伸介[2]、阿钦[3]等明星，就出现在我的眼前。一开始我觉得"哇噻""太牛了"（笑）。不过，当跟班并不会有人教你，必须自己看自己记才行。我最初不知道要自己看自己记（笑），只是跟在后面，拿烟灰缸、提行李、开车什么的。我都不知道怎么叠和服，感觉自己快到极限了……我当时连哪里有什么样的剧场都不知道。

当了将近三年牧伸二先生的跟班，事务所又让我跟着正因 Weekender[4]

---

1 牧伸二（1934—2013），本名大井守常，日本漫谈喜剧演员，表演时使用尤克里里。
2 三波伸介（1930—1982），日本喜剧演员、演员、主持人。
3 阿钦（1941— ），全名萩本钦一，日本喜剧演员、主持人、导演。
4 1975年至1984年在日本电视台播出的一档综合类节目。

步行的"步"就是说"止"步的时候很"少"

节目而声名鹊起的泉品子[1]女士,这么一来我就成了泉品子的跟班。

当时山冈久乃[2]女士和森光子[3]女士都待我不错。山冈女士等人还帮我和经纪人说"要不用那个人试试",得到的回答是"这家伙是跟班所以不行"。我备受打击,为什么就不行呢。我那时候还满心以为有人会帮我出名,因为我什么都不懂。现在想起来,必须要自己扩大知名度,先不管能不能进经纪公司。不过现在我也没有进(经纪公司)……

我当泉品子的跟班差不多当了一年后,一度离开,去了今泉隆雄[4]先生的一个叫 Musical Academy(音乐剧学院)的演员培训班。我在筑地场外市场住宿帮工,同时我也常去今泉先生那里,去了差不多两年。不是有一部电影叫《欢乐满人间》[5]嘛,我就喜欢那样的东西。我跟着牧伸二大师的时候,不能闲聊,也不能像在漫谈[6]课上那样逗他笑,当然我嘴也笨。

后来我又回到了泉品子女士身边。又过了一年左右,我最终还是辞职了。当时正逢东京迪士尼乐园开业,在报纸上大版面登出了"招募舞者"的广告。我就觉得那里应该也不错。

在迪士尼乐园的第一年我做了各种工作,第二年我希望当舞者,真的成了。但是我跳舞的时候动作有点慢,和大家配合起来总是效果不佳。别人说"你还是一个人跳比较好"(笑)。然后演出的编导老师对我说"你要不试试扮卓别林?"这便是我与卓别林的相遇。我进迪士尼大概是三十一岁的时候,所以当时快要三十三岁了吧。我父亲喜欢卓别林,我一

---

1 泉品子(1947— ),本名武本小夜。日本喜剧演员、演员、歌手。
2 山冈久乃(1926—1999),日本演员。
3 森光子(1920—2012),日本演员、歌手。
4 今泉隆雄(1930—1992),日本作曲家。
5 *Mary Poppins*,1964 年上映的美国歌舞奇幻电影。
6 曲艺形式之一,以世相等为话题,含带讽刺批评的巧妙的说话艺术。

别卓林

◆ 如今已不复存在的有乐町日本剧场,当时牧伸二在此出演喜剧秀。

◆ 当泉品子跟班的时期。

◆ 唯一一次,带着母亲去迪士尼乐园的时候。

◆ 迪士尼乐园时期。

度想让他看看我的表演,但是就在这时他因为癌症去世了,没能表演给父亲看是我的一大遗憾。

迪士尼乐园里面自然都是迪士尼的角色。不过在迪士尼乐园盛大开业后过了差不多三年,也有了卓别林的角色。那时候我的舞者伙伴们对我说:"中岛(别卓林的本名),你不是卓别林,你应该是别卓林。"这句话一直留在我的记忆里,后来我就用这个名字了。顺便提一句,迪士尼乐园里除了我还有另外一位卓别林,他叫"凯卓别林[1]"(笑)。

我在迪士尼乐园待了三年左右,又想辞职了(笑)……我为什么要辞职呢……真是个傻瓜。后来我在运输公司打工,还做过洗盘子的工作,与此同时,我开始做脱衣舞秀幕间的滑稽表演,虽然完全没有人气。

在脱衣舞秀场工作期间,我受到一位叫美加MADOKA[2]的小姐的邀请,与美加小姐和另两位女性一起,四人在札幌、名古屋、大阪、福冈、小仓各待十天进行全国巡演。我和她们一起演绎略带色情成分的音乐剧,我扮演的角色会袭击美加小姐,带点色情感那种(笑)。美加小姐脱下的内裤放在那里,我扮演的角色会说:"内裤我带走了哟,没关系吧。"不过这一巡演还是养活不了自己。一个月只演十天,一天我可以拿5000日元左右,一共也才5万日元。

所以我手头又缺钱了(笑)。我做这些事情也是不得已而为之。我想要结婚生子,对娱乐圈已经心生厌倦。我不知道怎样才能养活自己,怎样才能成名。当时正好有一股"乡村生活热",我本来就喜欢悠闲自得的乡村,读杂志不是会看到类似"租金1万元的独门独户"这样的消息嘛,我就寻思"啊,好想住这样的地方"。

---

1 日语为"ケチャップリン",前面的"ケチャップ"是番茄酱的意思。
2 美加MADOKA(美加マドカ,1963— ),原脱衣舞表演者,后来也出演电影和电视剧。

### 别卓林

后来听说群马有还不错的住处，我就想不妨去看看。我坐的东武巴士的终点站是尾濑[1]。"啊，我也好想去尾濑走走。"这么一想，我就坐到了终点站。"索性在当地住下吧"，于是乎，我就开始深入尾濑，那是秋天的时候吧。我走在木道上，遇见人就问候"你好"。地上很干净没有垃圾。我去了尾濑沼，发现那里有山也有山中小屋，就想："哇，竟然还有这么棒的地方！""决定了！娱乐圈闪一边去吧！"（笑）

辞去了好不容易干了三年的迪士尼乐园的工作，也辞去了受人喜爱的脱衣舞秀场的工作，在娱乐圈无路可行的别卓林，一下又跳入了一个仿佛与之前毫无关系的世界。他又一次无法抗拒内心的冲动。他没有办法一直待在同一个地方，仿佛像一条连睡觉的时候都要一直游，不然就会死去的鱼儿一样。

我回到东京调查之后发现，山中小屋有很多。在尾濑就有二十栋左右。在这二十多栋里，我拜托一个叫长藏小屋的地方，请他们录用了我。那里有三四十名员工，做日工给 8000 日元左右的日薪。我在山中小屋一直工作到 10 月，后来我又在小屋主人介绍的滑雪场工作到了差不多 3 月。这样既可以存钱，又有地方住。虽然只有一个榻榻米大的居住空间，但头顶是湛蓝的天空，空气清新，工作还包三餐，真是再好不过了。这是我人生当中最棒的生活了吧。去山中小屋的时候，学艺时的各种道具我都一手丢了，轻装前往。

我用攒下的钱偶尔去泰国、北海道等地方玩。差不多三年后，我去东京玩。那时候我在埼玉县久喜市的鹫宫租了租金 25000 日元的公团住

---

[1] 横跨群马、福岛、新潟三县，以尾濑沼和尾濑原为中心，包括燧岳、至佛山等周边山地地区。

步行的"步"就是说"止"步的时候很"少"

◆ 冬日在滑雪场工作。　　　　◆ 在尾濑的山中小屋时期。

宅[1]。有一本叫"PIA"[2]的杂志，我碰巧看到上面写着日本第一所小丑学校将在品川的大井建成。于是乎："啊，我就想干这个！""决定了！山中小屋不干了！"（笑）

舍弃演艺的世界在山中小屋开启了第二次人生……该说是开启了第 N 次人生吧，到头来果然还是又回到了"别卓林"。这一次也依然和往日一样冲动。没有任何前瞻，也没有任何计划。

　　一直以来，我都憧憬着那个红鼻子的小丑模样。我参加了考试，第一次因为"你已经扮得很像卓别林了"被筛了下来，但我没有气馁继续坚持，终于以二期生的身份被录取了。像帽子戏法、杂耍这些我都不了解，我说："我只不过是打扮成卓别林的样子走路，有时摔倒而已。除此之外我真的一无所知。我也不会魔术，所以请让我学习。"

---

1　由住宅及都市整备公团（前身为日本住宅公团）建设，一般为租赁或分割出让的住宅。
2　『ぴあ』，1972年创刊的杂志，主要提供电影和演唱会资讯。1974年成立PIA股份有限公司，主营演出门票和出版等业务。

## 别卓林

当时因为正处于泡沫经济时代，扮小丑啊卓别林什么的足够养活自己。演出活动有很多，像在关东地区，还有大阪的百货商店、超市和酒店的各类活动，比如在超市大甩卖时，站在外面给孩子们发气球。

进山中小屋工作时差不多是三十五岁，进小丑学校是四十来岁的样子。我自称是"卓别林中岛"。当时我的年龄已上四字头，学校里基本都是十八岁到二十五岁的孩子，就我一个大叔。不过我进迪士尼乐园工作的时候差不多三十岁，当时身边的人也都是十八岁到二十五岁的。我常被人叫作"叔叔"（笑）。我对这点其实并不在意。

当泡沫经济慢慢走向崩溃时，工作也开始减少。之前一个月十天以上的工作，变成了一个月两三次……那是我差不多四十五岁的时候，一个月只有7万日元多一点收入。我心想就这点钱绝对活不下去。于是我开始做起了搬家的兼职，年轻人对我颐指气使，虽然我嘴上唯唯诺诺，心里却是万般不愿意。比起搬家，还是开出租车更好吧。于是我就咨询是不是可以雇我做兼职司机。我去了差不多十家公司求职，几乎每家的反应都是："艺人？我们不需要这种人。"我一次次被拒之门外。后来终于有一家公司说："没问题，我们让每个员工便宜行事，你也按你的安排来就好。"这就是我现在的公司。所以现在我开出租车将满十七年了。这是我至今做的时间最长的工作（笑）。

我开出租车时，有一次偶然在NHK广播里听到"搞笑浅草21世纪"[1]的桥达也[2]团长与关敬六[3]先生的一个对谈节目。记得我还在跟随牧伸二先生的时候，桥团长曾在日本剧场的《牧伸二秀》幕间出现过。"桥团长还是干得热火朝天啊，我也去浅草试试！"这么一想，我在工作结束后的休

---

1　1998年成立的轻喜剧剧团。
2　桥达也（1937—2012），日本喜剧演员。
3　关敬六（1928—2006），日本喜剧演员、声优。

步行的"步"就是说"止"步的时候很"少"

◆ 小丑学校时期。老师是玲玲马戏团*的小丑。

* Ringling Bros. and Barnum & Bailey Circus，成立于1871年的一家美国著名马戏团。2017年告别演出后解散。

◆ 拿手的单轮车。

◆ 泡沫经济时期，小丑的工作也没少做。

别卓林

◆ 在巴黎蓬皮杜中心前进行街头表演。

息日就去了那里。现在那儿有演出时，人总是坐得满满当当，当时只有不到十名观众，不过他们的轻喜剧真的很有趣。我也忍不住哈哈大笑，感叹真是有趣。后来我参加了试演，获允加入了剧团。

一开始我以"卓别林中岛"的身份，跑跑龙套，主要当后台的工作人员。后来我自告奋勇："团长，我来揽客吧。"于是我就在演出场馆前招揽客人。后来想反正揽客不如去街上转转，这就和现在的"别卓林"关联上了。分发传单时会听到大家七嘴八舌："小哥，你在做什么呀？""是卓别林！""你还演这个呀，那我去看看。"

反正要在街上来回转悠，不如我就敲着太鼓给路过的店家宣传吧。比如我会说："各位，这里是木马亭！"这么一来，店里的人也会对我说："你进来喝点茶吧，吃点东西。"于是我渐渐广为人知，客人也多了起来。

在演出开场前，我拜托团长："团长，让我做些暖场表演吧。"于是我就走进观众席做了些表演。马戏即便走进观众席，仍然可以被欣赏，我很喜欢这一点。就算那些认为只有舞台才是艺术的人说"在观众席的那种表演，根本称不上艺术"，我也不在乎。在东京迪士尼乐园里，哪里都是舞台。所以只是感觉上不同而已。对马戏表演来说，观众席就是舞台嘛，对说落语的人而言，只有坐垫之上才是舞台。而我觉得脚下的路就是舞台。

步行的"步"就是说"止"步的时候很"少"

◆ 出租车司机中岛理一郎先生。

◆ 木马亭前。
"搞笑浅草 21 世纪"公演。

◆ "搞笑浅草 21 世纪"时期。

◆ 据说二楼原先是办公室和宿舍。被领着从有店家的一楼上楼，楼梯上俨然一幅别卓林画廊的景象。

◆ 粉丝为其画的原创看板。

◆ 舞台成了藏品的陈列区域。

◆ 收来的舞台装置用于布景，造就了极致的戏剧空间。不过似乎未被使用，着实可惜。

◆ 把我们带到了三楼的居住楼层，走廊上黑皮鞋排成一列。

◆ 重要搭档太鼓。

◆ 原先似乎是宿舍，两间无比宽敞的房间！地点是浅草寺旁，真是不得了的房源。

◆ 空间这么大，供暖却只靠一个小电炉。冬天寒冷至极，所以睡帐篷。因为喜欢爬山，所以没问题。

别卓林

我在途中一家店前就表演三分钟。时间再长的话，对店家不好。就这样，越来越多的人知道了我。我在"搞笑浅草21世纪"最初是叫"卓别林中岛"，后来改名为"别卓林理一郎"，但是总觉得不合适，又改成了"别卓林"，如今我用这个名字已经差不多十年了。

距今四年前（2008年），别卓林在花甲之年前的五十九岁，从"搞笑浅草21世纪"退出了。自那以后就一直独自努力着。他基本上一个月有八次，从早上六点半开出租车工作二十一个小时，直到第二天凌晨三点半。与此同时，他以浅草为根据地表演，不过只要受人之托，他会去任何地方献艺。在写着"小丑·喜剧演员·别卓林（中岛理一郎）"的名片的背面，记录着浅草"艺居"、埼玉县久喜市"田居"及喜多方市"山居"三处住址。浅草的住处便位于炸串店楼上，原本是间咖啡馆，有四个半榻榻米大小，放着太鼓和衣物，最初租金是2万日元；田居是位于农田的正中间的独立房屋，由屋脊相连的两栋楼组成，每月租金4万日元；山居是"约三十年未曾使用，榻榻米损坏严重还漏雨"的一间破房，一个月租金5000日元。现在浅草的房间免费了，所以总共花了45000日元租金，确保了三个住处。"我开出租车，所以才租得起……我真是个傻瓜（笑）。"

如今浅草当地可能没有人不知道别卓林了吧，不过在全国范围这个名字还是鲜为人知。前一阵子，他在舞台上受伤，跟腱断裂，当地粉丝们为他筹款支付治疗费一度传为美谈，然而这也侧面反映出他自己如今连伤后的手术费都出不起了。

在向他借阅的老照片里，夹着这样一封他母亲的来信。

理一郎，你好吗？今天我也像每天一样等着你，像每天一样想着你会不会打电话来呢。打传呼电话费时间，我打了两次，一次打通了，但是还是没让你来接电话。天气转冷，你每天都很辛苦吧。在那之后你过得怎么样？你离开品子小姐的地方以后，做了什么工作呢？你还是一个人住吗？过得很辛苦吧。还是收手回到日之里[1]的家里来吧。要是太逞强身体会累坏的。你回家就好，什么工作都会有的。考虑一下之后的事情，找一份安稳的工作，这样什么都不用操心。爸爸、妈妈还有哲夫，大家都很担心你。

理一郎，我也没有一定要你回来见爸爸妈妈，我们自己日子过得好好的，一点儿也不用操心我们。你快点回来，还有要找个喜欢的人一起，这样妈妈才放心。一个人在公寓过很不容易吧，要不要妈妈过来一次？光靠自己一个人判断是不行的，大家一起决定才好。你就放弃东京，早点回来吧。也让自己的身体休息一下，回家来吧，没有钱也不用担心。最近你还寄钱过来，其实不用特意寄钱，你自己也需要钱，这样让你更为难了吧。

我和你爸还不至于让你操心受累，但理一郎你一个人辛苦打拼，一定很不容易。真的适可而止就行。回到日之里来吧。大家完全不清楚你现在的状况，都很担心你。你的工作时间也是常人的两倍吧。昼夜工作，身体会搞垮的。你好好考虑下，回家来吧。趁着妈妈还健康，妈妈等着你。要写信来啊。如果工作到连写信的时间都没有，身体会垮的。

工作稳定下来的话，妈妈和大家也就不担心了，不过你现在工作也是换来换去的吧。

哲夫也依然很担心你呢。

妈妈我最不喜欢写字了。写着写着手会没有力气，要是拿针缝东西倒还好。信上的字写得太丑了，看完就立即撕了吧。别人看到一定会笑我的，因

---

[1] 位于福冈县宗像市。

别卓林

为不像是父母写的字,倒像是孩子写的……要是妈妈死了,你这样只会让剩下的所有人为你操心。你不能太逞强,赶紧找个媳妇。回到日之里,再过个三年就太晚了,这样可不行。你回到日之里,还能存钱不是吗?趁妈妈还健康,快回来吧。妈妈一定等你!

其实仅有一次,别卓林和女性一起住过。

那是什么时候来着……是我从小丑学校毕业的时候吧,四十二岁左右。在富山举办了东西屋大会,我装扮成卓别林,跟在后面,分发传单。

◆ 东西屋时期。

那一位是关西的主妇,她似乎喜欢东西屋就来看了。谁知比起东西屋,她似乎对我更感兴趣。于是我们就有了书信来往。我在关西有活儿的时候,会去见这位主妇,也会见她的丈夫,后来她丈夫因为癌症去世了。这位女士是她丈夫的第二任妻子,家里还有前妻的孩子,关系相当复杂,她似乎一度还想过自杀。她遇见我之后,把房子和财产全数处理完,搬出原来的户籍,来到了我这里。

她比我大三岁,我们在山中小屋一同工作过。但是不久,她的母亲患了老年痴呆,她不得不回关西照顾母亲。毕竟她和我结婚的话,也拿不到年金,我也养活不了这个家。我当时的情况甚至还要被人养活……现在我们偶尔也会打电话,作为朋友。她还说"理一郎,我衷心希望你能再遇到不错的人"。

"我的爱好是爬山。爬山能把我的各种忧虑一扫而空。我经常一个人去爬山。"别卓林如是说。他说自己喜欢的字是"步":"步行的'步'字是这么写的吧——'止'步的时候很'少'。停下脚步也无妨,停下来的时候少一些就好。而'跑'的话就看不见一路上的风景了。"

打扮成像卓别林和东西屋之间的模样,别卓林今天也行走在浅草街头。有的客人听到太鼓的声音皱起眉头,也有的客人对他说:"来一起拍张照!"无论对方如何无礼,他都微笑着说:"好的,好的。"我回过神才发现别卓林已经快要转入下一个街角。

受人喜爱,却未受人尊敬,但也不受人供养。这样的一个人,有一个地方能让他正常生活。不是新宿,也不是涩谷、池袋,更不是青山。应该只有浅草了吧——我这么想。

今天也能听见别卓林的太鼓声,声音乘着风,从远方传来。

# 与别卓林漫步浅草（按照箭头方向）

◆ 今天也走上浅草街头的别卓林。

◆ 对于游客而言，这是拍纪念照再好不过的机会。"和我拍张照吧"请求接连不断，可没工夫偷闲。

◆ 他对谁都爽朗地打招呼。

◆ 在他熟悉的店前来一段自发宣传。

◆ 在一家有时被请客吃肉包的店。

◆ 即便是咖啡馆也没关系，他三两下便顺利进入。

◆ 也在店家的官方宣传中现身。

◆ 和店员聊上一阵。

◆ 这位是"别卓林后援会会长"——佃煮屋的老板。

舞蹈家

# 坂东三奈鹤

我有男朋友，喝酒的朋友

坂东三奈鹤

　　说起东京的下町，一般脑海中会浮现出谷根千（谷中、根津、千驮木）一带，或是浅草周边，又或是月岛一带吧。对于我这个在东京生活了五十多年的人，走几步就让我感受到"啊，这里是下町"的地方是三之轮周围原汁原味保留着老街风情的那一带。

　　这里不像月岛有文字烧那样唬人的名产，也不像谷根千一带有气派的下町风格的店家（就像京都的町家[1]一样），也不像浅草那样有人力车穿行。这里有的是老房子、老商店街和一张张老面孔。更重要的是，有老词土话。如今只在落语中才会出现的地道的下町语言，仍然存活在年长者日常的交谈中。《东京右半分》[2]一书中虽然我也走过不少地方，但若就"在生活中而非情绪上传承着下町风格"这点而言，这一带应该最具代表性。

---

1　临街人家，铺面房。
2　本书作者都筑响一之前的一本著作，采访了东京老城区108处别具特色的场所，中文译本2019年出版（新星出版社）。

往南走就是浅草、上野的繁华街区，北面挨着南千住的高层公寓街，再往北就是东京北部的中心市区北千住。位居如此得天独厚的地理位置，交通也只有日比谷地铁线以及东京唯一的有轨电车——都电荒川线经过此处（公交车不计）。这里没有像北千住那样的百货公司，但却被叫作"欢乐三之轮"，有古色古香的商店街。虽然没有像成城石井那样高端的精品超市，但关东煮店、副食店、烤面包店、卖糕点的咖啡馆，以及澡堂，一应俱全。

在三之轮这样的地方有一位开设排练场、教授日本舞蹈半世纪以上的舞蹈老师，她就是坂东三奈鹤女士。很难相信她已有七十六岁，她总是挺直腰板，系好和服的绦带，站在摆着许多盆栽的排练场大门前笑容可掬地说着"好的，那我们下次见"，仿佛池波正太郎[1]笔下世界中的人物。她用ひ（hi）与し（shi）[2]发音完全相同的正统下町语言为我们讲述了她的生平，让我尽可能再现她这种洒脱的口吻。

坂东三奈鹤女士于1937年，出生于与三之轮隔着日光街道的南千住。

我出生在日光街道的另一侧。父亲是十三岁的时候从富山来到东京的。据说那时候三之轮还有牛呀什么的，现在这里有"欢乐商店街"。商店街的后街，现在已经变得漂漂亮亮。以前只要一下雨，那条路就泥泞不堪。我学艺是从三岁开始的，在"欢乐商店街"的尽头，有一家天妇罗店，进到那条小巷，有柏木流的师父。因为附近都是不听父母话的调皮孩子，父母不希望我长大也成为那样，就把我带去学艺了。先不说我喜不喜欢跳舞，我那时才三岁，要喜欢也是父母喜欢吧。于是他们就带着我去了。我当时

---

[1] 池波正太郎（1923—1990），日本时代小说、历史小说作家，作品有《鬼平犯科帐》《剑客生涯》《真田太平记》等。
[2] 下町的东京话里假名ひ和し常都发成し的音。

还在蹒跚学步，印象最深的是我曾经趴在师父的脚上学艺。

我母亲是在北海道出生的，她真的很爱北海道，她虽然也跳过像西川流[1]等各种舞蹈，但是没有正儿八经地跳过。她说如果让她好好跳的话，她也很想跳，当时她有这么想过。这便是起因。

我的父亲是在所谓的"野丁场"[2]工作，这个词可能你不太清楚，像是大桥组[3]那样，修建铁桥之类，他是一名土木工匠。他如果去那样的地方工作，大概三年不会回家。但是奇怪的是，和现在的时代不同，父亲并不是每个月都有固定的收入进账。在这种情况下，母亲拼命地打工，在我身上也花费了不少钱吧。哥哥负责照看我，他和我年龄相差九岁，所以真的很疼爱我，还会把我驮在背上。哥哥常常说："你记性真差，我都为你害臊，那种东西应该很快就能记住才对……"

现在我的舞蹈是坂东流，我小学三年级还是柏木流的时候，就已经是这个艺名了。当时我的朋友里，有一个人的妈妈是艺伎，很擅长三味线。我的朋友们都聚在她那里学艺。我也经常去那里看，有时自己还会跳舞。她说："那个孩子在柏木流门下太可惜了。"还说："她舞蹈的形体动作很大，去坂东流学艺发展不是更好吗？"我父母后来有所耳闻，于是就觉得我朝坂东流发展更好，让我改投坂东流门下……我的父母很了不得吧。他们直接去说："我们家的女儿想有朝一日袭用坂东流的艺名，所以拜托您了。"那个时候我才小学三年级（笑）……真的很了不得。

所以我完全没有时间玩。我倒从没觉得辛苦什么的，毕竟我还是喜欢吧。十五岁的时候，我正式袭用了坂东流的艺名，当时是一个没有电视、

---

1 日本舞蹈流派名，被认为是日本舞蹈五大流派（花柳流、藤间流、若柳流、坂东流、西川流）之一，有约三百年历史，长于演绎戏剧化的作品。
2 一般是指在城市之外的原野或田地区域的施工现场。
3 1944年创业的建筑业公司。

什么都没有的时代。附近有很多小孩子。因为学校就在附近，自然会有中小学生的汇报演出，如果要表演舞蹈，孩子们什么都不会跳不行，于是附近家家户户都送孩子来学舞蹈。你看现在，都没什么孩子了。

时间进入太平洋战争最激烈的时期。东京下町因为空袭被彻底破坏，然而隔着日光街道，三奈鹤女士居住的地区并未受到空袭，她和家人一起平安地迎来了战争的结束。

虽然当时有空袭，日光街道的这边（现在所在的南千住一侧）一片火海，但另一边（三之轮桥一侧）平安无事。所以像我这个年纪却没有经历过空袭的人真的很幸运。（1945年）3月10日，这一带遭受了大规模的空袭，就是东京大空袭。从台东区、深川开始，一路都遭到了轰炸。不过因为战

## 坂东三奈鹤

时疏散，我 3 月 9 日就坐上火车，被带到了长野的乡下。后来我是在火车上听到了东京遭受空袭的消息。

我去的是一个叫波田的地方。如果坐松本始发开往岛岛[1]的电车，它就在去上高地[2]的途中。学校是个好地方，我们在那里待了一年多一点，所以"二战"结束的时候还在那边。我哥哥十五岁那年报名去当了海军志愿兵，他一回来赶忙来接我。他问我："想回家吗？"我回答："想！"

于是我回到家，也回到了原来的小学。初中和高中我上的是私立学校——传通院的淑德[3]，是寺院的学校。学校早上诵完经之后才开始上课。我还要去学长调[4]、学小调[5]……真的没什么多余的时间了。上小学只用去半天（笑）。我本来耳朵就不好，当时总去耳鼻喉科就诊。一到中午，就得去看耳鼻喉科了，于是就有人对我说："阿堀，该去医院了！"父母很会利用安排我的时间，再之后就是去学艺练习（笑）。真的很了不得。

当时我其实很想学西式裁缝，而不是跳舞。我想上完高中去 DOREME[6]（现在的裁缝学院）之类的地方。我的表姐妹里，有一位身患小儿麻痹症。那个孩子只能做些裁缝活儿。所以我就考虑要是自己在这方面有所建树，工作上还能用到那个孩子。我毕业的时候正好遇到就业困难时期。于是老师对我说："阿堀，你不是在教跳舞嘛，你还是靠那个谋生比较好。"后来就真的和老师说的一模一样。

---

1　长野县松本市西部的地名。
2　长野县西端，位于梓川上游，与穗高连峰近在咫尺的风景胜地，海拔约 1500 米。
3　1892 年净土宗的尼僧轮岛闻声大师于东京小石川的传通院创立的女子学校。
4　日语写作"長唄"，近世日本邦乐的一种，作为歌舞伎舞蹈伴奏音乐在江户发展起来的三味线音乐。
5　日语写作"小唄"，近世日本邦乐的一种，用三味线弹奏的短小歌曲。源于江户时代末期，其中一部分在大正时代成为模式化小调。
6　1926 年由杉野芳子创立的服装造型学校。

我有男朋友，喝酒的朋友

◆ 十三岁的时候，和当时家里的年轻建筑工人们一起，头发梳成了未婚女性的"结绵"发型。

我十六岁的时候，就已经边上学、边教（舞蹈）了。我初中上的传通院，我去学艺、去老师那儿的时候，在御徒町站换乘，坐到上野站下车。然后往巷子里走，长调的老师已经在那儿了。我先去那边学习，再经过稻荷町站去老师的住处，然后再回家，这样一来就到晚上了。老师的奶奶是一个很温柔的人，和老师截然不同（笑）。

到了傍晚，老师家会做好吃的乌冬，香味扑鼻（笑）。老师的奶奶把乌冬盛在小碗里，还会说"你边等边吃吧"，此情此景真的很难忘。然后奶奶会送我到都营电车站。这次我坐到三之轮桥下车，母亲会来接我，但她会装作没有来（笑）。我下了车，不见一人。我到了家，她才说"啊，你刚回来吗"，其实她是看着我回家的。她就是这样一位母亲。

虽说是学习舞蹈，但那是一个只有留声机的年代。若想成为老师，不会三味线、长调、清元调[1]，便教不了你的学生。

我去学舞的地方还教我长调。跟着舞蹈老师学，就会学搭配舞蹈的歌曲，三味线也是如此。我能先把一首曲子弹会。但是比如"拖长音"，有的地方三味线可以先不必呜呜地拖长节拍，要看着舞者的舞步再合上节拍，我就总是配合不好时间点。想要好好学长调的话，就得去长调的老师那里学，我也常去。不过现在回想起来，教书也有适合与不适合之说。跳舞也是，我总是和别人说，如果想去学的话，去擅长教的老师那里学。老师跳得再怎么出色，不擅长教的话，你也记不住，真的是这样。所以我（三味线）的调弦、音准总是不尽如人意，怎么试都不行。

---

1　三味线音乐。净琉璃的一种。以江户的清元延寿太夫为鼻祖，1814年从富本调分离出来，是净琉璃中最具吸引力的悦耳声调，在使用假声技巧发出高音方面独具特色。

这也就是为什么我二十三岁离开家里的时候，真的是这也不会，那也不行。很多都半途而废了。于是有一次，应该是在日暮里或者莺谷吧，我在站台巧遇一个和我妈妈关系不错、从小就很疼我的阿姨。"啊，你不是小娟吗？""欸，你是坂本阿姨？""是啊。"她还对我说："我呀，现在住在池袋，小娟，你现在有事吗？"于是我就这样被她一路带到了池袋（笑）。

当时在池袋站西口有很多酒吧街，像是"某某横丁[1]"的那种。从池袋站西口一下车，就看到有女的站在那里："要我带您去店里吗？""客人您觉得怎么样？"如果把客人带去店里的话还能拿到回扣。

我被带去那附近，发现那个阿姨的店也做揽客的生意。那时候我已经离家生活。我一说起这个，阿姨就一阵唏嘘："哎呀，小娟你真不容易，一个人过。"又说起店里不能没有花装饰，花店的人过来，说要插花。我就说："要不让我来插花？"当时我已经有了舞蹈的艺名，花道也有了艺名（笑）。

于是那位阿姨说，你一周过来一次插花吧。还说也教教店里的其他女生，不是教跳舞，而是教插花。我就去那里了，有时教她们，有时自己插花。我带了山茶花去，还惹人生气了，被说："山茶花可不行，做生意的地方不能放。花谢的时候啪嗒一下整个掉下来不吉利。"（笑）我才知道原来有这个讲究。像这样，各式各样的事我也学了不少。在那个巷子里，白天会听到三味线的声音。我不禁问："阿姨，这里有谁在教三味线吗？"阿姨告诉我，那里有一位"五目老师"。

所谓五目是指长调、清元调、端曲[2]、小调无所不会的老师。"啊，

---

1 "横丁"的意思是胡同、小巷，这里指各酒吧街的名字。
2 三味线音乐的一种曲目，起源于江户中期江户城内流行的通俗小曲。

◆ 1955年，十八岁时。

◆ "这时候我已经看起来比实际年龄大了。"

原来还有这样一位老师，我想去看看。"我这么一说，阿姨就带我去了。去了之后，我和老师说，我调弦怎么都调不好，那位老师叮叮咚咚拨弄起来，教我按照这个感觉调弦，没想到我一下就调成了。当时我就想："啊，跳舞也是一个道理。无论谁来教，只要她教得好，我就能学好。"于是，我得以在那位老师那里复习了之前学的东西，还学到了更细的内容。我一边学还一边思索，为什么之前我就做不到呢。

后来店里遇到房东退租，阿姨就开始在街后面做粗点心铺这样的生意。因为阿姨说让我过去玩，我就去了。阿姨的粗点心铺，常常还是会有做酒水生意的女孩子出入。叫一声"阿姨！"她们就进店来了。

那位阿姨的地方有一个西服柜，明明是粗点心铺。我心想里面放着什么呢，一打开，里面挂满了毛皮大衣。那些女孩子一个个都把衣服披在肩上借去穿。阿姨还教了我很多借钱的方法。她说："因为你年轻嘛，别想着现在要把钱存下来什么的。"受到这种观点影响，我真的没有把钱存下来（笑）。她还说："年轻的时候，就是要多多体验，这可是用钱买不来的。"钱嘛，总会有要存的时候。时候到了，自然就会存的。听她这么说，我就想，原来是这样啊（笑）。

从高中的时候开始当舞蹈老师，同时又要完成学业。毕业之后，更进一步磨炼技艺。作为建筑工头的女儿，三奈鹤女士在成长过程中衣食无忧。不过二十三岁时她离开家，其实有着复杂的背景。

我还是高中生的时候，哥哥娶了媳妇。不过与年轻的建筑工人们打交道的是我。到了年末，还会有GASAURI的活动，也就是卖新年的装饰品。我从十三岁时开始就一直把头发梳成结绵髻，穿着半缠[1]，作为在店门口招徕顾客的"看板娘"。不过哥哥的新娘是农村来的，不会做这些事情。她私下里会做一些计件的手工活儿。

我从十五六岁开始教舞蹈，但我没有给家里交过任何份子钱（笑）。我有很多弟子，所以我能给自己买各种各样的东西。这么一来，不是很让人羡慕嘛。嫂嫂觉得这都是因为我的父母宠我，当女儿真好。不过这确实也是原因之一。

当时一度传言家里要为我招婿，嫂嫂深信这么一来她的丈夫会被赶出家门……就因为这个她和母亲一直闹不愉快，让我很难受。于是我放下狠话说"我不嫁人"，就离开家生活了。怎么说呢……我觉得正因为我的嫂嫂是那样的人，才有了现在的我。嗯，这样解释就很明白了。

我要离开家的时候，我父亲觉得"反正过一两个月她就会回来的"，不过母亲说"那孩子可不一样，个性倔强，言出必行，她不会回来的"。

---

[1] 类似羽织的短和服上衣，无胸带，无翻领。

坂东三奈鹤

◆ GASAURI（卖新年装饰品）活动时的照片。三奈鹤女士身前的是她的母亲。因为她是母亲四十岁以后生的，听说她叫自己的母亲"外婆"。

还对我说："你啊你，现在离开家的话，这里的东西，你一样都拿不到哦。"话是这么说，但不知道为什么，家里给我搬来了各种各样的东西，光是坐垫就有差不多五十个（笑）。当时我们家总是有差不多二十个年轻小兄弟。

1960 年，二十三岁的坂东三奈鹤，独自开始了舞蹈人生。

我一开始找到的地方是一处长屋的二层。楼下住着老爷爷和老奶奶。他们把竹子一点点加工成可以编制的细竹篾，然后会有手艺人来取。所以我住的地方楼下是工作的场所。那旁边是楼梯，不经过那里没法上楼。我的弟子要一一打招呼"打扰了"，才能进来。我刚开始在那里的时候，别处的弟子——当时年龄比我大的弟子很多——很同情我，说我"年纪轻轻的，一个人真是可怜"，就帮我带来了很多弟子。

那个房子，楼下是老爷爷和老奶奶，楼上是两间房，一间八个榻榻米大，另一间四个半榻榻米大。因为是老房子，算是相当宽敞。八个榻榻米大的房间作为舞台，四个半榻榻米大的房间用来更衣，就这样作为练习的场地。但也因为是老房子，楼上只要咚的一声，就会有灰尘落到睡在楼下的人身上（笑）。那对老爷爷老奶奶，七点就睡了（笑）。去厕所还必须经过老爷爷睡的枕边（笑）。二层没有自来水管也没有燃气。自来水管都是以前那种户外的公用水管。我就在这样的地方住了三年。附近的人还说："老师，那么辛苦，亏您能住那么久，别人基本上两个月就搬出去了。"（笑）

她经历了只在落语的穷苦故事里才会出现的长屋生活，之后搬入了独栋房。三奈鹤女士于 1964 年买下了三之轮的一处土地。做建筑工的父亲干劲十足，为她建了一栋三层的住房。距今已差不多五十年。据说当时这一带住着许多因建造日比谷线地铁站而拆迁搬来的人。

　　我们家是周围的房子都造好之后才设计的（大笑）。所以我父亲真是绞尽脑汁，因为空间很小。你看周围已经最大限度砌上混凝土块了，那种分量轻的隔墙砖。也就是先把外部建好，然后再往里建……所以窗户什么的都是随意弄的，难怪壁橱里会有窗户（笑）。父亲是农村长大的，所以喜欢大房间。但是木工说"就算是出租的房间，没壁橱根本租不出去"，所以就硬是安上了壁橱，把父亲气得不行（笑）。不过，多亏有这个地方，我现在才可以安心自在。真要感谢我的父母。而且，我也不用付房租，要是现在付房租的话，可有我受的，根本付不起。正因为父母从后面推了我一把，我才有今天。我一个人真的办不到。

　　到头来父母还是和我在这里住下了。一开始他们只是来吃个饭就回去，渐渐就变成了"老伴，你困了吧"，自然就在这里睡下了（笑）。父母还养了五只狗，真是管不过来了（笑）。于是我和父母又一起住了差不多五年。昭和 48 年（1973 年），我办了二十周年的活动，那一年父母双双去世了。我哥哥也在三年前过世了。现在我基本上就是孤单一人。建筑的家业已经后继无人。

坂东三奈鹤

◆ 房子面阔虽窄，但走进内部，空间便横向铺开。　◆ 到处有鲜花与绿色。

◆ 用竹子遮掩粗糙的建材，彰显和风的布置。

我有男朋友，喝酒的朋友

◆ 练习场地的墙上挂满了三奈鹤女士和弟子们的照片。

◆ 舞蹈用的各种小道具。

◆ 放着手巾、扇子和磁带的小桌。

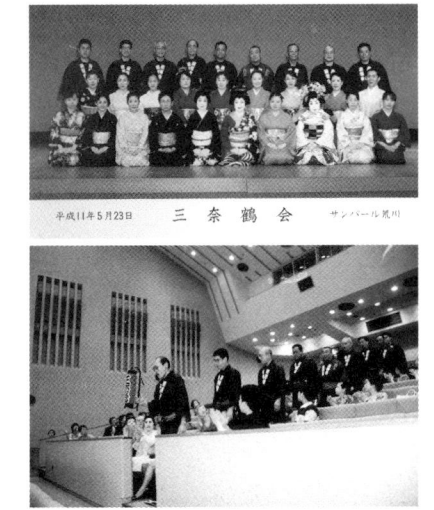

◆ 1999年，"三奈鹤会"请来了运木工一众人，演唱运木歌谣。

◆ 三奈鹤女士"最喜欢的"跳雪女舞蹈时的照片。

因为和嫂子脾气不和，放下狠话说"不嫁人"，愤而离家的三奈鹤女士。二十多岁便身为舞蹈老师的她，我见犹怜，别人自然不会对她不理不睬。

其实，有一段时间我也考虑过结婚。不过，想结婚的对象有一个姐姐。他姐姐十分疼他。说是姐姐，其实是他哥哥的妻子，也就是嫂子。比起自己的丈夫，更疼弟弟……也有这样的人。他们家也是做建筑的。她是给人"只要和我一起，你（指那位弟弟）一定平安无事"那种感觉的姐姐。她总是说那种感觉的话，所以我心想还是算了吧，就放弃了。因为这个因素，后来婚终究还是没有结成……

虽说他们家也是建筑业，但是和我们家不同，是在神田，在不错的地方做建筑业。他和哥哥两个人一起干，父母都不在了。我就中意这一点（笑）。因为这样，我想也许和他可以成吧。不过我父亲气势汹汹地说："我家的女儿可是从正规学校毕业的，教跳舞也是光明正大的。"这么一来，对方家更觉得："这样的家庭不行！"

不过因为有他，我年轻的时候吃到了很多好吃的（笑）。以前，国际剧场[1]还在的时候，他突然带我去那里看演出，当时表演者有法兰克永井等人，我们坐在最前排看。我最难忘的是烤全鸡，现在这已经不是什么稀罕玩意儿了。当时在一家叫丸忠的以鸡肉菜为主的餐厅，上来一整只烤鸡，我惊呆了，一直盯着看。他三下两下就把烤鸡分好："这个弄好了，吃吧。"之后我们还去了卡巴莱。

我的男学生们来的时候，总会带着我母亲一起去卡巴莱。他们其实是想带我去，但我父母都警惕得很，所以他们就喊："外婆，外婆，您也一起去吧。"虽然他们喊我妈妈"外婆"，但是她当时还没有到那个年龄。

---

[1] 位于东京都台东区浅草的剧场。1937年开馆，1982年闭馆。

她去那里也会翩翩起舞。她就是那样的人。

就这样五十多年了，三奈鹤女士在三之轮的练习场地教授舞蹈，她的学生从小孩子到成年男性数不胜数。虽然招生情况不如从前，但每周周一、周二、周三是练习舞蹈的日子，剩下的四天她也要做各种事情，过着忙碌的生活。

她也会在戏剧等舞台上登场，这是她的"乐趣"。听说她的乐趣还有去百货商店购物、傍晚闲暇的时候去澡堂，以及在酒馆喝上一杯啤酒。

我一直都有喝酒的朋友。我的朋友问"三奈鹤，你没有男朋友吗"，我就回答"有啊，喝酒的朋友"。他们又说"不是不是，不是这种"。正儿八经地交男朋友太累人。幼年时代的朋友，认识很久的老朋友我已经有很多了。所以我说嘛，一旦干舞蹈这行，就不会走进婚姻的殿堂。不过这还是要看那个男人。你明白我意思吗，这要看男人（笑）。

说到底，我是竭尽全力的那一方，是甚至想为对方穿袜子的那种人。我以前还梦想着被抱上床，公主抱那种。后来我还被朋友笑话（笑）：你以为结婚就一两个月吗？你自己结婚试试看，这可不是说着玩的。穿袜子？到时候就变成"烦不烦，你自己穿！"了。我被一顿数落（笑）。不过我的确这么梦想过。

这么说吧，并不是没有人要我，不过真有的话，我就要照顾对方了。给他穿袜子，还有被公主抱（笑）。这可不是开玩笑，我自己身体都开始出小毛病了。也不是什么钱的问题。我看我的弟子里面，有人结婚生子，孩子大学毕业，自己仍然坚持跳舞，真的很了不起，换作是我，真的做不到。

说真的，多亏了那些常年来我这里学跳舞的学生们。人类一个人是活不下去的。像是每年带新坐垫来的学生的母亲，做菜还专程送来的街坊邻里……我的周围有各位熟人朋友、学生弟子，才能走到今天。让我觉得一路走来真好。

从儿时到现在七十六岁，三奈鹤女士一直以来总是穿着和服，只有去医院的时候才会穿上洋装。她保持固定的站姿和笔挺的腰杆，原因可能也在于此。我喝着茶，大口吃着铜锣烧，享受着她的生平故事，心满意足正要回去时，她砰砰敲了我的背两下，告诉我这里舒展挺直的话，看上去会年轻个五岁。"收紧的腰带作用类似束腰内衣。我平时也会穿着这样的和服去附近的地方，这便是我的居家便服。有人看到我会问：'您这是上哪儿去啊？'（笑）去哪儿？我这是回家（笑）。"

所谓的潇洒脱俗（意气）是由"媚态""气概"和"达观"三者构成的。尝试这么分析的人是九鬼周造[1]。即便不用这么艰深的语言，像三奈鹤女士这样的人物俨然存在。无论年方几许，她都可爱动人，有些真性情且内心坚定如一。

我询问她单身好在哪里，她立即回答我："悠闲自在吧。"

---

[1] 九鬼周造（1888—1941），日本著名哲学家、文化研究者，深受存在主义影响，尝试分析日本固有的精神构造与审美意识。前文语出其代表作《"意气"的构造》。

津轻三味线演奏者·民谣歌手

# 第三代
# 长谷川荣八郎

不需要什么剧本，
上场直接表演就好

第三代长谷川荣八郎

我是乡间的猫王[1]

百姓的孩子

生在青森五所川原

来青森看一看

我在稻田练成的声音

我父母给我的容貌

我是村里受欢迎的猫王

乡间的猫王

(《我绝对是！猫王！》作词/作曲：吉几三[2])

---

1 "猫王"埃尔维斯·普雷斯利（Elvis Presley, 1935—1977），美国战后最负盛名的流行摇滚歌手，演唱了《伤心旅馆》（*Heartbreak Hotel*）、《温柔地爱我吧》（*Love me Tender*）等名曲。

2 吉几三（1952— ），日本歌手、作词家、作曲家。

位于青森县津轻半岛南部的五所川原市，作为太宰治的故乡而享有盛名。近年来也作为实业家兼常年候选炮灰羽柴诚三秀吉[1]以及吉几三的出生地而闻名。若是从五所川原沿着半岛往北端走，便是三上宽[2]的故乡——小泊村。

在很长一段时间里，是这里而不是隔海相望的北海道被人们当作边境之地。"乡间的猫王"远赴东京，经历无数艰辛后，唱起了《我要去东京了》[3]，终于成了全国知名的人物。然而有一位很久之前抱着三味线去东京，现在依然活跃着的九十四岁民谣歌手·津轻三味线演奏者——会有多少人知道他的存在呢？

第三代长谷川荣八郎先生出生于1919年。他出身于种苹果的农家，长期过着旅行艺人的生活，四十岁时来到了东京。如今他独自一人住在驹达的公寓里，不时站上舞台表演，不时教授弟子技艺，过着充实的每一天。

长谷川荣八郎先生出生于一个有自己剧团的"兼职艺人"的家庭，父亲是一位三味线演奏好手，母亲艺名"川山千鸟"。春至秋，他们在田间干活儿，秋至春则外出巡演，一家人过着这样的生活。

> 在青森，冬天真的什么事情都做不了。我在冬天就弹弹三味线、唱唱歌，自得其乐。虽然冬天也有冬天的工作，但是工作不到夏天的一半。每个人都身怀才艺。吉几三的父亲就是一位叫镰田稻一的歌手。

> 我母亲和父亲都是艺人。父亲演奏三味线，母亲唱歌。所以那些孩子

---

[1] 羽柴诚三秀吉（1949—2015），日本实业家、政治活动家。本名三上诚三，外号"羽柴秀吉"，共十七次参加选举均以失败告终。
[2] 三上宽（1950— ），日本民谣歌手、演员，出生于青森县北津轻郡小泊村。
[3] 歌手吉几三1984年发行的一首单曲，日语名为"俺ら東京さ行ぐだ"，歌词用了吉几三故乡的津轻方言。

们在我家跟着我父亲和母亲学艺的时候，我也在旁听着。虽然我不知道他们在做什么，但是我都听在耳朵里，用耳朵记下了。即便不教我三味线，我也能听准、记住音。第一弦、第二弦、第三弦。不用教，三味线的音已经在我的脑子里了。

我讨厌去学校。一去学校，自然要带着书包。因为我讨厌去学校，就把包扔到檐廊的下面。两个朋友来找我去山上玩，我们就一起在山上玩耍。就因为这样，我现在连字都写不利索，完全不行。能写平假名、片假名，汉字的话，我都乱写一气（笑）。

所以我上学就上了六年寻常小学校[1]，之后就再也没上了。那时后面还有"寻常高等小学校"，然后就是现在我们说的高中。寻常小学校六年读完的话，要去五所川原的市区，我很不情愿。所以到现在如果让我写汉字，也是丈二和尚摸不着头脑。

（在演出方面，）开心的时候还是很多的。技艺的话，我已经私下练习很久了，所以站在舞台上对我来说是一件容易的事情。我从小就一直在旁看着，基本上没有刻意学过。初代长谷川荣八郎老师对我说"只要肯学谁都做得到"。也就是说，任何人只要学就做得到。偷学别人的技艺，然后再把它变成自己的东西！他说，看了别人的技艺，自己记在脑海里，再加以运用，随后就内化成了自己的技艺。他常常这么对我说。所以我会在（舞台一侧的）暖帘边，拉开看，之后再模仿自己看到的。初代从来没有手把手教过我。

当年巡回演出时，荣八郎先生还曾与日后的三桥美智也一同登台表演。

---

[1] 主人公当时的学制是寻常小学校共六年（相当于现在的小学），高等小学校共两年（相当于现在初中的一年级和二年级）。

不需要什么剧本，上场直接表演就好

◆ "不需要什么剧本，上场直接表演就好。上台说的时候，下一句台词会在脑中自然浮现。我没有硬记任何东西。"

三桥美智也是北海道出生的嘛，和我一起上台表演的时候，他的名字还是金谷美智也，我会 KANA[1]、KANA 这么叫他。表演时他的母亲也跟着他。他和我一样都是小个子，我们登上舞台，好不容易从桌子上露出脸来（笑）。我们会在桌子上铺上坐垫。他的母亲在舞台的侧边看着我们表演。现在表演完不是会有献花嘛，从前可不是这样，观众会往舞台上丢。丢上来的是赏钱，所以他边唱边捡（笑）。他母亲气坏了，就在舞台一侧嚷嚷开了。他一边捡钱，他母亲一边嚷嚷。他当时就是这样一个人，这就是三桥美智也。

荣八郎先生念完寻常小学校后，与父母一起生活，帮着做农活儿。然而因为"我个子太小，在田间干活儿比别人更容易累"，他又去了豆腐店当伙计。不过还是难以压抑"想唱歌的心情"，于是二十岁那年，他加入了"美人民谣歌手"工藤美荣子的"陆奥家美荣子剧团"。主要以库页岛和北海道、青森为巡回演出的目的地，开始从旭川、钏路等大城镇巡回到当时经济繁荣的煤矿大镇。当时在陆奥家美荣子剧团中，有着后来被称为津轻三味线第一人的高手白川军八郎[2]。荣八郎先生在舞台上一展引以为傲的歌喉，与此同时也在舞台一侧，亲眼观察、亲耳聆听名人白川军八郎的技艺，并铭记在心。可是没过多久，太平洋战争爆发，年轻的荣八郎先生开始在室兰市的一家军工厂工作。

当时北海道最大的城市要数室兰，室兰有一个叫轮西的小村落，军工

---

1  KANA 是金谷（かなや）这个姓氏的日语前两个假名的发音。
2  白川军八郎（1909—1962）被认为是津轻三味线之神，四岁因天花失明，九岁成为当时六十岁的仁太坊的入室弟子。继承师父的演奏技术的同时，他以绝妙的技巧和音乐性，开创了现代津轻三味线的演奏风格。他也是前文提到的三桥美智也的三味线师父。

不需要什么剧本，上场直接表演就好

◆ 厨房整齐地摆放着必要、足够的烹调用具。即便现在九十四岁了，仍然自己做饭。脚下还放着电饭煲等用具。

◆ 电视架也整理得井井有条。架子底层右侧的容器是假牙收纳盒："因为是假牙，表演时可不能掉下来，所以演出前会整个安好，然后再出门。我家里还是很方便弄的，不过在舞台上就不尽如此了，绝对不能让假牙掉落，要完全吻合。现在还有不错的辅助药品。"

厂就在那里。室兰靠海，所以可以捕到许多鱼，比如鲱鱼。因为轮西有军工厂，那里被美军军舰炮击过。而我当时就在那里。

那个年代的人很早就娶妻了。我二十五岁的时候娶了媳妇，我和她两个人在北海道的轮西。因为受到了军舰炮击，军队都躲进了防空洞。受到炮击的时候，军队没有出动，因为他们接到了躲进防空洞的命令。轮西这个地方被山环绕，炮弹几乎是擦着山射了过来。"砰——"一声射来，"呜——"从头顶飞过，又"咚——"落到对面的山头。不断听见炮弹从头顶飞来，轰隆隆落到对面的山头。山上一下子火光四起。防空洞是在山里挖的，所以躲进防空洞的人全都死了。在炮弹的轰鸣下，地动山摇，防空洞塌了，全是土。那时候，我们逃慢了，反而捡回一条命。命运真的是不可思议。

我媳妇患有脊柱结核，疼痛难忍，我就背着她逃。对面的山头有防空洞，我们就以那座山为目标，一路奔跑。大家都比我们跑得快，我们怎么都赶不上。不过后来防空洞塌了，大家也都死了。我想起自己在农村的时候，听一位参加过日俄战争的老爷爷说，炮弹击中过一次的地方，不会再掉炮弹。于是我就背着媳妇，朝着对面山头塌方的防空洞一路狂奔。这样才幸免于难。正因为没赶上去防空洞，我们才得救了，真是多亏了老伴儿，才捡回一条命。

在这之后没过多久，因为脊柱结核恶化，荣八郎先生失去了夫人君江女士。这是一段不到一年的短暂婚姻生活。当时荣八郎先生下定决心："她年纪轻轻就去世，真是太可怜了。我再也不讨老婆了。"直到将近七十年后的今天，他还是坚持独身。

战争结束的那年，荣八郎先生二十六岁。回到故乡青森，再次回归由春至秋务农，冬天巡回演出的生活。

不需要什么剧本，上场直接表演就好

◆ 摆放着年纪轻轻就与世长辞的夫人——君江女士的相片。"她当时已经患上脊柱结核这个病了。她一直喊脊柱疼，脊柱疼，我让她忍一下才拍成了这张照片。因为她没法挺直背，便双手扶地，她让我不要从正面拍，所以我就拍了侧影。"

◆ 因黄樱的河童形象*而闻名的清水昆先生创作的彩纸。

\* 黄樱为日本酒的制造公司，黄樱的宣传广告牌和电视广告中曾运用了漫画家清水昆（1912—1974）先生设计的河童的形象。

◆ 起居室的墙面。

我们家是农户，是种苹果卖苹果的，所以一到冬天就没活儿干了，就出去演出。去北海道的话一个月左右回不来。北海道当时还比较景气，因为有煤矿。还因为那里可以捕到鲱鱼。无论走到哪儿，到处都在晒鲱鱼，猫啊、狗啊也不会去吃（笑）。猫完全无视鲱鱼，想必是吃腻了吧。

战争结束，荣八郎先生失去了挚爱的妻子，而后又逐渐回归平稳的日子。接近四十岁时，他的生活迎来下一次转机。

我在农村的时候用的是琼卡拉调[1]三味线，我弹得还不错，也有请我伴奏的女子。青森县以前有民谣……现在应该叫民谣竞演，以前叫民谣大会。有位唱歌唱得很不错的女子，要在民谣大会上表演，请我弹三味线给她伴奏。后来这位女子要去东京演唱，想继续请我弹三味线，还对我说"去东京的话，可以赚个盆满钵满"（笑）。

她叫佐藤律，而我叫佐藤松雄。这是我的本名，虽然我现在是第三代长谷川荣八郎。初代的长谷川荣八郎先生，可说是一位在青森县无人能出其右的艺人，第二代在北海道，而第三代的我则在津轻。在这之前，我的名字叫"松美家抱月"，在桌上铺一张台布，就这样一个人模仿浪花调。

来到东京的荣八郎先生开始在"七五三"——一家由妓院转型而来的民谣酒吧，以津轻三味线演奏者的身份住宿帮工。当时因《卖春防止法》施行，以吉原[2]为中心开了许多家民谣酒吧，"七五三"是其中规模最大的。原为妓院的建筑原封不动地继续使用，改建后号称"东洋第一"，是一家可以容纳300名客人的大型酒吧。

"七五三"最初是一家妓院，建筑原封不动继续使用。那里原样保留着以前女子露脸让客人挑选的地方，我便是住在那里。当时新开了好几家民谣酒吧。津轻的三味线还有津轻的民谣，听众也渐渐耳熟能详，有很多尤其喜欢民谣的听众。我当时真是忙坏了。又要演奏琼卡拉调三味线，又要唱歌，两者都有我的份。我在那里一直工作到店铺关门。我成了文艺

---

1 由日本东北地区的述怀调发展而来的一种旋律。先用津轻三味线的第一弦发出强烈的音色震慑听者，由第二弦巧妙地配合、衔接第一弦和第三弦，并由第三弦发出细腻而流畅的音色打动听者。
2 指东京都台东区浅草北部，原为妓院区，现为千束的一个地区。

◆《那是我》节目场景。

部长,在那里待了将近二十年吧。

在空前的民谣热潮中,先后以"松美家抱月""第二代木田林松荣""第三代长谷川荣八郎"为艺名的荣八郎先生,还在开播不久的NHK电视台人气节目《那是我》中出场表演。

在NHK有一档节目叫《那是我》,我上过两次。在节目中,有两个假装是我的人和我一同出场。现场有女演员九重佑三子[1],她和桂小金治[2]负责评审,也就是猜哪位才是真的。就是这样的节目。我们被安排穿上相同的衣裳,说的话也一样,都用津轻方言。接着来了一条大狗,黑色的狗,到休息室舔我。让狗来舔我,是为了让它记住我的气味。那条狗被驯服得很好,一阵舔来舔去(笑)。然后我们就要去摄影棚了,和那条狗一起。当时九重佑三子女士猜中了我(笑)。

那时我的艺名已经不是松美家抱月了,而是第二代木田林松荣。当时

---

[1] 九重佑三子(1946— ),日本歌手、演员。
[2] 桂小金治(1926—2014),日本落语家、演员、艺人。

初代正好去美国洛杉矶等地，所以就由我代替初代木田林松荣上场。我其实是别人的代打（笑）。

后来，我和初代吵开了。自从上了电视我忙得不可开交。当时还没有彩色电视，只有黑白电视。那时候有一个叫"东京古巴男孩"[1]的乐团，我进了那个乐团……是"东京古巴男孩"拜托我的。我在正中央演奏三味线。乐团有好几个成员，他们还为我的琼卡拉调三味线定好和弦。到底是乐团的人，确定和弦之后，他们再配合和弦写下乐谱。于是我在舞台上练习，身后乐团的伙伴记录乐谱，然后就直接上场演出了。虽然是直接上场演出，因为乐团的伙伴知道乐谱，所以不用担心，配合很默契。

在"东京古巴男孩"的事务所，他们对我说"你来领演出费"，于是我就领到了演出费。初代木田林松荣当时在洛杉矶，他去美国工作，而我在别处工作又领了钱。他觉得我在别处领钱这件事做得不对。正因为他觉得我做得不对，我们俩发生了口角。池袋有一处叫白云阁的地方，我和初代曾在那里工作。在白云阁的休息室，我带着演出领到的钱和第二代木田林松荣的许可证书，对他说了一句"承蒙您照顾"。他也没有想到结果会这样。因为我一句心不甘情不愿的"承蒙您照顾"，加上带来的演出费和许可证书，果不其然……初代对我心灰意懒了。自那以后我就单干了。

民谣酒吧正值全盛期，荣八郎先生又出演过电视节目，当时他想必备受青睐，于是我试着打听这方面的事情——

是的，我的确受人喜爱。因为那时年轻，又有男子气概。其实女人迷上男人，迷上的是他的才艺，迷上的是他的演出。因为一登台，自然会展

---

[1] 1949 年成立的拉丁音乐组合。简称为 TCB。

不需要什么剧本,上场直接表演就好

◆ 浆洗过的平平整整的衬衫上还系了袖扣。"所谓时髦,就是我们艺人被人看到的一身行头。还是得穿着整齐才行,因为你不知道会在什么地方遇上什么人。但如果说落语家要有落语家的样子,平常就要穿着和服、系上角带\*,我觉得也不太对。平时穿得和其他人一样就好。落语家标榜着'我是落语家',特意装扮走在路上,我可不喜欢那套。出行在外,我的服饰和普通人一样,舞台是舞台,那是两码事。"

\* 男子穿和服使用的一种幅窄而硬的带子。

◆ "我的弟子,偶尔会来我家拜访,我在这里是绝对不会教他们的。我是出门传艺的,绝对不会在这里教。"

现出气派风度。不过被人迷上，我最害怕的还要属那个。走下舞台，进到后台的时候，女观众会过来和我打招呼。那是最让人害怕的事情。

我害怕的是那些自来熟的、过分亲密的行为。有的女观众没有常识，会叫我"ANTA[1]"。这是最恐怖的。"ANTA"你只会对你的老公说吧，周围的人还以为那是我的女朋友。后台人很多。我在后台最里面的地方铺了一张坐垫，她们会从外面打开门和我打招呼。叫我"ANTA"的人，因为是农村来的才这么叫吧，我最怕的就是这点。

不过我这个人啊，无论来多少年轻的女子我都不会心动。总觉得还是已婚的女子更具魅力。年轻女子看上去身无长处。已婚的女子，感觉更沉稳一些。那样的女子才更妩媚动人。从那时候开始，我的眼光变得很高（笑）。我迷上的都是已婚女子，真不知道如何是好。

自从四十岁来到东京，已经五十多年过去了。长年工作的民谣酒吧"七五三"关店后他也抽身离开。如今，长谷川荣八郎先生着手各种题材，从水户黄门到赤穗浪士，唱着由自己写的剧本做成漫谈的"长谷川调"——一种津轻琼卡拉漫谈艺术。弹着三味线的他，仍然出色地活跃在舞台上表演。他不好烟酒，一人包揽家事，从他身上完全感觉不出他的真实年龄。

我自己尽力做好自己的事情。要是别人帮我做我会心有不甘。他们也做不好嘛。当然帮我做的人心情也会不好。食物的话，我按照自己的方式做给自己吃。现在也是这样。自己买来各种东西，一个人做，一个人吃。全部都按自己的喜好。洗衣服、打扫也是。大件东西交给洗衣店，衬衫和内衣都是在自己家洗。反正拧一下水龙头热水就会出来。

---

[1] 日语第二人称"你"（あなた）的转音，常用于夫妻间妻子对丈夫的称呼。

演奏三味线的人，这种（手部动作）很重要。所以必须得活动手。就算睡觉也要活动手脚。就算上床，我也不会立即入睡，而是先做体操。躺下抬起双腿活动。只要一有空，我就会活动手脚，按照自己的方式做体操。

我这个人不喝酒也不抽烟。初代老师就因为酒功亏一篑。他是一个光是日本酒还满足不了的人。日本酒混上威士忌……后来一命呜呼，因为身体被搞坏了。他没有住院，而是在自己家里一直躺着。初代说一升瓶的冷酒才好喝，如果酒温热过了，就变得不好喝了。冷酒后劲很足。他曾把喝过的一升瓶的酒瓶，一瓶瓶地排好，并以此为乐。所以后来就睡死过去了。这也是为什么我绝对不沾烟酒。虽然不沾烟酒，但我会装装样子叼一个水手烟斗。我不抽，只是装扮一下。还有就是我从年轻的时候就喜欢贝雷帽，现在我出场的时候一定会戴着贝雷帽。

因为工作，我去过箱根的山上，在那里待了一个星期。那时，有个女人一直在外面铺白色的砾石。我心想，这是在做什么呢，原来是皇太子夫妇，也就是现在的天皇和皇后陛下[1]，他们要来这里。所以铺白色的砾石铺到山上，要让他们两位在砾石路上走。我在那座山上叼着烟斗，边看边说"真是个好地方"，冷不丁还被人问："您是油画家吗？"（笑）那位客人问我是不是来画油画的。后来到了晚上我登台演出，他才反应过来："什么嘛，原来是民谣歌手！"还用手指点了起来（笑）。

第三代长谷川荣八郎先生，他也许是民谣界现役艺人中最年长的，也是极少数以做旅行艺人为生的。去年（2012年），第四代继承了长谷川荣八郎的师名。"我还有很多事情要做"他这么说着，每天一门心思忙于指导年轻一代。

---

[1] 指明仁天皇与皇后美智子夫妇，他们1989年至2019年在位。

## 第三代长谷川荣八郎

◆ 贝雷帽加水手烟斗,好一副时髦的装束。

◆ "我没有什么地方状态不好,至少现在是这样。我还能发出很响的声音。我现在还能在舞台上大声演绎《水户黄门》的歌。很受欢迎。'肃静!肃静!肃静! 汝可知这位殿下是何人?令人敬仰的前天下副将军,水户光圈公驾到。汝难道没看见这三叶葵纹么!休得无礼!'我一来上这段,客人们就回答'是,遵命'。哈哈哈哈!"

前些日子,九十四岁的田端义夫[1]先生安然去世,荣八郎先生与他同岁。现役最年长的布鲁斯音乐家之一毋庸置疑是 B. B. 金[2],他 1925 年出生,比荣八郎先生小六岁。民谣界的最年长的皮特·西格[3]虽然与荣八郎先生同一年出生,但是比他小四个月,而且论演奏活动,荣八郎先生也比他活跃得多。

这位有着如此傲人的从艺经历的艺术家,在民谣界之外几乎无人知晓,当然他也一直与各类勋章无缘;独自在一间小公寓的房间里生活,他今天也和七十多年前一样,继续弹着三味线,唱着歌谣——这是一个令人震惊的事实。我在敬畏这种"生命的力量"的同时,也不禁感动于令这一切成为可能的"音乐的力量"。(采访合作人:山村基毅)

---

1 田端义夫(1919—2013),日本歌手、吉他手。
2 指雷利·班·金(Riley Ben King,1925—2015),绰号"布鲁斯之王"。本书日语版出版时他仍在世。
3 皮特·西格(Pete Seeger,1919—2014),著名民谣歌手,有"美国现代民歌之父"之称。本书日语版出版时他仍在世。

业余画家

# 川上四郎

总之就是喜欢……女性

川上四郎

　　电车倒公交车终于到达横滨郊外的一个大型住宅区。冬天阳光明媚，一间明亮的榻榻米房间里，眼前是成排摆放的绘画作品和洗好的照片，还有一位笑容可掬的矮小的老人。无论是绘画还是拍照，他长久以来都当作业余爱好，想必无人知晓他的作品和姓名吧。

　　不过现在，像这样坐在榻榻米上喝着茶，他向我们展示的不管是画作还是照片，都独具一格，让人连连称道，我的手不停地翻阅图画纸和印刷品。在一处无人知晓的地方，一个无人问津的人描绘出了一个无人见过的世界……

　　川上四郎先生1930年出生于浅草清岛町（现在的稻荷町站附近）。现年八十二岁。他的父亲从石川县来到东京，开了一家运输店，与来自水户、在荞麦店工作的女性结了婚。当时恰好是人力车过渡到汽车的时代，"我还记得老爸拉着人力车，老妈从后面推着，走上御茶水的坡道的情景"。然而因为繁重的劳动，父亲患上结核病，四十多岁就去世了。母亲长寿，

活到了九十岁高龄，"我负责照顾她"。

在战争年代度过少年时期的川上先生，十多岁时的大部分时间不是待在学校的教室里，而是在工厂里。

> 战争期间，我一直在共同印刷[1]工作。我在工厂也经历过空袭，虽然十分恐惧，但还是活了下来。不过当时在工厂里，发生了朋友的鞋不见了却归咎于我的"冤案"……之后战争一结束，我就拜托朋友，进了化妆品店工作。不过我在那里也没有待很久。

从小就热爱绘画、喜欢做飞机模型的川上先生，梦想成为画家。战争结束不久，他便开始去埼玉县蕨市的绘画学校上课。这所绘画学校是由西

---

[1] 指1925年成立的共同印刷股份有限公司。

## 川上四郎

洋画画家寺内万次郎、金子德卫等老师授课的正规学校。他在那里学了一年左右后退了学，十八岁时在上野图书馆就职。

> 总之还是先工作。一方面要照顾母亲，另一方面我也觉得自己不适合画画，所以我就开始在上野图书馆工作。因为上野图书馆后来与国立国会图书馆合并，于是后来我就在国会图书馆工作了。[1]

对于川上先生而言，图书馆这一环境是工作的地方，同时似乎也是独一无二的学习场所和享受爱好的地方。

> 我长期从事图书分类的工作，有一张工作台，我把想读的书整齐地摆放在工作台上阅读。从歌德到达·芬奇，只要一得空，我就阅读各种作品。当时读了哲学方面的东西，想着"我要成为像歌德那样的人"，自己规划了（学习的）计划。数学、哲学、经济学……决定好科目，然后不断学习。也因为这样，我有点把视力搞坏了。
> 还有就是我也喜欢合唱，我的工作室的旁边是东京艺大的音乐学校（现为音乐学部），可以听到从窗外传来钢琴声。我会配合着琴音一个人进行声乐练习。

勤于工作的同时，他不断满足着自己的兴趣和求知欲，还通过函授教育从法政大学经济学部毕业。川上四郎先生过着忙碌而充实的每一天，他一头栽进照片的世界，还是从三十多岁时开始的。

---

[1] 上野图书馆正式名称为帝国图书馆，是"二战"前日本唯一的国立图书馆，1949年并入国立国会图书馆。该建筑现为国际儿童图书馆。（作者注）

我在图书馆工作的时候，我们工会为了抗议美军建立基地，去了横田基地等地方。所以我开始拍照也有作为记录这方面的原因。不过比起这些内容，果然还是小巷呀女性的照片有趣一些（笑）……在新宿附近随意走走，发现花园神社在表演先锋戏剧，顺道经过二丁目的裸体工作室再回家，诸如此类。

在图书馆的工作结束之后，川上还会去东京综合摄影专业学校的夜校学习。随后，他很快就加入了日本现实主义摄影协会——这个 1963 年创立的协会，如今成员已超过 800 人，遍及日本全国。他不仅自己拍摄照片，还投稿摄影展评论、摄影评论到《CAMERA 每日》《朝日 CAMERA》等杂志，以评论家的身份逐渐受人瞩目。

业余搞摄影的人当时爱去浦安和浅草，不知为何（笑）。浅草是我的故乡，我生在浅草；浦安我也常常去那里拍照。至于我的个展，从（20 世纪）70 年代初到现在已经办了五次。我家里也有一间房间用作暗室。我是三十二岁结婚的，白天工作，晚上也要去摄影学校什么的，真是非常任性，妻子相当包容我。她真的是一名"贤妻"。

尽管有这样的履历，川上先生拍摄的照片，绝大多数还是女性肖像，特别是裸体肖像。

裸体摄影是我还在图书馆的时候……大概四十岁开始的。起初我其实是去卡巴莱玩。在新宿、高田马场一带。如果有中意的，我还会追她追到荻洼一带的店里。这一过程中花费了太多精力，我就想，不如把精力用在拍摄照片上。照片还能留到日后，一味喝酒只会坏了身体（笑）。

川上四郎

◆ 标准的 3DK（三居室带餐厅兼厨房）的住房里已经快装不下喜欢的书和画了。

总之就是喜欢……女性

◆ 从他选的书可见其爱好之广。

川上四郎

◆ 将拼贴画组合在画布上，构成一幅填满房间的大作。

◆ 细节颇有趣味。

总之就是喜欢……女性

## 川上四郎

> 我从四十岁左右到六十二三岁一直坚持拍摄，照片也积攒了很多，总之我就是喜欢……女性。不过我的照片并不是什么色情照，而是对女性的崇拜或憧憬。与其说是好女色，不如说是女性主义。我甚至还加入了女性史的研究会。所以无论过去还是现在，对我而言，女性是恋人，是妹妹，是母亲，也是工作的伙伴。

川上四郎先生六十一岁从国立国会图书馆退休，他说"现在的摄影杂志不做摄影评论，登的都是些新产品的介绍什么的，变得很没意思"。于是他从四十多岁开始埋首于书法，并获得了五段的段位。他一度想在自己家办一个书法教室。"房间里会被墨水弄脏"，因为妻子这么说他便放弃了。他还去横滨的文化教室重温以前学过的东西，再次开启了封印已久的绘画之路。

◆ 个展的邀请函（上图）。摄影评论著作（下图）。

> 书法就是一个黑白的世界吧，我发现自己还是渴望色彩和女性的身体（笑）。在这之前，我一直觉得可能绘画对自己而言太难了。不过我从八年前开始回到教室学习，尝试一番之后进展还不错，所以绘画也一下子变得有趣起来。

自2010年12月挚爱的妻子智惠子女士离世后，川上先生一直独自生活在横滨郊外的住宅里。如同最近媒体经常报道的"购物难民"，住在人口稀少又老龄化严重的区域，川上先生坦言："购物虽累人，不过也权当运动，我尽量勤出门。"做饭、

总之就是喜欢……女性

川上四郎

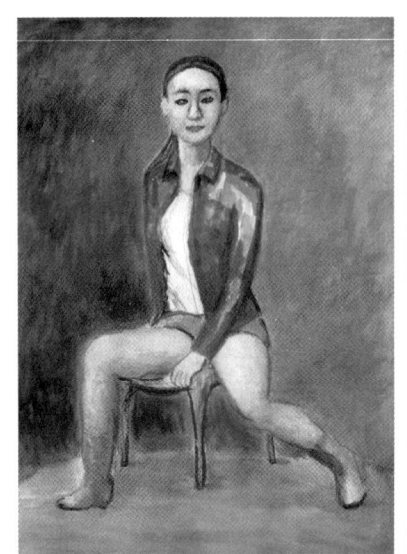

总之就是喜欢……女性

洗衣服等杂事也都自己解决，加上绘画教室、书法教室、合唱的聚会，他四处奔走，忙得不亦乐乎。

世人轻易归类出的"独居老人"的寂寞和孤单，在他这里无影无踪。这和那些退休后才强行开始的"兴趣"不可相提并论，这是一条从年轻时就贯彻的"热爱之物"的道路——这条道路清晰可见，他在这条路上奉上余生所有，过着无怨无悔的每一天。

毕竟，创造独特事物的人，他的生活方式也是独特的。

◆ 川上先生在合唱方面颇下苦功。你知道他在哪里吗？后排右起第二位，戴着金色假发的就是川上先生！

◆ 正常的独唱（左）与戴着假发的表演（右）。

## 川上四郎影集

"不怎么好的照片我都扔了很多了。"话虽这么说，川上先生手上仍然保留了数百张照片，构成了他的女性摄影集。在此之前，显影放大都是"妻子帮我测显影液的温度"，在自己家里完成的。不过自从开始裸体摄影后，他笑称："自然不能再让妻子帮我，我就开始去'写真弘社'（位于神田的冲印工作室）。社长常担心我'你冲印这么多没事吧'（笑）。"说到模特的选择，他的做法是先参加摄影会，发现中意的模特，直接与其沟通，然后下次开始以个人名义雇用对方，拍到满意为止。

川上四郎

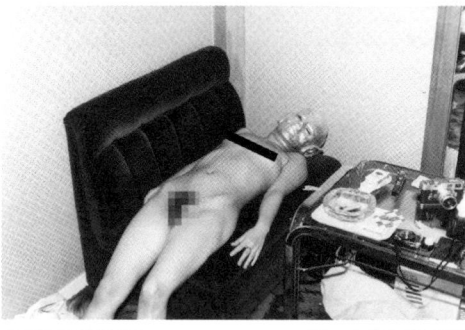

总之就是喜欢……女性

# 后记

"如何生"这个问题，虽然我一次也没有考虑过，但"如何死"我有时倒是会思考。

我无暇去考虑"如何生"，每月、每周、每日我都被截稿日追赶，但与此同时，我也遇到了形形色色的人。

年轻的时候，和同龄人见面最让我觉得开心，渐渐地我觉得和比自己年龄小的人交朋友更快乐，从五十岁以后吧，就慢慢发现和比自己年长的人，尤其是年长得多的人见面更能受到刺激和冲击。《珍日本超老传》《演歌啊，今晚也说一声谢谢》《天国的掺水酒味——东京家庭酒吧米其林》《东京家庭式酒吧——妈妈桑我要存酒了！》……摆出这几年来出版的单行本，尽是采访老爷爷、老奶奶的书……以年轻人为主题的仅有《东京右半分》（的一半）和《嘻哈诗人们》两册而已！

我并没有刻意针对哪个群体。我自己也年近六旬。不管愿不愿意，我也在衰老。我见过各种各样的死亡，接下来这么说可能有些奇怪，我也见识过形形色色"在死也无妨的年纪执拗不死"的生活方式。

就在最近，厚生劳动省[1]的一份调查称日本"百岁以上的高龄老人达到54000人"（至2013年9月1日）。稍作思考就能发现，眼前是一组惊人的数字。日本人的平均寿命在"二战"前是四十多岁，战后是五十多岁，昭和30年代，好不容易才到了六十多岁。现在平均寿命女性是86.41岁，

---

[1] 相当于中国的人力资源和社会保障部与卫生部。

# 后记

男性则是 79.94 岁。在日本——这个已是世界上屈指可数的超高龄化国家，"如何变老""如何死亡"也许是远比"如何保持青春"更切实际的问题。

前几天，我在熊本县荒尾市和业余画家（自称）江上茂雄先生见了面。他 1912 年出生于大牟田[1]，从小就渴望成为画家，然而因为家境贫穷，他十五岁便开始工作。每逢休息日，他就拿起画笔，退休后，他成了"除去元旦和台风天"每天都上街写生的"路边画家"，即便现在腿力腰力渐渐不济，他还是在自己家埋首于版画创作。他是一位一百零一岁的现役业余画家。

甚至连孩子出生的时候，"因为画画的时间减少了，我当时并不怎么开心"，江上先生如是说。无论他的两个儿子怎么劝他"和我一起住吧"，他都回答"画画还是一个人住好"，年过百岁，继续独自生活。

那些把绘画作为生活食粮的专业人士另当别论。在旁人看来这只不过是业余爱好而已，但江上茂雄先生从小学时起，九十多年都没有远离过画笔。我的邮件杂志刊载了江上先生的访谈，我在最后写道——

通过大量的采访，至今我已经见过许多老人。有非常富有的，也有非常贫穷的；有看上去快乐的，也有看上去悲伤的。由此我想到的是，我在前文中也许也曾写到，一个不争的事实摆在眼前——所谓人生的"赢家"和"输家"，到头来，不是看财产也不是看名声，而是看一个人在临死前的五秒，能否说出"啊，我这一生真有趣"。无论你的身边有多少金钱、手下、家人，或者甚至有众多奴隶簇拥，弥留之际如果你脑海中浮现的是"其实我是想玩音乐的"，或者"我是想画画的"，这便是"失败的人生"。

---

1　位于九州福冈县最南端的城市。

## 后记

归根结底,"与衰老作战"没有任何意义。毕竟谁都逃脱不了"死亡"。比起这个,我觉得自己遇到的老爷爷老奶奶们正用亲身经历告诉我,"与世人想象中的衰老方式作战"才重要得多。

写到这里,我想起了距今差不多正好二十年前,在荒俣宏[1]先生主编的《文化人99人的死法》这本杂志书里,由我负责写的稻垣足穗[2]的部分(现在收录在角川SOFIA文库)。

对于当时三十七八岁的我来说,这个"傲慢自我的老人"的范例——足穗大师的生活方式唯有耀眼二字可以形容。如今眼见六十岁触手可及,我也多少该见惯了傲慢自我的老人,可今时今日,他还是显得那么耀眼。

1900年出生,四十九岁——在那个年代已经彻底进入了老人的行列,在那之前他都保持单身,随后突然结婚,在去世前的二十多年,足穗大师仍然过着与单身时代并无二致的游戏人生(他1977年去世,夫人志代女士1975年去世)。如果能再活个十年、二十年,我会稀松平常地变成"老成圆熟"的人吧。又或者我能像大师一样做到远离尘世,虽年老无成,却两耳不闻俗事,一心奋勇向前?前路漫漫未可知……下面,我将再次呈现这篇文章(稍加缩略的版本)。如果您愿意,不妨一读。但愿我们可以当一个"思虑不周""不察言观色"的怪爷爷、怪奶奶终此一生,让我们彼此努力吧!

---

[1] 荒俣宏(1947— ),日本博物学家、小说家、收藏家、翻译家、艺人。
[2] 稻垣足穗(1900—1977),日本小说家,代表作《一千一秒物语》《少年爱的美学》。

后记

# 文笔极道[1]之夙愿

并非我想长命百岁,但假如我真能活到"老爷爷"的年纪,我唯独不想模仿那些拙劣的"年事已高,顿悟行善"的人。即便做尽坏事,到最后竟摇身一变成了一个"好爷爷",为人生画上完美的句点,这也想得太美了。比起做一个"经验丰富、洞察力敏锐的好爷爷",我宁愿做一个"难伺候的老爷爷",一路奔跑,最后前倾着倒下,这样才精彩得多。

我读了一本书,书名是《虚空·稻垣足穗》(1980年,六兴出版社)。作者折目博子女士是位小说家,深受晚年京都时期的足穗大师的影响。该书描写了足穗大师的后半生,昭和25年(1950年)他突然结婚,打破了漫长的单身生活,而后又搬到京都皈依佛门,让周围的人大吃一惊,还写到导致他死亡的胡闹的私生活,内容着实有趣。他禁欲克己到异常的生活,即便在他成了家、得了文学奖、成了有名的"大师"后,在本质上也丝毫没有改变。更重要的是,他直到最后也极难伺候、性格乖张到令人错愕,从头到尾都是一个固执不开窍的大叔,这点我非常欣赏。

自从他常在牛込横寺町[2]的饭塚小酒馆赖着不走,不对,据说在这之前,从他二十三岁左右开始,这位"大叔"就被叫作"醉猪",是个无可救药的酒精中毒者。那时他正寄宿在从美国回来的姐姐开在巢鸭的舞蹈教室,当着保镖。这本书中提到的晚年的足穗,在工作上确实出色到无话可说,但是对那些在身边照顾他的人而言,用关西话来讲他很"HENKO"(执拗古怪),仿佛是一个极度任性、容易寂寞又爱发酒疯的庞大聚合体,肆意地发挥着他难搞的个性。足穗凭借《少年爱的美学》,于昭和44年(1969

---

1 此处指"大道三千,只取一途",即放弃其他大道,专修文笔极致这一条道。
2 现为东京都新宿区横寺町。

## 后记

年)获得了第一届日本文学大奖,一跃成为文坛主要人物,他当时的感想是:

"我可没想过感谢评选委员。他们还真能做到这一步。怎么说呢,与选出川端康成的诺贝尔文学奖的委员们相比,选出稻垣足穗的日本委员们,真有你们的!诺贝尔文学奖在选出梅特林克[1]的时候还不错,自从选出丘吉尔[2]以后就不可信了。"

他先一阵猛批后又说:

"小林秀雄[3]就是个冒牌货,换句话说,是个杂货贩子,身上有夜店电石的味道。川端是个千代纸工艺品,中看不中用。石川淳[4]板着个脸,但根本不知道他正在讲什么。漱石、鸥外写的是书生文学,露伴是学者,荷风是个弹三味线的。[5]性情乖张……"(《周刊文春》S44)

完全就是一副在文坛酒吧[6]烂醉如泥的大叔的状态。无论如何他也不会说出"我努力写下的东西终于有了价值,感谢大家"这种话,这一点着实了不起。

他常挂在嘴边的一句话是:"达达主义之前的艺术都不值一提。"折目博子问:"如果要谈超现实主义[7]的话,是从安德烈·布勒东开始吗?"

他回答:"安德烈·布勒东不行,他不理解什么是原物体艺术。我喜欢

---

1 莫里斯·梅特林克(Maurice Maeterlinck, 1862—1949),比利时诗人、剧作家、散文家,1911年诺贝尔文学奖获得者。
2 指温斯顿·丘吉尔(Sir Winston Leonard Spencer-Churchill, 1874—1965),英国保守党政治家、演说家、外交家、军事家和作家。曾两次出任英国首相,1953年获诺贝尔文学奖。
3 小林秀雄(1902—1983),日本文艺评论家、编辑、作家。
4 石川淳(1899—1987),日本小说家、文艺评论家、翻译家。
5 此句中提到的人分别指夏目漱石、森鸥外、幸田露伴和永井荷风。
6 指作家和编辑常去光顾的酒吧。
7 超现实主义是一种现代西方文艺流派,两次世界大战之间盛行于欧洲。创始人之一为安德烈·布勒东(André Breton, 1896—1966)。

的是莱布尼茨[1]、康德、叔本华这些。列奥纳多·达·芬奇真是了不起。艺术如果不能拯救人就是骗人的。不过如果你让我评价毕加索，他是个粗浅的人情派。他和卓别林一样缺乏深度。"

昭和47年（1972年），足穗位于伏见桃山的家着了火，他在邻居家避难，一口闷着威士忌，对赶来探望的人们咆哮道："是个房子就会烧起来，是个人总会见阎王。"

不仅毒舌，他的言行更是完全不一致，这点也令人钦佩。

"'如果不是想让对方给自己生孩子的话，就不该和女人打交道'，我有这番觉悟是十几年前的事情了。今天如果有人问我：'你敲锣打鼓声张了十多年带来了什么？'我会这么回答吧：'克服了性欲。'"（《东京遁走曲》）

他写下如此种种。书肆 Eureca[2] 的创始人伊达得夫对与足穗结婚的京都儿童福利司的筱崎志代女士说："比起照顾五十个不良少女，能有人照顾稻垣足穗才是日本之幸。"足穗一边让筱崎女士照料大男子主义的自己，一边若无其事地让其他女子来自己家，在别的女人家里一待就是好几天，还全身留着口红印回家。志代女士每每因子宫癌的后遗症肚子疼得皱眉时，他就会来一句："我饭都吃不香了，你到别的房间去。"志代女士住院以后，他一次也未曾探望。志代女士去世后，他在抬回的棺材旁还说："她是一个完全不懂别人心思、只对外在感兴趣的女人。她完全不理解男人不说话想独处的心情。我觉得我的婚姻是失败的。她住院住了三个月，丢下家里的两个小孩、两只猫不管，自己先走一步，真是麻烦透顶。"

他用一种周围人难以忍耐的语气不停咒骂着。对为自己尽心尽力而累死

---

1 戈特弗里德·威廉·莱布尼茨（Gottfried Wilhelm Leibniz, 1646—1716），德意志哲学家、数学家，他和笛卡尔、斯宾诺莎被认为是17世纪的三大理性主义哲学家。
2 日本出版人伊达得夫（1920—1961）创立的私人出版社，存在时间为1948年至1961年。

## 后记

的妻子，一般人会说出这么过分的话吗？

这么一个惹人讨厌的家伙，凭什么就能写出那么优美的文章呢？足穗有意识到自己是被别人那般讨厌的人吗？还是他与那些纯真无邪的艺术家神话中的例子一样，毫不在意形而下的琐碎小事，一心一意沉浸在创作之中？

假设他自知性格越来越糟，还是无法停手，被某种东西牵着走，这股强大的力量究竟是什么？

一个优秀的艺术家一定得是一个难以相处、令人讨厌的家伙吗？我觉得这个问题与艺术的本质有相当的联系，然而当下我们无暇考虑这个问题。稻垣足穗死前差不多两年，正好是志代夫人死后到他自己离世的那段时间，他腿力腰力不济，几乎卧床不起，处于不喝酒就无法创作的状态。因为没有酒心情不好，越发变得孤僻，谁也不见。尽管如此，据说他仍稳步计划搬到在东京的一位热心女读者家。真是一个不撞南墙不回头的大叔。

移居东京的计划，眼看就要实施却戛然而止。至于他在最后的两年里，一整天在被褥里做什么，据说他竟然在一遍又一遍专心阅读《少年爱的美学》《一千一秒物语》等他自己作品的文库本。别人写的东西一概不碰，只读自己的作品，直到封面被翻脏翻皱。他文笔极道之夙愿就在于此。凡人只有目瞪口呆、甘拜下风了。

稻垣足穗于昭和52年(1977年)10月25日在京都去世。他与谷崎润一郎、九鬼周造、内藤湖南[1]、河上肇[2]等人一样，葬于京都鹿谷法然院。他安然离世，享年七十六岁。

---

1　内藤湖南（1866—1934），日本东方史学家。
2　河上肇（1879—1946），日本经济学家、作家。

"DOKKYO ROJIN STYLE" by KYOICHI TSUZUKI
Copyright © KYOICHI TSUZUKI 2013
All Rights Reserved.
Original Japanese edition published by CHIKUMASHOBO Co., Ltd.
This Simplified Chinese Language Edition is published by arrangement with CHIKUMASHOBO Co., Ltd. through East West Culture & Media Co., Ltd., Tokyo Japan
Simplified Chinese edition copyrights: 2021 New Star Press Co., Ltd., Beijing China

#### 图书在版编目（CIP）数据

独居老人 /（日）都筑响一著；陈欣译 . ―― 北京：新星出版社，2021.11
ISBN 978-7-5133-4692-4

Ⅰ.①独… Ⅱ.①都… ②陈… Ⅲ.①老年人-访问记-日本-现代 Ⅳ.① K833.138.9

中国版本图书馆 CIP 数据核字（2021）第 201070 号

# 独居老人

[日] 都筑响一 著　陈欣 译

**策划编辑**：东　洋　　　**责任编辑**：李夷白
**责任校对**：刘　义　　　**责任印制**：李珊珊
**装帧设计**：冷暖儿unclezoo　**封面插画**：川上四郎
**封底作品**：荻野由纪子

| | |
|---|---|
| 出版发行： | 新星出版社 |
| 出 版 人： | 马汝军 |
| 社　　址： | 北京市西城区车公庄大街丙3号楼　100044 |
| 网　　址： | www.newstarpress.com |
| 电　　话： | 010-88310888 |
| 传　　真： | 010-65270449 |
| 法律顾问： | 北京市岳成律师事务所 |
| 读者服务： | 010-88310811　　service@newstarpress.com |
| 邮购地址： | 北京市西城区车公庄大街丙3号楼　100044 |
| 印　　刷： | 北京美图印务有限公司 |
| 开　　本： | 880mm×1230mm　1/32 |
| 印　　张： | 11.5 |
| 字　　数： | 210千字 |
| 版　　次： | 2021年11月第一版　2021年11月第一次印刷 |
| 书　　号： | ISBN 978-7-5133-4692-4 |
| 定　　价： | 128.00元 |

版权专有，侵权必究；如有质量问题，请与印刷厂联系调换。